Sandra Felton
Das Chaos ist besiegt!

W0035265

Sandra Felton

Das Chaos ist besiegt!

Mit Kreativität und Pfiff den Alltag im Griff

Aus dem Amerikanischen
von Ulrike Zellmer

Brendow
Buch · Kunst · Verlag

Die Deutsche Bibliothek – CIP-Einheitsaufnahme

Felton, Sandra:
Das Chaos ist besiegt! : mit Kreativität und Pfiff den Alltag im Griff /
Sandra Felton. Aus dem Amerikan. von Ulrike Zellmer. – Moers :
Brendow, 1998
(Edition C : C ; 513)
Einheitssacht.: The messies superguide <dt.>
ISBN 3-87067-724-4

ISBN 3-87067-724-4
Edition C, C 513
© 1998 by Brendow Verlag, D-47443 Moers
Originally published in English under the title „The Messies Superguide"
published by Baker House Revell, Grand Rapids MI 49506, USA.
All rights reserved. Copyright © Sandra Felton
Einbandgestaltung: Kortüm + Georg,
Agentur für Kommunikation, Münster
Titelfoto: Snoot Pty/Bavaria
Satz: Convertex, Aachen
Druck und Bindung: Brendow Druck, Moers
Printed in Germany

Inhalt

Teil 5
Innenarchitektur für Messies

Teil 6
Sich selbst helfen

Der Regenbogen

Einmal habe ich das Ende eines Regenbogens gesehen. Ich traute meinen Augen nicht. Dort in dem Feld neben unserem Sommerhaus am Ufer des Winona-Sees im Norden von Indiana sah ich direkt vor mir das Ende eines Regenbogens.

Begierig spähte ich durch das bunte Licht nach dem Topf mit Gold. Ich glaubte eigentlich nicht an das alte Märchen, in dem es heißt, daß am Ende eines Regenbogens ein Topf mit Gold steht, aber einen Funken Hoffnung hatte ich doch. Doch da war keiner.

Später – viele Jahre nach diesem Erlebnis – erzählte ich einer Frau, was ich gesehen hatte, und daß da kein Topf mit Gold am Ende des Regenbogens gewesen war.

„Aber du mußt danach graben", sagte sie bestürzt. „Hast du nicht gewußt, daß man am Ende des Regenbogens graben muß, um an das Gold zu kommen?"

Und so ist es mit dem Leben. Manchmal fällt ein Regenbogen direkt auf unseren Weg und weist uns auf die Stelle hin, an der das Gold vergraben liegt. Vielleicht erkennen Sie in diesem Buch Ihren Regenbogen, der Sie zu einem Schatz von Schönheit und Ordnung weist.

Aber denken Sie daran: Es reicht nicht, dem Regenbogen bis an sein Ende zu folgen. Wenn Sie die Stelle finden, an der das Gold vergraben liegt, müssen Sie sich an die Arbeit machen.

Einführung

Eine Anleitung zum Lesen dieses Buches

Lesen Sie dieses Buch mit einem Stift in der Hand und eventuell einem Farbmarkierer neben sich, wenn Sie einen finden und ihn nicht wieder verlegen. Schreiben Sie beim Lesen ungeniert Ihre Gedanken, Gefühle und eigenen Beispiele an den Rand. Unterstreichen Sie wichtige Stellen und kennzeichnen Sie sie mit NB (NB steht für die lateinischen Worte „nota bene", das heißt „gut beachten". Ich habe diese Abkürzung das erste Mal in einem Buch gesehen, das einer Frau namens Norma Banas gehörte, und dachte damals, sie hätte immer wieder ihre Anfangsbuchstaben an den Rand geschrieben).

In diesem Buch ist auch Platz für Ihre Antworten und eigene Ideen. Versuchen Sie, die Übungen in den einzelnen Kapiteln zu machen. Sie können sie jedoch auch überspringen, wenn Ihnen das lieber ist. Haben Sie deswegen kein schlechtes Gewissen. Aber die Fragen sind leicht zu beantworten, und Sie werden manche wertvollen Einsichten über sich selbst gewinnen.

Wenn Sie an Abschnitte kommen, die Ihnen besonders wichtig erscheinen, knicken Sie die Ecke der jeweiligen Seite um, denn Sie werden von Zeit zu Zeit wieder darauf zurückkommen wollen. Schreiben Sie ein oder zwei Stichworte auf die umgeknickte Ecke. Nehmen Sie ein Lesezeichen oder (Wem geht ein solches Lesezeichen nicht verloren?) einen Streifen Zeitungspapier, um die Stelle zu markieren, an der Sie zuletzt aufgehört haben zu lesen – damit Sie nicht durch zusätzlich gefaltete Ecken aus dem Konzept geraten.

Versuchen Sie, das Buch nicht zu verlegen, während Sie darin lesen, denn sonst verlieren Sie Ihre Begeisterung für die Einsichten und Erkenntnisse, die Sie daraus gewinnen. Hier können Sie das erste Mal etwas ausfüllen:

9

Ich werde dieses Buch _____ aufbewahren, bis ich es zu Ende gelesen habe.

Vielleicht überlegen Sie auch, wann und wo Sie das Buch lesen. Wenn Sie nicht zu Hause sind, während Sie die Welle der Begeisterung erfaßt, setzen Sie sich unter Umständen einigen Seelenqualen aus, weil Sie nicht sogleich mit aufgekrempelten Ärmeln ans Werk gehen können.

Sie sehen also, das ist genau das richtige Buch für Sie. Und nun machen Sie es sich zunutze!

Brauchen Sie überhaupt dieses Buch?

Wenn Ihre Antwort auf diese Frage ein lautes und deutliches „Ja" ist, können Sie dieses Kapitel auch überspringen und gleich „ans Eingemachte gehen". Wenn Sie sich jedoch unsicher sind, beantworten Sie folgende Fragen, und lassen Sie sich bestätigen, was Sie die ganze Zeit geahnt haben, aber sich nicht eingestehen konnten – Sie sind ein Messie, wie er in diesem Buch beschrieben wird.

1. Bei meinem letzten Arzttermin
A. kam ich zehn Minuten früher, so daß ich noch in Ruhe eine Zeitschrift lesen konnte.
B. kam ich, gerade als der Patient vor mir mit der Untersuchung fertig war.
C. kam ich überhaupt nicht, weil ich die Autoschlüssel nicht finden konnte.

2. Meine Kinder fürchten sich am meisten vor
A. der Möglichkeit, bei einem Autounfall ums Leben zu kommen.
B. einer atomaren Katastrophe.
C. der Möglichkeit, daß einer ihrer Freunde uns besuchen könnte, ohne uns zwei Wochen zuvor gewarnt zu haben.

3. Die letzte Backofenreinigung
A. habe ich erst gestern vorgenommen, nachdem ich sechs Dutzend Kekse für das Gemeindefest gebacken habe.
B. war vor drei Wochen – ich reinige den Ofen jeweils am Ende des Monats.
C. fand vor acht Jahren statt, nachdem wir das Fettfeuer im Backofen gelöscht hatten.

4. Unsere Bücher

A. sind genau nach Sachgebieten geordnet und stehen auf Wandregalen im Wohnzimmer.

B. liegen überall herum, wo gerade Platz ist.

C. stehen gestapelt unter dem wackeligen Kaffeetisch.

5. Das Auswischen von Schränken ist für mich

A. eine Seltenheit, da meine Schränke kaum gereinigt werden müssen.

B. die Arbeit eines Vormittags, und das ist sie mir auch wert.

C. schlimmer als ein Zahnarztbesuch.

6. Aufgehoben

A. wird nichts – denn sonst gibt es nur Chaos und Unordnung.

B. wird Glas und Papier, das wir dann in die entsprechenden Container werfen.

C. werden alte Fernsehzeitschriften.

7. ... und wir sammeln

A. antike chinesische Porzellanteller

B. Rabattmarken

C. Staub.

8. Manchmal benutzen wir Papierteller, weil

A. wir gerne im Garten grillen.

B. sie praktisch sind, wenn wir wenig Zeit haben.

C. kein sauberes Geschirr mehr da ist.

9. Wenn Gäste kommen,

A. zeige ich ihnen immer das ganze Haus.

B. führe ich sie nicht gerade in den Keller – er ist ein bißchen unordentlich.

C. verschließe ich die Schlafzimmertür.

Haben Sie jedesmal C angekreuzt? Dann sind Sie mit Sicherheit auch ein Messie. Lesen Sie weiter. Es gibt Hilfe ... und Hoffnung.

Teil 1

Mit der rechten Gehirnhälfte saubermachen

1. Es ist alles in Ihrem Kopf

Messies werden von der rechten Gehirnhälfte dominiert

Warum sind wir Menschen so unterschiedlich? Warum ist mein Bruder ein Cleanie, und ich bin ein Messie? Warum gibt es desorganisierte Menschen, die nichts richtig „auf die Reihe kriegen", und Menschen, die organisiert sind und ihr Leben im Griff haben? Ist das erblich? Oder anerzogen?

In den frühen sechziger Jahren machte man eine medizinische Entdeckung, die uns verstehen hilft, warum wir uns so unterschiedlich verhalten. Ein 42jähriger Mann, in der medizinischen Literatur W. J. genannt, begab sich in Behandlung wegen schwerer epileptischer Anfälle, die ihn nach einer Verletzung im zweiten Weltkrieg immer wieder plagten.

Kein Medikament half gegen diese Anfälle. Sie begannen in einer Gehirnhälfte und verliefen über das corpus callosum (einem Nervenstrang, der die beiden Großhirnhälften verbindet) auf die andere Seite. Die Ärzte nahmen an, daß, wenn sie das corpus callosum – sozusagen die Brücke – durchtrennten, die Anfälle auf eine Gehirnhälfte beschränkt bleiben würden.

0	1	2	3
1	1	2	3
2	2	4	6
3	3	6	9

Die linke Gehirnhälfte ist für Sprache zuständig, sie ist logisch und analytisch.

Dann wäre es vielleicht möglich, diesen beschränkteren Bereich mit Medikamenten unter Kontrolle zu bringen. Zu ihrer Freude geschah genau das. Die Operation wurde an insgesamt zwölf Patienten durchgeführt. Alle nahmen bald wieder ihr normales Leben auf, ohne daß die Trennung der Verbindungslinie zwischen der rechten und der linken Gehirnhälfte irgendwelche offenkundigen Folgen zeigte. Doch spätere Untersuchungen zeigten ein ganz anderes Bild.

Ohne mich in Einzelheiten zu verlieren, schildere ich im folgenden die Ergebnisse der Forschungen:

Die rechte und linke Gehirnhälfte arbeiten nicht in gleicher Weise, wie etwa unsere Lungenflügel oder Nieren. Sie haben

14

vielmehr ganz unterschiedliche Aufgaben. Man hat herausgefunden, daß jede Gehirnhälfte für einen ganz besonderen Bereich zuständig ist. Jede Hälfte verarbeitet Informationen auf unterschiedliche Art und Weise. In einem normalen Gehirn arbeiten die beiden Gehirnhälften mittels des corpus callosum zusammen, diesem etwas über 10 cm langen, bleistiftförmigen Nervenstrang, den man bei den Epilepsiepatienten durchtrennt hatte. Obwohl wir beide Gehirnhälften gebrauchen, dominiert bei manchen Menschen eher die linke Gehirnhälfte, bei anderen die rechte.

Die linke Gehirnhälfte ist auf die Bereiche spezialisiert, die uns helfen, uns unserer heutigen Gesellschaftsstruktur – und besonders unserem Schulsystem – anzupassen. Die linke Gehirnhälfte ist für Sprache zuständig, sie ist logisch und analytisch. Sie ordnet, zählt und kann systematisch planen. Die linke Gehirnhälfte kontrolliert die rechte Körperhälfte. Zur Erinnerung an die Aufgaben der linken Gehirnhälfte stellen wir uns einen dicken Großbuchstaben **L** vor – für systematisches, geordnetes Denken.

Die rechte Gehirnhälfte, die die linke Seite des Körpers kontrolliert, ist intuitiv und für das räumliche Vorstellungsvermögen zuständig. Sie erkennt, wie sich Dinge aufeinander beziehen und ein großes Ganzes bilden. Sie versteht bildliche Ausdrücke und braucht keine Vernunftgründe oder Fakten, um ein Urteil zu fällen. Ihr fehlt auch das Zeitgefühl. Sie ist kreativ und braucht keine Worte, um Ideen zu verstehen und auszudrücken. Die rechte Gehirnhälfte tut sich schwer, folgerichtig zu denken (erst das eine, dann das andere tun) oder Informationen logisch einzuordnen. Zur Erinnerungsstütze an die Aufgaben der rechten Gehirnhälfte stellen Sie sich einen geschwungenen, verschnörkelten Großbuchstaben ***R*** vor.

Wenn Sie nun vermuten, daß diese Ausführungen über die rechte und linke Gehirnhälfte etwas mit der Cleanie/Messie-Thematik zu tun haben, liegen Sie völlig richtig. Vielleicht sind Ihnen schon, als Sie die Beschreibungen über die unterschiedlichen Funktionsweisen der beiden Gehirnhälften gelesen haben, Menschen in den Sinn gekommen – kreative, künstlerische Tag-

Die rechte Gehirnhälfte tut sich schwer, folgerichtig zu denken ... oder Informationen logisch einzuordnen.

15

träumertypen (von der rechten Gehirnhälfte dominiert), oder Menschen, die pünktlich, organisiert und ordentlich sind (von der linken Gehirnhälfte bestimmt). Vielleicht haben Sie in einer dieser Beschreibungen auch sich selbst wiedererkannt. Daß wir Einsicht in unsere besondere Denkweise gewinnen, ist eine wichtige Vorraussetzung dafür, daß wir lernen, unsere Art des Denkens für uns, nicht gegen uns arbeiten zu lassen. Halten Sie einen Moment inne, und denken Sie über sich selbst nach. Wenn Sie sich für dieses Buch interessieren, sind Sie vermutlich ein Messie, und jetzt wissen Sie auch schon, daß Messies im allgemeinen von der rechten Gehirnhälfte bestimmt werden. Wir sind etwas chaotisch und haben oft Mühe, uns den Gesetzen dieser Welt anzupassen. Wir sind einfach nicht dazu geschaffen, das Gewürzregal alphabetisch zu ordnen, und doch müssen wir uns bis zu einem gewissen Grad anpassen, damit unser Haus kein Gesundheitsrisiko ist oder ein potentieller Brandherd, unsere Kinder mit Nahrung und Kleidung versorgt werden und wir nicht wegen ständiger Unpünktlichkeit unsere Arbeitsstelle verlieren.

Es gibt
Ursachen und Gründe,
ein Warum und ein Wozu
in allen Dingen.

William Shakespeare

Von der rechten Gehirnhälfte bestimmt zu werden ist sicherlich kein Fluch – viele Leute würden ihre penibel beschrifteten Fotoalben für ein wenig spontane Kreativität hergeben, die uns als etwas ganz Natürliches erscheint. Wir Messies müssen verstehen, daß es uns an der Fähigkeit mangelt, anstehende Aufgaben in den Griff zu kriegen, unsere Denkstrukturen mit Systemen, Verhaltensmustern und Gewohnheiten zu verbinden, die uns helfen, ein glücklicheres und streßfreieres Leben zu führen. In diesem Kapitel werden wir uns noch ein wenig näher damit beschäftigen, wie unser Gehirn arbeitet, wie sich das auf unseren Lebensstil auswirkt und wie wir damit umgehen können.

Bei vielen von uns ist eine Gehirnhälfte dominant, und doch kommen beide Hälften unseres Gehirns in unseren täglichen Gedanken und Verhaltensweisen zum Zuge. Haben Sie auch schon einmal von jemandem gesagt: „Ich kann's mir einfach nicht erklären, aber irgendwas stört mich an ihm." Oder Sie haben den gesamten Wahlkampf verfolgt, sich über die Parteien informiert, Ihre Wahl getroffen, und dann in der Wahlkabine ganz gefühlsmäßig die Kandidaten angekreuzt. Oder Sie haben von einem gehört, der verzweifelt nach der Lösung eines vielschichtigen Problems gesucht hat und der dann im Traum die Antwort erhielt.

Das alles sind Beispiele dafür, wie unsere beiden Gehirnhälften zusammenarbeiten, um Informationen zu verarbeiten und zu verstehen. Die analytische linke Gehirnhälfte bringt alles in eine folgerichtige Ordnung. Und dann kommt die intuitive rechte Gehirnhälfte mit einer plötzlichen Eingebung dazwischen, und plötzlich passen die einzelnen Teile des Puzzles zusammen. Erinnern Sie sich an Archimedes in seiner Badewanne? Nachdem er über einige knifflige mathematische Probleme nachgegrübelt hatte (die mit der Wasserverdrängung zu tun hatten), nahm er erst einmal genüßlich ein heißes Bad und gab damit seiner linken Gehirnhälfte genügend Zeit zum Ausruhen, so daß seine rechte Gehirnhälfte seine Kenntnisse in den richtigen Zusammenhang bringen konnte. „Heureka!" soll er ausgerufen haben, nachdem ihm die Lösung eingefallen war, und hat damit gleichzeitig dem Staat Kalifornien seinen Wahlspruch geliefert.

Messies haben Probleme mit der *Entscheidungsfindung*. Bei einer Entscheidung müssen beide Gehirnhälften zusammenarbeiten. Wir lassen die linke Gehirnhälfte alle Pros und Contras auflisten, die entsprechenden Informationen analysieren und

17

die Fakten offen und ehrlich vor unserem geistigen Auge ausbreiten. Dann prüfen wir mit der rechten Gehirnhälfte, ob wir ein gutes Gefühl bei der sich abzeichnenden Entscheidung haben. Auf solche Weise lassen sich gute Entscheidungen fällen. Die dominante Gehirnhälfte spricht sozusagen das letzte Urteil, die andere Seite liefert ergänzende und wichtige Informationen. Manchmal fühlen wir uns jedoch wie gelähmt, wenn wir vor einer Entscheidung stehen. Das ist der Fall, wenn aus zu vielen Quellen Informationen auf uns einwirken, die kein innerer „Schiedsrichter" in die rechte Bahn lenkt. Ich vermute, dieses Problem haben manche perfektionistische Messies. Sie wollen alles genau richtig machen und haben Angst davor, eine Entscheidung zu treffen, die sie vielleicht später bereuen. Der Geist des perfektionistischen Messies wird mit so vielen Informationen gefüttert, daß sowohl die rechte wie die linke Gehirnhälfte überlastet und die ganze Sache völlig undurchsichtig wird.

Messies haben Probleme mit der Entscheidungsfindung, hier müssen beide Gehirnhälften zusammenarbeiten.

L = Links (Logische Seite)

R = Rechts (Intuitive Seite)

„Ich sollte diese rote Bluse ausrangieren. Ich habe sie zwei Jahre nicht getragen und werde sie wohl auch in Zukunft nicht anziehen."

„Aber Rot kommt vielleicht wieder in Mode."

„Sie füllt nur unnötig den Schrank. Ich gebe sie besser weg."

„Aber ich habe viel Geld dafür ausgegeben und habe sie kaum getragen. Und es sind noch alle Knöpfe dran."

„Ich hasse Rot. Ich weiß, daß ich sie nie tragen werde."

„Vielleicht gewöhne ich mich an die Farbe. Manchmal ändert man seinen Geschmack. Dann werde ich sie noch mal vermissen."

„Es ist Unsinn, etwas aufzuheben, was man gar nicht
haben will."

„Vielleicht sieht sie gut aus zu
dem weißen Rock, der in der
Reinigung ist."

Und so gehen die Gedanken hin und her, einmal kommt die
Logik und dann wieder das Gefühl zu Wort, bis uns der Schädel
brummt und unser armes Gehirn sich geschlagen gibt. Die Bluse
bleibt im Schrank hängen, nicht, weil wir die bewußte Entscheidung getroffen haben, sie zu behalten, sondern weil unser
Gehirn jede Entscheidung verweigert hat.

Ein Bereich, in dem sich die Dominanz unserer rechten
Gehirnhälfte zeigen kann, ist das *Bedürfnis, Frustrationen zu vermeiden.* Merkwürdigerweise haben Cleanies denselben Wunsch,
aber sie gehen anders damit um.

Eine Messie kommt nach Hause und zieht die Schuhe im
Wohnzimmer aus. Sie stellt sie nicht in den Schuhschrank, weil
diese zusätzliche geringfügige Tätigkeit einen inneren Unwillen
verursacht. Es ist viel vergnüglicher, sich in den Sessel zu werfen
und den Fernseher einzuschalten. Sie sagt sich, daß sie die
Schuhe (und die Bücher und die zusammengelegte Wäsche)
später wegräumt, wenn sie zum Beispiel ohnehin ins Schlafzimmer geht. Weil sie als Messie unter einer gestörten Wahrnehmungsfähigkeit leidet, macht es ihr nichts aus, daß Dinge im
Wohnzimmer herumliegen, die dort nicht hingehören. Wenn
sie dann ihre Schuhe wieder anziehen will, kann sie sie nicht finden – zumindest nicht ohne langwierige Suchaktion. Sie ist in
Eile, und jetzt ist sie überaus frustriert. „Hat jemand meinen
schwarzen Schuh gesehen? Er lag doch neben dem anderen!" Sie
ärgert sich furchtbar. Doch das ist dieselbe Frau, die unbedingt
Frustrationen vermeiden wollte, als sie ihre Schuhe nicht gleich
an den richtigen Platz stellte. Menschen, die sich heute schlam-
pig verhalten, müssen später dafür bezahlen. Wie sagt das
Sprichwort: Was du heute kannst besorgen, das verschiebe nicht
auf morgen.

Auch der Cleanie hat eine niedrige Frustrationsgrenze und
meidet Frustrationen wie die Pest. Eine solche Frau kommt tod-
müde und hungrig von der Arbeit nach Hause, hängt aber erst

die ganze Wäsche auf und stellt die Schuhe in den Schuhschrank, bevor sie sich ausruht und etwas ißt.

Eine Frau schilderte mir einmal folgende Situation: Ihr
Mann, ein Cleanie, kommt von einem Fest heim, auf dem er
zuviel getrunken hat. Er torkelt herum, bis er alle seine Kleider
ordentlich aufgehängt hat, und stopft seine Socken in die runde
Plastikhalterung, damit sie in der Waschmaschine zusammen-
bleiben. Er plagt sich mächtig ab und braucht viel Zeit dazu,
aber er legt sich nicht hin, bis er alles zu seiner Zufriedenheit
erledigt hat.

Warum gehen Cleanies so rigoros mit sich selbst um? Sie
können nicht Dinge am falschen Platz herumliegen sehen, aber
was noch entscheidender ist: Sie wollen unbedingt die Frustration vermeiden, später irgend etwas suchen zu müssen. Sie pla-
gen sich heute ab, um spätere Schwierigkeiten und Probleme zu
vermeiden. Man bringe nur einmal die hart erarbeitete Ordnung eines Cleanies durcheinander, und man wird diese Frustration mit voller Wucht zu spüren bekommen.

Cleanies können penetrant, unangenehm und extrem sein,
aber sie können jederzeit Gäste empfangen. Sie sind in der Lage,
sich mit Schönheit zu umgeben und das Haus ohne Schuldgefühle zu verlassen. Die Energie, die sie für die Vermeidung von
Frustrationen einsetzen, zahlt sich aus in dem anschließenden
Gefühl, alles in Ordnung zu haben, und ihrem inneren Wohlbefinden. Die Messie-Methode der Frustrationsvermeidung
raubt eine Menge Energie und verschiebt die Frustration nur auf
einen späteren Zeitpunkt.

Fassen wir noch mal zusammen: Wir müssen schnell und
effektiv Entscheidungen fällen, um Ordnung zu halten. Perfek-
tionistisches Denken verhindert gute Entscheidungen. Wer alles
hundertprozentig richtig machen will, ist am Ende überhaupt
nicht mehr in der Lage, anstehende Entscheidungen zu treffen.
Der Messie, der die Frustration einer sofortigen Anstrengung
dauernd umgehen will, hat es über kurz oder lang mit einem völlig desorganisierten Haushalt und einem Riesenchaos zu tun.
Der einzige Ausweg besteht in diesem Fall in einer Änderung der
Denkstruktur.

> *Intelligenz ist die geistige Beweglichkeit,*
> *die uns in die Lage versetzt,*
> *die Dinge so zu sehen wie sie wirklich sind.*
>
> George Santayana

1. Wenn es Ihnen leichter fallen würde, Entscheidungen zu treffen, wären Sie dann weniger unordentlich? Erklären Sie den Grund: _____

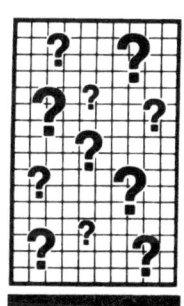

2. Sind Sie so perfektionistisch, daß es Ihnen schwerfällt, eine Entscheidung zu fällen und sie dann auch auszuführen? Nennen Sie ein Beispiel: _____

Wenn es Ihnen leichter fallen würde, Entscheidungen zu treffen, wären Sie dann weniger unordentlich?

3. Haben Sie das Gefühl, daß Sie Dinge vor sich herschieben, um Frustrationen zu vermeiden? Nennen Sie ein Beispiel:

4. Wie müßte sich Ihr Denken ändern, damit Sie leichter Entscheidungen treffen können? _____

5. Welche Erkenntnis in diesem Kapitel war für Sie am wichtigsten, und wie können Sie diese praktisch umsetzen?

Ein Vergleich der Funktionen von rechter und linker Gehirnhälfte

L-Funktionen | **R**-Funktionen

Die rechte Gehirnhälfte erhält Erkenntnisse nicht in erster Linie durch Worte, sondern durch Bilder.

Verbal: Gebraucht Worte, um Dinge zu benennen, zu beschreiben, zu definieren.

Nonverbal: Bewußtsein von Dingen, aber minimaler Wortgebrauch.

Analytisch: Geht Probleme Schritt für Schritt an.

Synthetisch: Fügt Einzelteile zu einem großen Ganzen zusammen.

Symbolisch: Benutzt Symbole, die für etwas stehen. Eine Zeichnung (*) steht z.b. für Auge, das Zeichen + für Addition.

Konkret: Sieht die Dinge, wie sie sich im gegenwärtigen Moment tatsächlich darstellen.

Abstrakt: Kann anhand einer Teilinformation das große Ganze darstellen.

Analog: Erkennt Ähnlichkeiten; versteht methaphorische Zusammenhänge.

Temporal: Bewußtsein für Zeit. Eins folgt nach dem anderen: Das Wichtigste wird zuerst getan, dann das nächste etc.

Nontemporal: Kein Zeitgefühl.

Rational: Zieht Schlußfolgerungen, die sich auf die *Vernunft* und auf *Fakten* gründen.

Nonrational: Sammelt nicht Vernunftgründe und Fakten; Bereitschaft, Entscheidung zu verschieben.

Digital: Zählt wie beim Rechnen.

Räumlich: Stellt Verbindung zwischen Dingen her; fügt Einzelteile zu einem Ganzen zusammen.

Logisch: Schlußfolgerungen basieren auf Logik: Eins folgt logisch auf das andere – z.b. ein mathematischer Lehrsatz oder eine gute Argumentation.

Intuitiv: Plötzliche Eingebungen, oft aufgrund von unvollständigen Mustern, Ahnungen, Gefühlen oder visuellen Bildern.

Linear: Gedanken sind miteinander verknüpft. Ein Gedanke folgt auf den anderen und führt zu einer logischen Schlußfolgerung.

Ganzheitlich: Sieht die Gesamtheit; erkennt übergreifende Muster und Strukturen, das führt oft zu voneinander abweichenden Schlußfolgerungen.

Diese Tabelle wurde entnommen aus *Drawing on the Right Side of the Brain* von Betty Edwards, Copyright 1979 by Betty Edwards, herausgegeben von Jeremy P. Tarcher, Inc. Mit freundlicher Genehmigung der St. Martin's Press, Inc.

2. Messies, Kreativität und das innere Kind

Ich war erstaunt, als ich in Marilee Zdeneks Buch *The Right Brain Experience* (Erfahrung mit der rechten Gehirnhälfte), die Schilderungen kreativer Menschen las. Es kristallisierten sich dort zwei Verhaltensmuster heraus.

Kindheitsorientiert

Kreative Messies sind sehr kindheitsorientiert. Sie fühlen sich wohl mit ihrem „inneren Kind" und versuchen nicht, es zu verbergen, oder es hinter der Erwachsenenlogik der linken Gehirnhälfte zu verstecken.

Charles Schulz, der Erfinder der *Peanuts Comics,* ist ganz offensichtlich kindorientiert. Charlie Brown ist das Kind in Charles Schulz. Obgleich er die meisten Habseligkeiten seiner Kindheit bei einem Brand verloren hat, ist für Charles Schulz eine Zeichnung sehr bedeutsam, die ein Lehrer aufgehoben und ihm viele Jahre später zugeschickt hat. Er berichtet: „Ich habe immer an diese Zeichnung gedacht – und dann habe ich eines Tages einen Umschlag geöffnet, und da lag sie vor meinen Augen."

Für Charles Schulz sind Farbassoziationen wichtig. Das tiefe Rot eines Porsche erinnert ihn an ein Hemd, das er als zwölfjähriger Junge trug, ein bestimmter Kupferton erinnert ihn an ein Kartenspiel, das er mit seinen Schulkameraden spielte.

Der Unterhalter Steve Allen hob zwar nichts aus seiner eigenen Kindheit auf, aber er legte großen Wert darauf, die Kindheitserinnerungen seiner vier Söhne aufzubewahren. „Ich hob jeden Zettel auf, den sie, seit sie Babies waren, bemalt oder beschrieben hatten, und heute würde keiner von ihnen diese Sammlung für eine Million Dollar verkaufen."

Der Schriftsteller Ray Bradbury, Autor von *Fahrenheit 451* und dem Fernsehspiel *Moby Dick,* hat den ganzen Keller voll von

Büchern und Spielsachen, die bis in sein drittes Lebensjahr zurückreichen. Er nennt sein Büro ein Nest, in dem er umgeben ist von den „Vorstellungen aller Dinge, die ich liebe".

Professor Robert McKim, der an der Stanford University ein Kreativseminar unter dem Titel *Visuelles Denken* hält, hat zu Hause in seinem Büro einen Teddybär und ein Bild von seiner alten Schulklasse. Er hebt auch Erinnerungen aus der Kindheit seines Vaters auf, um mit dem kreativen Kind in seinem Inneren in Berührung zu bleiben.

Ein paar Tage, bevor ich mit dem Schreiben dieses Buches begann, räumte ich (wieder einmal) meinen Schrank auf und entfernte noch eine weitere Schale von der Zwiebel meiner Habseligkeiten. In einem Schrankregal fand ich meinen Teddy wieder, der dort in einer kaputten Plastiktüte zwanzig Jahre lang gelegen hatte. Mein achtzehnjähriger Sohn hatte ihn noch nie zu Gesicht bekommen, obwohl die beiden all die Jahre im selben Haus gelebt hatten. Nun schaut mein Teddy zu, während ich dies schreibe. „Ich freue mich, daß du wieder da bist, Teddy. Du warst so lange weg."

Die Kindheit lebendig zu erhalten, indem wir Andenken aus der Kindheit in Ehren halten, ist offenbar eine Technik, die von vielen von der rechten Gehirnhälfte dominierten, kreativen Menschen eingesetzt wird. Das tun sie unbewußt, da sie die kreativen Impulse des kindlichen Teils ihres Erwachsenenlebens wertschätzen. Erwachsene, die kreativ sein wollen, tun gut daran, diesen zu Späßen aufgelegten, impulsiven, visionären Teil ihres Wesens am Leben zu erhalten, damit er nicht von den Pflichten des Erwachsenenlebens erdrückt wird.

Andenken aus der Kindheit in Ehren halten ist eine Technik, die von vielen kreativen Menschen eingesetzt wird.

Deshalb sind Messies so wunderbare Menschen. Wir sind im allgemeinen kreativ, phantasievoll, zu Späßen aufgelegt, idealistisch, visionär und sentimental.

All das sind Eigenschaften, die Menschen bewundern, die von der linken Gehirnhälfte bestimmt werden. Doch zusammen mit diesen guten kindlichen Eigenschaften, die wir in uns selbst fördern, haben wir auch andere, die nicht so erstrebenswert sind. Und die machen uns Probleme. Damit wir sie in den Griff kriegen, müssen wir sie erst einmal identifizieren.

25

Der Wunsch nach sofortiger Befriedigung der Bedürfnisse.
Warum stelle ich das Mayonnaiseglas nicht in den Kühlschrank,
bevor ich mein Brot esse? Weil ich das Brot sofort essen will. Ich
kann nicht warten. Warum lasse ich die Einkaufstasche gleich an der Haustür
fallen? Weil ich mich jetzt ausruhen will. Ich kann nicht warten.

Ablenkbarkeit. Messies fällt es überaus schwer, ihre Aufmerksamkeit auf eine einzige Sache zu richten. Manchmal lassen wir
Dinge halbfertig liegen oder nehmen sie gar nicht in Angriff,
ganz einfach, weil wir Schwierigkeiten haben, „bei der Stange zu
bleiben". Wir lassen unsere Einkäufe in der Tasche auf der
Küchentheke liegen, nicht eigentlich, weil wir erschöpft sind,
sondern weil wir die Nase voll haben vom Einkaufen und jetzt
etwas anderes machen wollen. Wir waren eine Stunde lang einkaufen. Wir wollen also mal was anderes tun, und so beginnen
wir, die Wäsche zusammenzulegen oder die Post zu lesen. Wir
entschuldigen uns vor uns selbst mit dem Argument, daß wir
einfach zu beschäftigt seien, um die Einkäufe jetzt gleich wegzuräumen. Cleanies hätten das schon längst erledigt. Warum
also nicht wir? Unsere Fähigkeit, uns auf eine Sache zu konzentrieren, hat ihre Grenze erreicht.

Niedrige Schmerzgrenze. Messies fällt es irgendwie schwer, sich
einzugestehen, daß manche notwendigen Arbeiten einfach
unangenehm und ermüdend sind. Es fällt uns schwer zu akzeptieren, daß es uns zwar „wehtut", Dinge auszurangieren, aber
daß dieser Schmerz ausgehalten werden muß. Wie Kinder nehmen wir an, daß man eigentlich nicht von uns erwarten kann,
eine bestimmte Arbeit zu tun, wenn sie zu schwer ist.

Mangelnde Kontrolle über unser Leben. Kinder übernehmen
keine Kontrolle über ihre Entscheidungen und Handlungen.
Merkwürdigerweise verzichten viele von uns im Privatbereich
auf einen bewußten Umgang mit unserem Besitz und unserer
Zeit, während wir doch im Berufsleben dynamisch, verantwortungsvoll und erfolgreich sind.

Wir heben einfach wahllos alles auf in dem Bewußtsein, daß das „Leben" das schon irgendwie regeln werde. Vielleicht haben wir das Gefühl, daß die Dinge sozusagen im Fluß des Lebens kommen und gehen. Doch die Erfahrung zeigt, daß das Leben nicht automatisch eine gute Haushaltsführung hervorbringt. Oft stellen wir keinen Plan für den Tag auf, denn wir wollen offen sein für das, was uns das „Leben" an diesem Tag über den Weg schickt.

... Du schuldest es
uns allen,
deine Fähigkeiten
zu entfalten.

W. H. Auden

Wir machen uns ganz optimistisch abhängig von dem guten Willen und der Hilfsbereitschaft unserer Mitmenschen, überlassen jedoch alles dem Zufall. Wir leben in der Zuversicht, daß das Leben gut und weise ist, und wir wollen dem natürlichen Lauf der Dinge nicht entgegenarbeiten, indem wir kontrollierend eingreifen.

Dieser Zustand wird in einigen Märchen sehr anschaulich beschrieben. Aschenputtel war angesichts ihrer Umstände hilflos. Zuerst versuchte sie, sich selbst zu helfen, gab sich dann aber geschlagen. Doch dann kam von außen Hilfe in Gestalt einer guten Fee. Ohne daß sie sich selbst darum bemühen mußte, wurde Aschenputtel zu einem wunderschönen Mädchen und bekam noch eine Kutsche, mit der sie auf den Ball fahren konnte.

Moral: Wir können zwar versuchen, selbst mit unseren Umständen klarzukommen, aber wir werden scheitern. Kräfte von außen werden uns helfen, unsere Ziele zu erreichen.

Rotkäppchen versuchte, hilfsbereit zu sein, geriet aber in ernsthafte Schwierigkeiten. Die Hilfe von außen kam hier in Gestalt des Försters.

Moral: Wir sind hilflos, aber draußen vor der Tür wartet schon eine starke Kraft, um uns gerade zur rechten Zeit zu befreien.

In beiden Fällen kam die wahre Hilfe erst, als die hilflose Person sich ganz passiv verhielt. Ich weiß nicht, wie es Ihnen geht, aber ich habe eine Menge Zeit vergeudet, indem ich unbewußt darauf wartete, daß mir das „Leben" schon irgendwie helfen würde – aber diese Hilfe trat nie ein. Ich machte nicht den geringsten Versuch, meine Habseligkeiten und meine Zeit in den Griff zu bekommen, aber kein Förster eilte mir zu Hilfe. Keine gute Fee schwenkte ihren Zauberstab. Es war wie ein Schock, als ich begriff, daß sie niemals kommen würden – ja, daß es sie noch nicht einmal gab. *Ich selbst* war die einzige Fee, die ich je zu Gesicht bekommen würde – ich mußte mich selbst retten.

Kindheitsträume sterben schwer, aber aus ihrem Grab steigt eine stärkere Kraft empor – eine echte Kraft –, die Kraft, mit der wir unser eigenes Leben gestalten können.

Interessanterweise gibt es auch andere Kindergeschichten, die darauf abzielen, daß wir uns selbst bemühen müssen, unsere Ziele zu erreichen.

Kindheitsträume sterben schwer, aber aus ihrem Grab steigt eine stärkere Kraft empor ...

Verglichen mit dem,
was wir sein sollten
und sein können,
sind wir nur halb erwacht.

William James

28

Besitzorientiert
Kreative, von der rechten Gehirnhälfte dominierte Menschen sind nicht nur kindheitsorientiert, manche sind auch besitzorientiert. Charles Schulz hebt selbstverständlich seine Zeichnungen auf. Steve Allen besitzt 1600 schwarze Ringbücher voller Ideen. Er möchte sie einer Universität vermachen.

Aus irgendeinem Grund haben Messies eine sehr starke Bindung an ihre Besitztümer, besonders an Dinge, die sie mit ihrer eigenen Kindheit oder ihren Kindern oder für sie wichtigen Ideen in Verbindung bringen. (Nicht alle, die ich erwähnt habe, sind notwendigerweise Messies, sie haben vielleicht ihr „Horten und Sammeln" im Griff.) Es hat auch den Anschein, daß Messies sich mit Kindheitserinnerungen umgeben, um das kreative Kind in ihrem Inneren zu stimulieren. Messies befällt manchmal ein Gefühl der Erschöpfung, der Angst oder Verzweiflung, wenn sie sich von etwas trennen, was sie lange aufgehoben hatten, da sie so die Kontrolle über einen wichtigen Teil ihrer Persönlichkeit verlieren.

Betrachten wir diese Haltung einmal aus einem etwas anderen Blickwinkel. Messies haben oft das Gefühl, daß ihre Besitztümer etwas „Lebendiges" sind. Wir wissen, daß Kinder so empfinden, wenn sie an ihre Puppen und Stofftiere denken. Doch auch Erwachsene schreiben leblosen Gegenständen oft eine Art Persönlichkeit zu. Bei einem Golfturnier brüllen Zuschauer im Eifer des Gefechts den Ball an, der nicht ins Loch rollen will: „Rechtsherum, rechtsherum!" Manche Menschen schreiben ihrem Auto eine Persönlichkeit zu, sie geben ihm einen Namen und reden mit ihm.

Messies, denen es schwerfällt, sich von ihren Besitztümern zu trennen, glauben häufig, daß sie dafür sorgen müssen, daß ihre Sachen ein gutes Zuhause bekommen, wenn sie überhaupt willens sind, sie loszulassen. Ich kannte einmal einen Mann, der einem Freund eine Sammlung Lackteller vermachte. Er nahm an, daß seine Sammlung bei ihm in guten Händen sei. Doch dann sah er, wo der Freund die Teller aufbewahrte – sie waren nicht sichtbar ausgestellt und befanden sich in einem Raum, dessen Luft seiner Meinung nach zu trocken war. Dieser Mann sagte mir, er habe seine Lektion gelernt: Nie wieder würde er etwas weggeben.

Leute, die von der rechten Gehirnhälfte bestimmt werden, sind im Grunde einzigartige und wunderbare Menschen. Wir bringen Schwung und Zauber in die Welt des Alltags um uns herum. Doch wir haben auch, ohne daß es uns bewußt ist, einige ungesunde Denkstrukturen verinnerlicht, mit denen wir uns auseinandersetzen müssen. Wir verletzen diese wunderbaren Menschen – uns selbst nämlich.

Wir müssen uns von der merkwürdigen Vorstellung verabschieden, die uns das Gefühl vermittelt, daß uns schon irgendwie irgend jemand von unserer unproduktiven Art der Haushaltsführung befreien wird. Dann werden wir in der Lage sein, selbst Schritte zu unserer Befreiung zu tun.

Leute, die von der rechten Gehirnhälfte bestimmt werden, sind im Grunde einzigartige und wunderbare Menschen.

In diesem Kapitel haben wir viele Themen angeschnitten. Vielleicht haben Sie etwas Wichtiges über sich selbst oder Menschen, die Sie kennen und lieben, gelernt. Vielleicht haben Sie gemerkt, daß es in Ihrem Leben Bereiche gibt, die Sie neu überdenken müssen. Vielleicht haben Sie ganz einfach ein paar interessante Informationen aufgeschnappt, die Sie bei der nächsten Party anbringen können. Nun werden Sie in diesem Buch aber noch eine ganze Menge mehr erfahren. Doch alles Weitere bezieht sich immer auf das, was Sie bereits gelesen haben. Halten Sie an Ihrem Farbmarkierer fest, damit Sie die Stellen anstreichen können, die sich auf Ihre speziellen Organisationsprobleme beziehen. Lassen Sie sich von den Supertips, den Zeitersparrern und einem alten Freund, der Mount-Vernon-Methode, inspirieren.

1. Halten Sie sich für kreativ? In welcher Weise? _____

_____

2. Schreiben Sie ein Kindheitserlebnis auf, das für Sie wichtig ist. (Es muß nicht unbedingt mit Unordnung zu tun haben, aber es wäre doch gut.) _____

_____

_____

3. Was war Ihr Lieblingsmärchen? _____

_____

Was gefiel Ihnen daran so? _____

_____

4. Haben Sie manchmal „mütterliche Gefühle", wenn Sie an Ihre Habseligkeiten denken? Erläutern Sie das.

_____

_____

5. Haben Sie Erinnerungen aus der Kindheit in Ihrer Wohnung (wie Gegenstände oder Bilder)? Welche?

_____

_____

6. Wann haben Sie zum ersten Mal gemerkt, daß Sie unorganisierter sind als andere Menschen? _____

_____

_____

7. Schreiben Sie eine Kurzgeschichte über Unordnung in Ihrem Leben. _____

_____

8. Was macht Ihre Habseligkeiten für Sie so wichtig?

_____

9. Entdecken Sie bei sich Denkstrukturen, die Sie vielleicht daran hindern, die Kontrolle über Ihren Haushalt und Ihr Leben zu übernehmen? _____

_____

10. Welche produktiven Denkstrukturen sind Ihnen nach dem Lesen dieses Kapitels in den Sinn gekommen?

_____

_____

Hubert war ein kleiner Junge, der sich sehr glücklich schätzen konnte, denn sein Großvater schickte ihm zu Weihnachten immer wunderschöne Spielsachen. Huberts Mutter sagte, daß sein Großvater ihm diese herrlichen Geschenke schicke, weil Hubert ein so lieber kleiner Junge sei. Sein Vater meinte, es sei eine Entschädigung für den schrecklichen Namen, den sie ihm gegeben hatten. Hubert war nämlich nach seinem Großvater benannt. Sein voller Name lautete Hubert Egbert Prentiss.

Hubert gefielen die Geschenke, die ihm sein Großvater schickte, aber wem hätten sie nicht gefallen? Er hatte eine elektrische Eisenbahn und Schienenstränge, die sich in vier Runden durch sein Zimmer und in und aus dem Schrank schlängelten. Dazu gehörten sieben Bahnhöfe, alle nur möglichen Signale und zwei Brücken. Er besaß auch ein großes Baukastensystem, mit dem er riesige Bürogebäude errichten konnte, und einen großen Wagen voller Bauklötze, mit denen er hohe Brücken für seine Eisenbahn, mächtige Häuser und Baracken für seine fünfzehnhundert Spielzeugsoldaten bauen konnte. Hubert besaß auch einen Zirkus mit allen möglichen beweglichen Holztieren, Clowns, Seiltänzern und Trapezkünstlern. Er hatte eine kleine Schreibmaschine und einen Tisch dafür, ein kleines Radio und zwei Autos, in denen er sitzen konnte. Er hatte über hundert Flugzeuge und Spielzeugautos. Er besaß ein Feuerwehrauto mit Sirene und Scheinwerfern und ausziehbaren Leitern und so viele Bücher, daß sie zwei Regale in seinem Zimmer füllten.

Hubert gefielen alle seine Spielsachen, und er ließ auch hin und wieder andere Kinder damit spielen, aber er räumte seine Sachen niemals auf. Wenn seine Mutter sein Bett machte, mußte sie vorsichtig über die Schienenstränge der elektrischen Eisenbahn steigen. Sie mußte die Zirkuspuppen vom Schreibtisch und Bett wegnehmen. Sie mußte Bücher aufheben, die aufgeschlagen auf dem Boden lagen, und dauernd mußte sie die

Teile des Baukastensystems einsammeln. Sie brauchte drei Stunden, um Huberts Zimmer aufzuräumen und ungefähr eine Stunde für die übrige Hausarbeit.

Sie schickte Hubert zwar immer wieder in sein Zimmer hinauf, um seine Spielsachen aufzuräumen, aber Hubert stopfte sie bloß unters Bett oder in den Schrank, und am nächsten Morgen, wenn seine Mutter sein Zimmer saubermachte, mußte sie sie wieder selbst aufräumen.

Davon hatte Frau Prentiss allmählich die Nase voll.

An einem regnerischen Samstag lud Hubert alle seine Freunde zum Spielen ein. So kamen Dicky und Charly und Billy und Tommy und Bobby. Sie zogen jedes einzelne Spielzeug hervor, das Hubert besaß, und spielten damit, und dann gingen sie kurz vor dem Mittagessen alle nach Hause und ließen Hubert mit dem Chaos zurück. Huberts Mutter ahnte nichts von alledem, bis sie am nächsten Morgen Huberts Bett machen wollte. Dann stand sie nur an der Tür und sah sich die Bescherung an. Die Schienen der elektrischen Eisenbahn verliefen fünfmal unter das Bett, unter den Schreibtisch und die Stühle, um den Tisch mit der Schreibmaschine und in den Schrank. Und überall standen Brücken und Gebäude aus den Bauklötzen und ganze Städte, die die Kinder mit dem Baukastensystem gebaut hatten. Auf und unter dem Bett und auf dem Schreibtisch waren das Zirkuszelt, die Tiere, die Clowns, die Seiltänzer und die Trapezkünstler. Der Boden war übersät mit Büchern, kleinen Spielzeugautos und Flugzeugen, Malutensilien, Sachen aus dem Chemiekasten, dem Holzschnitzkasten, Kreiden, Malbüchern, der Kinderschreibmaschine, der Druckerei, Teddys, Bällen, Spielkarten, Spielen aus der Spielesammlung, Puzzles und einer Unmenge Soldaten.

Auf der Stirn von Huberts Mutters bildeten sich Schweißperlen, und sie fühlte sich leicht schwindelig. Deshalb schloß sie die Tür und ging langsam die Treppe hinunter.

Sie nahm zwei Aspirintabletten und rief dann ihre Freundin Frau Tasch an. Sie sagte: „Hallo, Frau Tasch, hier ist Huberts Mutter. Ich bin so enttäuscht von Hubert. Er hat so wunderschöne Spielsachen – sein Großvater schickt sie ihm zu jedem

Weihnachtsfest – aber er geht überhaupt nicht sorgfältig damit um. Er läßt sie im ganzen Zimmer verstreut herumliegen, und ich kann sie dann jeden Morgen aufräumen."

Frau Tasch sagte: „Nun, Frau Prentiss, das tut mir sehr leid, aber da kann ich Ihnen nicht helfen, denn sehen Sie, ich glaube, dafür ist es zu spät."

„Es ist doch erst halb zehn", sagte Huberts Mutter.

„Nein, ich meine spät im Leben", sagte Frau Tasch. „Unsere Irma mußte bereits im Alter von sechs Monaten ihre Spielsachen aufräumen. ,Alles hat seinen Platz und alles an seinen Platz', haben wir Irma immer wieder gesagt. Jetzt ist sie ein so ordentliches Mädchen, daß sie hysterisch wird, wenn sie einen Krümel auf dem Boden erblickt."

„Nun, dann kann man nur hoffen, daß sie niemals einen Blick in Huberts Zimmer wirft", sagte Frau Prentiss trocken. „Denn sonst würde sie vermutlich in Ohnmacht fallen." Und dann legte sie den Hörer auf.

Darauf rief sie Frau Meyer an. „Guten Morgen, Frau Meyer", sagte sie. „Ich wollte nur mal fragen, ob Gregor seine Spielsachen aufräumt."

„Nein", erwiderte Frau Meyer. „Aber Sie wissen ja, daß Gregor eine zarte Konstitution hat. Ich habe immer das Gefühl, daß das bloße Spielen mit seinen Sachen ihn so ermüdet, daß ich persönlich dafür sorge, daß alle seine kleinen Freunde die Spielsachen aufräumen, bevor sie nach Hause gehen."

„Das ist eine wunderbare Idee", sagte Huberts Mutter. „Aber ich versuche, Hubert zu erziehen, nicht seine Spielkameraden."

„Natürlich, Hubert ist sehr kräftig und gesund, aber Gregor ist intelligent", sagte Frau Meyer.

„Tatsächlich?" erwiderte Frau Prentiss verstimmt, denn ihr gefiel die Anspielung nicht, daß ihr Sohn nur Muskeln, aber kein Gehirn habe.

„Ach du liebe Güte", jammerte Frau Meyer, „Ich glaube, Gregor hat Fieber. Ich muß zu ihm gehen." Und sie legte den Hörer auf.

Dann rief Frau Prentiss Frau Griff an. „Hallo, Margret", sagte sie. „Wie geht's Susi?"

Frau Griff sagte: „Ich habe sie seit dem Frühstück siebenmal verdroschen. Aber gerade habe ich wieder einen Höllenlärm gehört. Das setzt die nächste Tracht Prügel. Wie geht's Hubert?"

„Deshalb rufe ich an", sagte Frau Prentiss. „Kannst du mir vielleicht sagen, wie ich Hubert dazu bringe, daß er seine Spielsachen *gerne* aufräumt? Sein Zimmer sieht aus wie ein Spielwarengeschäft nach einem Erdbeben."

„Ruf doch mal Frau Pickwickel an. Sie soll eine wunderbare Frau sein. Alle Kinder in der Stadt lieben sie, und sie hat für alle Probleme eine Lösung. Sobald ich Susi verhauen habe, werde ich mich ebenfalls an sie wenden."

Und so rief Huberts Mutter Frau Pickwickel an und sagte: „Frau Pickwickel, ich möchte Sie nicht stören, aber Sie scheinen immer zu wissen, wie man Kinder richtig behandelt, und ich muß zugeben, daß ich nicht weiß, wie ich Hubert dazu bringen soll, seine Spielsachen wegzuräumen."

Frau Pickwickel sagte: „Hubert ist doch der nette kleine Junge mit den wunderschönen Spielsachen, die sein Großvater ihm schickt."

Frau Prentiss sagte: „Ja, das stimmt. Aber ich wußte nicht, daß Sie ihn kennen."

„Ja natürlich", sagte Frau Pickwickel. „Hubert und ich sind alte Freunde. Er baut in meinem Hof gerade ein Auto aus alten Obstkisten und leeren Konservenbüchsen. Hubert kann sehr gut mit Holz umgehen."

Huberts Mutter dachte an die zwei Autos, die ihm sein Großvater geschenkt hatte. Sie hatten Gummireifen, eine richtige Hupe, Ledersitze, in denen zwei Jungen sitzen konnten, und Scheinwerfer, die man richtig anmachen konnte. Und sie fragte sich, warum er wohl Lust hatte, ein Auto aus alten Obstkisten und Konservendosen zu bauen. Sie sagte jedoch: „Jetzt weiß ich endlich, wo er und Dicky jeden Nachmittag hingehen. Ich hoffe, er benimmt sich gut."

„Aber sicher", sagte Frau Pickwickel. „Wir alle mögen Hubert. Aber dieses Problem mit seinen Spielsachen. Lassen Sie mich mal überlegen." Frau Pickwickel überlegte eine Weile und sagte dann: „Ich glaube, in diesem Fall wird meine alte Spielsachenaufräumkur am besten helfen. Räumen Sie von heute an seine Spielsachen nicht mehr auf. Machen Sie nicht mehr sein Bett. Gehen Sie überhaupt nicht mehr in sein Zimmer. Sobald sein Zimmer so vollgestopft ist, daß er nicht mehr heraus kann, rufen Sie mich." Frau Pickwickel verabschiedete sich und legte den Hörer auf.

Als Hubert am nächsten Morgen zum Frühstück herunterkam, bemerkte seine Mutter, daß eine kleine Dose Wasserfarben in seinem Haar steckte und sein Hemd an einer Schulter einen rosa Tintenfleck aufwies, der von der Tinte aus dem Druckkasten stammte. Sie sagte nichts, ging aber nach dem Frühstück nach oben und schloß rasch die Tür seines Zimmers.

Am nächsten Morgen hatte Huberts Mutter schon einige Mühe, seine Zimmertür zuzumachen, und sie bemerkte, daß Hubert Ringe unter den Augen hatte, als hätte er nicht sehr gut geschlafen.

Am folgenden Morgen erschien Hubert sehr spät zum Frühstück. Bevor er seine Tür aufmachte, hörte seine Mutter ein lautes Gerumpel und Geschiebe, als würde er Möbelstücke verrücken. In seinem Pulli steckten kleine Schrauben aus dem Baukasten, und er hatte zwei Farbdöschen in seinem Haar. Er war so schläfrig, daß er kaum die Augen offenhalten konnte, und auf einer Wange war ein roter Fleck. Als seine Mutter genau hinsah, merkte sie, daß er die Form und Größe eines seiner Bauklötze hatte. Hubert hatte wahrscheinlich mit dem Gesicht auf einer der Brücken gelegen.

Am siebten Tag, nachdem Huberts Mutter aufgehört hatte, seine Spielsachen wegzuräumen, kam er überhaupt nicht zum Frühstück herunter. Um elf Uhr begann seine Mutter, sich Sorgen zu machen und rief Frau Pickwickel an.

Sie sagte: „Guten Morgen, Frau Pickwickel. Heute ist der siebte Tag der Spielsachenaufräumkur, und ich bin ziemlich beunruhigt. Hubert ist heute morgen überhaupt nicht aus seinem Zimmer gekommen."

Frau Pickwickel sagte: „Lassen Sie mich mal überlegen ... Der siebte Tag – meistens dauert es zehn Tage –, aber Hubert hat so viele Spielsachen, daß er es vielleicht schneller schafft."

„Schneller was schafft?" fragte Huberts Mutter besorgt.

„In seinem Zimmer gefangen zu sein", sagte Frau Pick-wickel. „Hubert kommt deshalb nicht zum Frühstück, weil er nicht aus seinem Zimmer herauskommt. Ist Ihnen in den letzten Tagen sonst noch etwas an ihm aufgefallen?"

„Es sieht aus", sagte Huberts Mutter, „als hätte er nicht sonderlich gut geschlafen. Und am vierten Morgen hatte er einen roten Fleck auf der Wange, der den Umriß einer seiner Bauklötze hatte."

„Hmmm", sagte Frau Pickwickel. „Er kommt wahrscheinlich nicht zu seinem Bett durch und nimmt statt dessen seine Bauklötze als Kissen."

„Aber was soll ich machen?" erkundigte sich Huberts Mutter. „Wie soll ich ihm was zu essen geben?"

„Warten Sie, bis er nach Essen ruft. Dann sagen Sie ihm, er solle sein Fenster öffnen, und Sie legen ihm ein Stück altes Brot mit Marmelade auf den Rechen. Trinken muß er aus dem Gartenschlauch. Binden Sie den Schlauch an den Rechen und reichen Sie ihm beides hoch."

Nachdem Huberts Mutter den Hörer aufgelegt hatte, hörte sie aus Huberts Zimmer ein gedämpftes Rufen. Hubert rief: „Mutti, ich habe Hunger!"

Seine Mutter sagte: „Geh zum Fenster und mach es auf. Ich reiche dir etwas auf dem Rechen hinauf."

Frau Prentiss nahm den Kanten eines alten Brotes, strich etwas Marmelade darauf und ging um das Haus herum. Bald hatte Hubert sein Fenster einen Spaltbreit geöffnet und streckte einen Arm heraus. Seine Mutter spießte den Brotkanten auf einen Zinken und hielt ihrem Sohn den Rechen hoch. Die Hand griff ein paarmal in die Luft, bekam dann das Brot zu fassen und zog es vom Rechen. Das Fenster fiel mit einem Knall zu.

Als Huberts Vater an diesem Abend nach Hause kam, berichtete ihm die Mutter von Frau Pickwickels Kur. Huberts Vater sagte: „Das klingt ganz gut, aber es wäre gar nicht erst so weit gekommen, wenn Großvater ihm nicht so viele Spielsachen geschenkt hätte. Als ich Kind war, brauchte ich nur ein Stück Schnur und einen Stock, und ich war glücklich. Ich ..."

Frau Prentiss sagte: „Nicht schon wieder die alte Schnur-und-Stock-Geschichte, John. Dies ist eine andere Situation. Hubert hat nun mal die Spielsachen."

Herr Prentiss versteckte sein Gesicht hinter der Abendzeitung und sagte: „Hier riecht's ja köstlich. Ich hoffe, das ist Gemüseeintopf?"

„Ja", sagte Huberts Mutter und fragte sich besorgt, wie sie Hubert den Gemüseeintopf auf dem Rechen servieren sollte. Schließlich spießte sie eine Kartoffel auf einen Zinken, eine Möhre auf den nächsten, eine Zwiebel auf den dritten und ein paar Fleischstücke auf die letzten drei. Das Fenster wurde diesmal nur ein paar Zentimeter geöffnet, aber die Hand schnappte nach dem Gemüse und Fleisch. Nach dem Essen befestigte Huberts Vater den Gartenschlauch am Rechen und hielt ihn hoch, während Hubert seinen Mund an die Fensteröffnung legte und versuchte, Wasser aus dem Schlauch zu trinken. Das fiel ihm sehr schwer, aber ein paar Tropfen bekam er doch ab.

Frau Prentiss machte sich Sorgen. Am nächsten Morgen klopfte sie an Huberts Tür und fragte: „Hubert, was machst du da drin?"

Hubert sagte: „Ich habe eine Bärenhöhle aus Schreibtischschubladen gebaut, und mein Bett ist die Höhle der Bärenmutter, und mein Zug fährt nun dreizehnmal unters Bett."

„Hubert, solltest du nicht mal versuchen, aus dem Zimmer zu kommen?" fragte seine Mutter.

Hubert sagte: „Ich will nicht rauskommen. Ich fühle mich wohl hier drin. Alle meine Spielsachen liegen herum, und ich kann mit ihnen spielen, wann immer ich Lust habe. Das macht Riesenspaß."

Seine Mutter ging hinunter und rief Frau Pickwickel an. Frau Pickwickel sagte: „Er wird schon herauskommen wollen. Warten Sie nur ab."

An diesem Nachmittag hörte man um zwei Uhr Musik auf der Straße, und Kinderstimmen lachten und jauchzten, und da kamen auch schon Frau Pickwickel und alle Kinder direkt an Huberts Haus vorbeimarschiert, und hinter ihnen marschierte ein ganzer Zirkusumzug. Hubert gelang es, sich zum Fenster

durchzukämpfen und hinauszusehen. Dazu mußte er einen Fuß
in eine Schublade stellen und den anderen auf einen Güterwaggon seiner Eisenbahn. Er winkte Frau Pickwickel zu, und sie rief:
„Mach schnell, Hubert! Wir marschieren durch die ganze Stadt,
und dann gehen wir alle zusammen in den Zirkus."

Hubert drehte sich schnell um, weil er zur Tür gehen und
sich den anderen anschließen wollte, aber der Güterwaggon sauste unter das Bett, und die Schublade kippte hoch und knallte
mit aller Wucht gegen sein Schienbein. Hubert begann zu wei-
nen und versuchte, sich einen Weg zur Tür zu bahnen. Aber alle
Dinge, gegen die er mit dem Fuß stieß, schienen es auf ihn abgesehen zu haben. Er stieß gegen ein Haus, und ein schwerer Bau-
klotz fiel ihm direkt auf den Zeh. Er stieß gegen ein Bürogebäude, das er mit den Baukastenelementen gebaut hatte. Es fiel
herunter, und zwar direkt an seinen Hinterkopf. Er stieß mit
dem Fuß gegen ein Buch, es sauste gegen eine Lampe, die umfiel
und einen schweren Holzelefanten vom Bettpfosten direkt auf
Huberts Schulter stieß. Er hörte, wie die Zirkusmusik immer
schwächer wurde, und so heulte er immer lauter.

Dann hörte er ein Klopfen an seinem Fenster. Er kroch hin-
über und langte hinaus. Es war der Rechen, auf dem ein Zettel
befestigt war. Er nahm den Zettel und faltete ihn auseinander.
Darauf stand:

Du mußt alle Sachen dahin räumen,
wo sie hingehören.
Das ist die einzige Möglichkeit,
aus deinem Zimmer zu kommen.
Wenn du dich beeilst,
warten wir auf dich.

Deine Freundin Frau Pickwickel

Zuerst fand Hubert die Schachtel für das Baukastensystem. Er nahm ein Bürogebäude auseinander und legte jedes Teil in die Schachtel. Dann räumte er die Bauklötze weg, dann die Schienen, den Zirkus, die Soldaten, die Farben, den Chemiekasten, die Druckerei, die Bücher, die Feuerwehrautos und die kleinen Autos. Dabei stellte er sich vor, daß er mit jemandem um die Wette aufräumte. Wer würde am schnellsten die meisten Teile eines Spiels finden?

Er mußte das Bett abziehen und den Bettbezug ausschütteln, damit die restlichen Soldaten und Zirkuspuppen herausfielen. Und dann dachte er bei sich selbst, daß er ja auch gleich sein Bett richtig machen könnte. Als er damit fertig war, sah es so klumpig aus, daß er noch ein paar Flugzeuge darin vermutete. Also nahm er die Bezüge noch einmal ab und schüttelte sie wieder aus. Er machte sein Bett noch einmal, und dieses Mal sah es ordentlich und glatt aus. Hubert war stolz auf sich.

Er lag gerade unter dem Schreibmaschinentisch und langte nach dem letzten Teil aus dem Baukastensystem, als er wieder die Musik hörte. Er legte das Teil in die Schachtel, stellte diese in den Schrank, stürmte die Treppe hinunter und zur Haustür hinaus.

Und da kamen sie schon: Frau Pickwickel, alle Kinder und der ZIRKUS! Hubert rannte ihnen entgegen, und keiner erwähnte das Döschen mit der orangenen Farbe in seinem Haar oder das komische Wort, das in rosa Tinte auf seine Wange gedruckt war.

Und so zogen sie die Straße hinunter, und Hubert schwenkte die Fahne und jubelte am lautesten.

Teil 2

Die wahre Welt der Messies

3. „Sag mal, Liebling ..."

Wie Männer in das System passen

Männer unterscheiden sich in vielerlei Hinsicht von Frauen, ob das nun biologische oder kulturelle Ursachen hat oder ganz einfach in ihrer grundsätzlichen Andersartigkeit begründet liegt. Das heißt, daß Messie-Männer (und davon, das können Sie mir glauben, gibt es eine Menge) ihre Desorganisation auf eine ganz speziell männliche Weise ausleben.

Männer scheinen, im Gegensatz zu Frauen, nicht unter einem so starken gesellschaftlichen Druck zu stehen, ihr Leben zu „organisieren". Denken wir nur an all die „Organisierer", die Männern zur Verfügung stehen – Mütter für Jungen und junge Männer, Ehefrauen für verheiratete Männer und Sekretärinnen für Männer im Beruf. Zwei Männertypen sieht man traditionell überhaupt nach, wenn sie chaotisch sind – Junggesellen und zerstreuten Professortypen. Aber was bedeutet das für uns desorganisierte, von der rechten Gehirnhälfte bestimmte Frauen? Von uns erwartet man nicht nur, daß wir uns selbst, sondern auch die Männer um uns herum organisieren.

Es scheint, daß Männer keine Probleme haben, selbst wenn sie Messies sind, weil ja immer Frauen da sind, die sich um sie kümmern. Aber manchmal bricht dieses System zusammen, und zwar

1. Wenn der Messie-Mann allein lebt. In diesem Land gibt es unzählige, absolut chaotische Wohnungen, in denen Männer allein leben. Im Gegensatz zu Frauen werden Männer nicht durch ihre Zeitschriften und Gespräche unter ihresgleichen dazu angehalten, nach Ordnung und Schönheit zu streben. Viele organisierte, stilbewußte Männer haben zwar geschmackvoll eingerichtete Wohnungen und ihren Haushalt im Griff, aber das liegt mehr an ihrer persönlichen Vorliebe als am Druck der Gesellschaft.

Die allein lebenden Messie-Männer stehen mit ihrer unangenehmen Situation ziemlich allein. Sie können sich nicht darauf freuen, nach Hause zu kommen, obwohl sie immer wieder betonen, daß sie sich in ihrer Wohnung „entspannen" können. Sie sind frustriert, weil sie ihre Sachen nicht finden, obwohl sie wissen, „daß es hier irgendwo sein muß". Viele werden nie einen anderen Menschen über ihre Schwelle lassen. Freunde und Nachbarn können nur vermuten, daß hier nicht alles so ist, wie es sein sollte.

Diese Männer rationalisieren häufig ihren Lebensstil vor sich und anderen durch Macho-Sprüche wie: „Wahre Männer machen keine Betten", mit Lässigkeit: „Ich hab's doch gemütlich!" oder mit einer psychologischen Begründung: „Ich muß ich selbst sein." Diese allein lebenden Männer erhalten in der Regel keine Hilfe von außen, höchstens, daß einmal die Mutter oder Freundin hin und wieder den Versuch unternimmt, den betreffenden Mann umzuerziehen.

Ein chaotischer Lebensstil ist kein speziell weibliches Problem.

Die Anonymen Messies sind auch für Männer da. Mir liegt wirklich daran, ihnen zu helfen (natürlich auf diese machohafte, lässige und psychologische Art und Weise, wie es ihrer männlichen Wesensart entspricht). Das Magazin *Playboy* bat mich einmal um Informationen über die Anonymen Messies. Das wäre eine phantastische Möglichkeit gewesen, viele betroffene Männer zu erreichen, aber ich habe das Angebot aus ethischen Gründen abgelehnt. Zu schade. Aber vielleicht interessiert sich ja noch mal eine andere Männerzeitschrift, irgendein Auto- oder Heimwerkermagazin für unser Anliegen!

2. Wenn der verheiratete Messie weder von seiner Frau noch von einem anderen Menschen Hilfe annehmen will. In diesem Land gibt es auch unzählige Wohnungen, in denen verheiratete Männer ein Riesenchaos anrichten und damit ihre Frauen zum Wahnsinn treiben.

Diese zwanghaften Sparer hüten „ihre Sachen" wie ihren Augapfel. Vielleicht hat der Messie-Mann gar eine ordentliche

Frau geheiratet, sozusagen als Ausgleich für seine eigene Unordnung, aber jetzt läßt er sie nicht in „seinen" Bereich hineinfunken. Vielleicht ist dieser Bereich die Garage, der Abstellraum, sein Arbeitszimmer, ein Teil des Schlafzimmers oder gar das ganze Haus. Seine ständige Rede lautet: „Laß das nur, ich kümmere mich darum." Ach, wenn es nur wahr wäre. Eine Frau hat wenig Chancen, ihren Mann zu ändern, besonders wenn die Beziehung schon sehr lange besteht. Keiner läßt sich gern herumkommandieren, schon gar kein Mann von einer Frau. Also widersteht er ihren guten Ratschlägen oder Schimpfkanonaden.

Ein Mensch ist nur aus einem einzigen Grund bereit, sich zu ändern, nämlich wenn er einsieht, wie zerstörerisch sich seine Gewohnheiten auf sein eigenes Leben und seine Beziehungen zu anderen Menschen auswirken. Er hat vielleicht eine Ahnung, daß das so sein könnte. Ziel der Anonymen Messies ist es, diesem vagen Gefühl eine feste Form zu verleihen und Wege aufzuzeigen, die so bitter notwendige Veränderung durchzuführen.

(„Amen!" ertönt der einstimmige Ruf entnervter Frauen rund um die Welt.)

„Mein Leben quillt über von überflüssigem Plunder, und ich werde jetzt etwas dagegen tun. Heute mache ich den Anfang. Feierlich gelobe ich bei einem Stapel alter Manuskripte, daß ich von jetzt an keinen Gegenstand mehr ins Haus oder ins Büro bringe, ohne einen entsprechenden Raumfüller hinauszuwerfen. Wenn ich ein neues Werkzeug kaufe, werde ich ein altes wegwerfen. Wenn ich ein neues Hemd kaufe, rangiere ich ein altes Hemd aus. Ich werde nicht mehr die braunen Einkaufstüten aufheben. Ich habe so viele braune Tüten, daß sie für mein ganzes Leben reichen. Ich werde mich von Kaffeebüchsen, Gummibändern, doppelten Büchern, kaputten Toastern, alten Winterreifen und vielleicht, aber nur vielleicht, von dem Stapel alter Life-Magazine trennen. Ich werde mein Leben von all dem überflüssigen Kram befreien. Heute fange ich damit an ... allerspätestens morgen."

Andy Rooney, *And More by Andy Rooney*

Superlösungen

Garagen und Keller

1. Versuchen Sie, den Boden freizuhalten; benutzen Sie den Boden nicht als Lagerraum.

2. Benutzen Sie die Decke (besonders die praktischen Balken), um daran Fahrräder, Gartenstühle, Felgen, Rucksäcke und andere leichte, aber sperrige Gegenstände aufzuhängen. In Heimwerkermärkten kann man zu diesem Zweck auch große, kunststoffbeschichtete Haken kaufen.

3. Hängen Sie kleinere Gegenstände oder Dinge, die Sie häufiger brauchen, an die Wände. Befestigen Sie ein großes Brett an einer Wand, und hängen Sie dort an S-förmigen Nägeln Garten- und andere Werkzeuge oder Sportausrüstungen auf.

4. Nehmen Sie eine große stabile Kartonplatte (z. B. Teil einer alten Verpackungskiste), und legen Sie sie dort auf den Boden, wo Sie ihren Wagen parken. So kommen keine Öl- oder andere Flecken auf den Boden (Beton ist sehr porös).

5. Kaufen Sie einen guten Gartenschlauch und benutzen Sie ihn auch.

6. Beschriften Sie die alten Gurken- oder Marmeladengläser, von denen Sie sich nicht trennen können und die Sie zur Aufbewahrung von Nägeln, Schrauben, Dichtungen und anderen Kleinteilen benutzen.

7. Wenn Sie Müll zur Wiederverwertung sammeln, stellen Sie beschriftete Mülleimer oder große Kisten an einen leicht zugänglichen Platz in der Garage und bringen Sie auch die anderen Mitglieder der Familie dazu, diese Behälter regelmäßig zu benutzen.

45

8. Praktizieren Sie 365 Tage im Jahr Brandverhütung. Werfen Sie alte Zeitungsstapel, Farbdosen und ölige Tücher fort, besonders in der Nähe von Öfen oder in schlecht belüfteten Bereichen. Es gibt weniger drastische Möglichkeiten, sich von altem Gerümpel zu befreien, als das ganze Haus niederzubrennen!

Supertips

Autos

1. Lassen Sie Ihren Wagen nicht zu einer Müllkippe verkommen. Legen Sie eine Mülltüte ins Auto. Sorgen Sie dafür, daß auch die übrige Familie diese benutzt, und leeren Sie sie häufig. Lassen Sie Ihr Auto nicht zu einer Rumpelkammer werden. Schauen Sie jedesmal, wenn Sie aus dem Auto steigen, nach, ob irgendwas ins Haus gebracht werden muß. Und wenn Sie ins Haus gehen, legen Sie den betreffenden Gegenstand da hin, wo er hingehört.

2. Stellen Sie einen Schuhkarton mit nützlichen Dingen – Papiertaschentücher, Erfrischungstücher, Kugelschreiber, Notizblock, Kamm – unter den Vordersitz. Benutzen Sie diese Kiste nicht für irgendwelches Gerümpel. In das Handschuhfach kommen nur Straßenkarten, die Bedienungsanleitung fürs Auto und eine Taschenlampe – auch das ist keine Rumpelkammer. Denken Sie daran: Wenn Sie ihr altes Gerümpel loswerden, brauchen Sie keinen Platz, um es aufzuheben!

3. Für den Fall, daß Sie Ihre Schlüssel verlieren oder im Auto einschließen (passiert Messies kaum einmal), bewahren Sie einen Ersatzschlüssel in einem magnetischen Kästchen unter der Motorhaube auf. Vergessen Sie nicht, wo Sie das Kästchen angebracht haben, und posaunen Sie es nicht in der ganzen Nachbarschaft herum – es ist nur für Ihren Gebrauch bestimmt, nicht für jemanden, der schnell mal ein Auto benötigt.

4. Legen Sie eine Plastikplane oder einen alten Regenmantel in den Kofferraum. Darauf können Sie dann knien, wenn Sie einmal den Reifen wechseln müssen.

5. Prüfen Sie nach, ob Sie wichtige Werkzeuge – Schaufeln, tragbare Lampe, Schneeketten, Überbrückungskabel und so weiter – im Kofferraum haben. Wickeln Sie sie in eine alte Decke, damit sie nicht herumscheppern. Und denken Sie auch an den Erste-Hilfe-Kasten.

6. Lassen Sie Ihre Musikkassetten nicht überall im Auto herumliegen. Kaufen Sie eine Kassettenbox, in der Sie die Kassetten nach Gebrauch aufheben.

Werden Kinder sich als Erwachsene genauso ver-halten wie in ihrer Kindheit? Nicht unbedingt. Es ist schwer zu sagen, wie ein Kind als Erwachsener leben wird. Kinder folgen verschiedenen Verhaltensmustern.

Kinder probieren verschiedene Lebensstile aus, um zu sehen, welcher zu ihnen paßt.

1. Pseudo-Messie. Kinder probieren verschiedene Lebensstile aus, um zu sehen, welcher zu ihnen paßt. Ein Kind, das eigentlich gar kein echter Messie ist, mag eine Zeitlang in totalem Chaos leben. Das gehört ganz einfach zum Kindsein. Die Mutter ist außer sich und glaubt, sie müsse ihr Kind mit aller Gewalt zur Ordnung erziehen. Doch wenn sie das Kind ganz einfach eine Weile in Ruhe läßt, wird es schon selbst merken, wie schwer es ist, als Messie zu leben, und ganz von selbst diesen Lebensstil aufgeben. In diesem Fall ist es das Beste, das Chaos ganz einfach zu ignorieren oder das Kind gar darin zu unterstützen.

„Wo soll ich deine saubere Wäsche hinlegen? Auf den Boden neben den anderen Stapel, den ich dir letzte Woche hingelegt habe? Also gut."

Nach einer Weile wird das Kind, das kein echter Messie ist, selbst nicht mehr in diesem Chaos leben wollen und ganz von allein beginnen, seine Sachen zu ordnen.

2. Messie-Kind/Cleanie-Erwachsener. Häufig berichten mir Mütter von ihrem Kind, in der Regel ein Junge, der als Kind überhaupt kein Verhältnis zur Ordnung hatte, aber jetzt seine eigene Wohnung in penibler Ordnung hält, die niemand durcheinanderbringen darf. Dieses Kind hatte offenbar den Eindruck, daß Erwachsene ganz einfach ordentlich seien, also ließ er als Kind seine Mutter Ordnung schaffen. Doch als er selbst erwachsen wurde, übernahm er diese Aufgabe selbst.

48

Manchmal entdeckt eine Mutter voller Erstaunen, daß ihr unmöglicher Messie-Sohn bei seiner frisch angetrauten Cleanie-Frau ein völlig anderer Mensch ist. Untersuchungen zeigen, daß Menschen im Stadium der Verliebtheit außerordentlich flexibel sind und eine große Bereitschaft zeigen, sich für den geliebten Menschen zu verändern. Wenn die Ehefrau ein befriedigendes Lebensmuster einführen kann, wird es ihr vielleicht gelingen, den Zustand der Ordnung aufrechtzuerhalten, selbst wenn in der Beziehung der Alltagstrott eingekehrt ist.

3. Cleanie-Kind/Messie-Erwachsener. Dann gibt es das Kind, das in einem chaotischen und desorganisierten Haushalt aufwächst. Aber es nimmt sich vor, sein Leben anders zu gestalten, sobald es von zu Hause auszieht.

Maria war als Kind immer etwas geistesabwesend und verlor ständig ihre Sachen, aber sie führte doch ein normal geordnetes Leben. Auch als junge Ehefrau führte sie einen gemütlichen und geordneten Haushalt. Doch als ihre Verantwortungsbereiche sich immer mehr ausweiteten und noch eine Arbeitsstelle außer Haus und Kinder dazukamen, geriet sie „ins Schwimmen". Nun wurde diese Frau, die als Kind ein halber Cleanie war, zu einem Messie in Reinkultur, unfähig, unter solchen Streßsituationen die Kontrolle über ihren Haushalt und ihr Leben aufrechtzuerhalten, da ihr dazu aus der Kindheit die Grundlagen fehlten. Irgendwann kommt der Tropfen, der das Faß zum Überlaufen bringt, wie bei einem Kartenhaus der Zeitpunkt kommt, an dem eine Karte zuviel ist und das ganze Gebäude einstürzt.

Dasselbe kann auch Johnny passieren, den die Papierberge, die er bewältigen muß, die Werkzeuge, die er zu Hause braucht, oder die Ausrüstung für seine Arbeit schier überwältigen. Als Kind konnte er seine Sammlung von Fußballerbildchen und seine Schulsachen noch im Griff behalten, aber jetzt ist ihm einfach alles zu viel.

4. Messie-Kind/Messie-Erwachsener. Manche Menschen verhalten sich als Kinder wie Messies, entweder, weil ihre Mütter Messies sind und ihre Kinder nicht zur Ordnung anhalten oder weil ihre Mütter erfolglos versuchen, ihr Messie-Kind zu ändern, es ihnen aber nicht gelingt.

Als Erwachsene gibt es vielleicht keinen gewichtigen Grund, ihren Lebensstil zu ändern, und so leben sie weiterhin im Chaos. Ich möchte versuchen, solchen Kindern zu helfen, einen Zustand der Ordnung aufrechtzuerhalten, mit dem sie sich identifizieren können. Viele Messie-Kinder schätzen und brauchen solche Führung, Hilfestellung und Anleitung, weil sie selbst *nicht* in der Lage sind, ihr Leben zu organisieren, und ihnen das auch bewußt ist.

Wir haben alle unterschiedliche Organisationsstile. Ich bestehe darauf, daß das Kind seine Sachen nicht in den Räumen verteilt, die allen zur Verfügung stehen, oder die Zimmer anderer Familienmitglieder in Unordnung versetzt. Wenn ich ihm jedoch jede mögliche Hilfe angeboten habe und sein Zimmer noch immer im Chaos versinkt, überlasse ich es, zumindest eine Zeitlang, diesem Zustand. Wenn die Sache dann zu schlimm wird oder das Kind zu einem späteren Zeitpunkt bereitwilliger Hilfe annimmt, kann ich es noch einmal versuchen. Es ist jedoch meiner Ansicht nach wenig sinnvoll, dauernd zu nörgeln und zu schimpfen, so daß man dem Kind das Leben schwermacht und die Beziehung zu ihm zerstört wird, bloß, um am Ende ein aufgeräumtes Zimmer zu haben.

Wir sollten das Kind auch nicht vorschnell als Messie abstempeln, wenn es sich einfach wie ein ganz normales Kind verhält. „Dinge" sind für Kinder wichtig, und sie beginnen schon sehr früh, Sammlungen anzulegen: Fußballerbildchen, Puppen, Murmeln, Comichefte, Knuddeltiere (und lebendige Tiere). Statt solche Sammlungen ganz zu unterbinden, helfen Sie Ihrem Kind, sie sinnvoll zu ordnen und unterzubringen!

5. Cleanie-Kind/Cleanie-Erwachsener. Es gibt Kinder, die so ordentlich sind, daß sie nach ihrer Geburt sofort darangingen, sich selbst zu reinigen ...

Ordnung hat für sie einen so hohen Stellenwert, daß sie nie einen anderen Lebensstil ausprobieren und von klein auf ihr ganzes Leben organisieren, auch wenn die Umwelt sich anders verhält.

Dieser Mensch braucht die Ordnung wie das tägliche Brot.

Ein solches Kind kann in einem Haus voller Messies aufwachsen, aber sein Zimmer ist immer aufgeräumt und ordentlich.

Es ist leichter,
über ein Königreich zu herrschen,
als eine Familie zu organisieren.

Japanisches Sprichwort

Gegensätze ziehen sich bekanntlich an, und wir wählen vielleicht einen Ehepartner, der unsere eigene Persönlichkeit ausgleichen soll (und das gilt auch manchmal für den Bereich der Haushaltsführung). Wenn ein unnachgiebiger hartgesottener Cleanie auf einen unnachgiebigen hartgesottenen Messie trifft, gerät irgend etwas ins Wanken – und manchmal ist es die Ehe selbst.

Abschließende Gedanken: Es ist nahezu unmöglich, mit Sicherheit vorauszusagen, wie sich ein Kind als Erwachsener verhalten wird, weil wir nicht wissen, warum es sich jetzt so und nicht anders verhält oder welchen Einflüssen es als Ewachsener ausgesetzt sein wird.

Ich hege große Bewunderung für die Mütter, denen es scheinbar mühelos gelingt, alle ihre zwölf Kinder, ordentliche und unordentliche, dazuzubringen, ihre Zimmer in Ordnung zu halten, ohne großes Theater zu machen oder Druck auszuüben. Ich wünschte, ich wäre so. Aber da ich nicht so bin, muß ich mir gemäß meinen Fähigkeiten Prioritäten setzen. Ich wünsche mir ein halbwegs ordentliches Kind, das genügend Aufmerksamkeit von mir erhält. Diese Aussage ist ziemlich relativ und wechselt von Mensch zu Mensch und von Tag zu Tag.

Supertips

Haustiere

1. Bewahren Sie alle Dinge, die Sie für Ihr Haustier brauchen, an einem leicht zugänglichen Ort auf – in einer Schachtel neben der Hintertür zum Beispiel. Dorthinein kommen Bürsten, Hundekämme, Flohhalsbänder oder Puder, Seife, Hundeleinen, Spielzeuge.

2. Notieren Sie sich die Telefonnummer des Tierarztes bei den anderen Notfallnummern, ebenso die Nummer einer Tierklinik, falls Ihr Tierarzt nicht jederzeit erreichbar ist.

3. Wenn Sie kleine Dosen Katzenfutter kaufen, achten Sie darauf, daß man sie gut aufeinanderstapeln kann. Vielleicht sollten Sie überhaupt größere Mengen anschaffen, damit Sie nicht so oft für Nachschub sorgen müssen.

4. Legen Sie einen Dosenöffner neben die Tierfutterkonserven. So brauchen Sie nicht jedesmal in der Küche danach zu suchen. Schaben Sie das Futter mit einem Messer aus der Dose – das kann man hinterher einfach am Teller abkratzen –, und das ist sicher angenehmer, als das Tierfutter mit dem Finger vom Löffel zu schieben.

5. Achten Sie darauf, daß der Teller für das Tierfutter groß genug ist, so daß das Essen während der Mahlzeit darin bleibt. Das erspart Ihnen hinterher eine Menge Reinigungsarbeit.

6. Legen Sie eine breite Rolle doppelseitiges Klebeband neben Ihre Kleiderbürste. Damit lassen sich wunderbar Katzen- und Hundehaare von der Kleidung entfernen. Beim Kauf von Mänteln und Jacken beachten Sie, daß Tierhaare auf Tweedstoffen weniger auffallen.

5. Der hohe Herr und alles andere

Der Streß mit den Errungenschaften der Technik

Machen wir uns nichts vor: Was wir wirklich wollen, ist, daß dieser Mann und diese Kinder uns mehr im Haushalt helfen. Wir rackern uns ab, und Georg sitzt derweilen vor dem Fernseher und schaut fasziniert zu, wie seine Lieblingsmannschaft gegen ein gegnerisches Team antritt, ein Ereignis, das er natürlich keinesfalls verpassen darf. Er würde ja gerne auf einige dieser unglaublich wichtigen TV-Übertragungen verzichten, weil er sich ja eigentlich an der Hausarbeit beteiligen würde, aber es gehört eben auch zu seiner männlichen Verantwortung, über die aktuellen Ereignisse auf dem laufenden zu sein.

Und die Kinder kommen ganz nach ihrem Vater: Auch sie sind in vielerlei Weise kulturell engagiert – Schularbeiten, Musikunterricht, Ballett oder Handballtraining. Da sie all diesen Pflichten eifrigst nachkommen, bleibt nur wenig Zeit, um im Haushalt zu helfen.

Natürlich helfen sie auch mal. Aber Tatsache ist doch, daß wir, die Ehefrauen und Mütter, unglaublich beschäftigt sind – und abgekämpft und erschöpft und frustriert und manchmal wütend.

Für diese Gefühle gibt es gute Gründe. Zur Führung eines Haushalts gehören in der Regel drei Aufgabenbereiche – 1. den Lebensunterhalt zu verdienen, 2. die Hausarbeit zu machen und 3. die Kinder zu erziehen.

Früher war es die Regel, daß der Mann den Lebensunterhalt für die Familie verdiente und die Frau die Hausarbeit erledigte. Georg half wohl im Außenbereich: Er mähte den Rasen, reinigte die Dachrinne und bediente den Grill. Die Mutter erzog die Kinder mit Unterstützung des Vaters am Abend und an den Wochenenden.

Mit Einzug der modernen Technologie im Haushalt sind die Aufgaben der Frau einfacher geworden, und sie kann einer Beschäftigung außer Haus nachgehen, ohne daß die Hausarbeit und die Kindererziehung darunter leiden. Oder etwa nicht? Falsch! Bei näherem Hinsehen stellt sich heraus, daß die moderne Technologie der Frau keineswegs Zeit einspart, wie es den Anschein hat. Mit Einführung der Technologie in den Haushalt erhöhte sich zunächst die Zeit der Frauenarbeit von 1920 bis 1967. Die Kochzeit nahm zwar ab, aber diese Zeitersparnis wurde mehr als aufgewogen durch den höheren Zeitaufwand für Einkäufe, Buchführung, Wäsche und andere Arbeiten.

Was ist der Grund dafür? Frauen, die schöne Waschmaschinen und Trockner hatten, brauchten wöchentlich ein paar Stunden mehr Zeit, um ihre Wäsche zu erledigen, als zu der Zeit, bevor es Waschmaschinen gab, weil sie häufiger wuschen und keine „Waschfrau" ihnen mehr bei der Arbeit half.

Früher wurden die Lebensmittel von Lieferanten ausgetragen. Der Klavierlehrer kam ins Haus. In kleineren Dörfern konnten die Kinder zur Schule laufen. Ärzte machten Hausbesuche. Es gab weniger Kriminalität, so daß die Kinder für die Mutter zum Laden laufen und mit dem Fahrrad zu Freunden fahren konnten, statt von der Mutter herumchauffiert zu werden. Damals hatten die meisten Mütter gar kein Auto.

Als es dann in vielen Familien zwei Autos gab, konnte die Mutter die Kinder überall hinkutschieren und dann auf sie warten, um sie wieder abzuholen. Sie mußte selbst waschen, da das ja nun so einfach war (oder zumindest so schien). Welche Entschuldigung hatte sie? Sie mußte in bequemen, neuen Supermärkten selbst einkaufen. Der Staubsaugerbeutel mußte ausgetauscht werden. Die Küchenmaschine hatte einen Kohlkopf in wenigen Minuten geraspelt, aber natürlich mußte sie hinterher saubergemacht werden. Als wir der Technologie die Tür öffneten, zog das unweigerlich neue Arbeit nach sich. Die Arbeit wurde uns tatsächlich erleichtert – aber man brauchte mehr Zeit dazu.

Neuerdings verbringen Frauen jedoch tatsächlich weniger Zeit mit der Hausarbeit. 1965 haben Frauen im Alter von 25 bis

54

44 noch 64 Stunden wöchentlich mit Hausarbeit verbracht. In den letzten zwanzig Jahren beschäftigen sie sich durchschnittlich nur noch 33 Stunden wöchentlich mit Hausarbeit.

Die Ursache dafür ist nicht ganz klar. Größtenteils mag es daran liegen, daß so viele Frauen nun eine Beschäftigung außer Haus haben. Wenn eine verheiratete Frau außer Haus arbeitet, verbringt sie 7 bis 21 Wochenstunden weniger mit Hausarbeit. Ein anderer Grund mag sein, daß Frauen begonnen haben, ihre Zeit den Anforderungen der Technologie anzupassen.

Und welchen Einfluß hat all das auf den Vater und die Kinder?

Machen wir uns zunächst einmal klar, wie sich die Stellung der Kinder im Haushalt verändert hat.

Um die Jahrhundertwende begann sich die Rolle der Kinder in der Familie zu wandeln. (Nun beschäftigen wir uns auch noch mit Geschichte!) Bis zu dieser Zeit arbeiteten Erwachsene und Kinder – außer sie gehörten zum Adel – mehr oder weniger Seite an Seite, um den Haushalt in Gang zu halten. Da mußte Holz gesammelt, zerkleinert und aufgeschichtet werden. Es mußte Wasser geholt werden. Kinder waren in dieser Welt, wo es auf Menschenkraft ankam, willkommene Arbeitskräfte. Zähe kleine Jungen kämpften sich durch den Schneesturm, um den alten Doktor zu holen, weil die ganze Familie krank darniederlag. Heute brauchen wir nur zum Telefonhörer zu greifen. Der tapfere kleine Peter wurde am Abend durch den dunklen Wald geschickt, um eine glühende Kohle vom Nachbarn zu holen, weil das Feuer im Kamin ausgegangen war und alle vor Kälte zitterten. Heute brauchen wir nur die Heizung anzudrehen. Rotkäppchen kümmerte sich um die Großmutter, und Heidi hütete die Ziegen. Heute kommt die Großmutter ins Krankenhaus, und Heidi besucht die Schule. In früheren Zeiten waren die Kinder als vollwertige Arbeitskräfte in die Familie integriert und wie alle anderen Gefahren, Not und Strapazen ausgesetzt.

Durch die Einführung von Gas, fließendem Wasser und Elektrizität wurde die Beziehung zu den Kindern auf eine eher sentimentale Ebene gehoben. Man setzte Kinder in die Welt, um sich an ihnen zu erfreuen. Sie bereicherten die Familie ganz ein-

Um die Jahrhundertwende begann sich die Rolle der Kinder in der Familie zu verändern.

fach durch ihre Gegenwart. Man erwartete nicht mehr, daß Kinder wie in früheren Zeiten sich an der Arbeit der Familie beteiligten. Gute Mütter umsorgten und kümmerten sich um ihre Kinder, wie es früher nie der Fall war.

Heute wird von einem Einzelkind im Alter von sechs bis elf ungefähr eine halbe Stunde Arbeit erwartet. Ein Einzelkind von zwölf bis siebzehn arbeitet etwas mehr als eine Stunde täglich. Sind mehr Kinder da, verteilt sich die Arbeit, so daß für jedes Kind etwas weniger Arbeit anfällt als für das Einzelkind.

Heute werden 15 Prozent der Hausarbeit von Kindern erledigt, aber für sie selbst wird mehr Zeit aufgewendet, als sie für die Arbeit benötigen, die sie tun.

Ein guter Ehemann erledigt ebenfalls ungefähr 15 Prozent der anfallenden Hausarbeiten, aber auch für ihn selbst muß mehr als diese Zeit aufgewendet werden. Selbst wenn er arbeitslos wird und seine Frau weiterarbeitet, steigt sein Anteil an Hausarbeit nur unwesentlich. Denn zu dieser Zeit ist er am wenigsten geneigt, sich mit „Frauenarbeit" zu beschäftigen. Sein Selbstbild hat schon genug gelitten.

Und das bedeutet – Sie haben es schon erraten –, daß in den meisten Familien 70 Prozent oder mehr der Hausarbeit von der Frau erledigt werden.

Warum beteiligen sich die Männer nicht stärker an der Hausarbeit? Frauen, besonders solche, die noch einer Beschäftigung außer Haus nachgehen, sind völlig erschöpft von dieser Überforderung. In den letzten zehn Jahren ist die Hilfe der Männer im Haushalt nur geringfügig gestiegen, obwohl viele verheiratete Frauen einem Beruf nachgehen.

Wie ist diese Entwicklung zustande gekommen? Als die Neuerungen der Technik in den Haushalt eingeführt wurden und die tatsächliche Zeit, die eine Frau mit der Hausarbeit verbrachte, zunahm, nahm gleichzeitig die Beteiligung der Kinder an der Hausarbeit aufgrund eines allgemeinen Konsenses immer mehr ab. Sie mußten natürlich mehr für die Schule arbeiten als frühere Generationen, die an den Arbeitslasten des Haushalts stärker beteiligt waren. Der Vater hatte einen Vollzeitberuf, half auch bei der Hausarbeit mit und widmete so im Ganzen der

Familie mehr Arbeitszeit als die Mutter. Um die Mitte der sechziger Jahre war der Vater ungefähr 64 Stunden für die Familie tätig, die Mutter 63 Stunden. (Diese gesamte Arbeitszeit beinhaltet alle drei vorher genannten Arbeitsbereiche der Familie, einschließlich der Arbeit außer Haus.)

In vielen Haushalten der „oberen Mittelklasse" hatte es die Frau früher recht leicht. Sie hatte ein angenehmes Leben, vertändelte die Stunden im Salon, arrangierte die Blumen, gab Teeempfänge, war Mitglied in diversen Vereinen und bereitete sich auf die Heimkehr ihres Gatten vor, dem sie dann fürsorglich Pantoffeln, Pfeife und Zeitung brachte. Wer den ganzen Tag in einem Büro oder in einer Fabrik arbeitete, mußte doch am Abend verwöhnt werden.

Heute arbeiten auch viele Frauen den ganzen Tag (ca. 52 Prozent). Sie hetzen am Abend nach Hause und versuchen, dort noch etwas Ordnung zu machen und Schönheit zu schaffen und das Abendessen für die Familie vorzubereiten. Keiner, ob Mann oder Frau, ganz gleich, wie hart sie arbeiten, wird heutzutage noch verhätschelt. Nach der Veränderung der familiären Strukturen sieht es so aus, daß die Frau, die früher durchschnittlich 63 Stunden Gesamtarbeit für die Familie leistete, heute vielleicht 40 Stunden oder mehr außer Haus arbeitet und dazu noch die ungefähr 35 Stunden Hausarbeit erledigt. Das ist eine gesamte Arbeitsleistung von 75 bis 80 Stunden. Ganz zu schweigen von all den Erledigungen, die einen zusätzlichen Zeitaufwand erfordern, wie Lehrerkonferenzen, Kleidereinkäufe, Friseurbesuche, der Gang zum Tierarzt und so weiter. Ein Wunder, daß Frauen das alles überlebt haben.

Männer beklagten sich nicht über ihre Arbeitsbelastung, selbst nicht zu der Zeit, als sie deutlich mehr arbeiteten als ihre Frauen. Die Männer erledigten ihre Arbeit in der Regel innerhalb der ihnen vorgegebenen Zeit, und sie wurden zu Hause von ihren Frauen unterstützt.

Die berufstätigen Frauen von heute arbeiten weit über ein erträgliches Zeitmaß hinaus.

Die berufstätige Frau von heute arbeitet weit über ein erträgliches Zeitmaß hinaus (viele arbeiten ca. 80 Wochenstunden, wenn man die berufliche Tätigkeit und die Hausarbeit zusammenfaßt). Und am Abend empfängt sie niemand mit Pantoffeln, Pfeife und der Tageszeitung. Ihr fehlt ganz einfach eine „Ehefrau". Doch statt dessen hört sie: „Mama, sind meine Jeans gewaschen? Was gibt es zum Essen?"

Der Ausdruck
„eine Mutter, die arbeitet",
ergibt eigentlich keinen Sinn.

Erma Bombeck

Wie kann eine Frau mit diesem trostlosen Zustand umgehen? Ist sie dazu noch ein Messie und hat Mühe, ihren Haushalt überhaupt in den Griff zu kriegen, und hat eine Beschäftigung außer Haus angenommen, um

a. mehr Geld für die Familie zu verdienen,

b. der häuslichen Frustration zu entfliehen,

c. Erfolgserlebnisse zu haben oder

d. aus allen diesen Gründen, dann gibt es einiges, was sie tun kann.

1. Lassen Sie die edlen Gläser im Schrank. Viele Frauen machen sich nie richtig klar, in welch stressiger Situation sich die moderne Frau befindet. Sie glauben, sie können heimkommen, das Abendessen vorbereiten und dann noch am Abend eine schöne, erotische Geliebte sein. Die Einstellung: „Ich bin eine Frau; ich bin unbesiegbar" funktioniert einfach nicht in dem täglichen Kampf mit dem Haushalt. „Ich bin eine Frau; ich bin völlig erschöpft" kommt der Wahrheit viel näher.

2. Nehmen Sie Veränderungen zu Ihren Gunsten vor. Ob Sie verheiratet sind oder ledig, berufstätig sind oder nicht, Kinder haben oder nicht, die Wahrheit ist, daß viele Frauen, besonders Messies, mehr Arbeit haben, als sie eigentlich schaffen können. Viele versinken förmlich in ihrer Arbeit. Nehmen Sie jede Gelegenheit für Veränderungen wahr, die Ihnen das Leben erleichtern. Und dann führen Sie diese auch durch, selbst wenn es bedeutet, widerstrebenden Familienmitgliedern zusätzliche Arbeiten zu übertragen.

3. Vereinfachen Sie sich das Leben so weit wie möglich. Das kann zum Beispiel heißen, den geeigneten Wohnort zu wählen. Wohnen Sie so nah wie möglich an Ihrer Arbeitsstelle, an Läden, Ärzten, Schulen und Klavierlehrern. Ich weiß, daß der beste Klavierlehrer weit weg wohnt und es sich lohnt, wegen dieses guten Arztes viele Kilometer zu fahren. Das ist natürlich Ihre Sache. Aber – es sei denn, die Umstände sind ganz außergewöhnlich – aller Wahrscheinlichkeit nach gibt es auch in ihrer Nähe gute Klavierlehrer und Ärzte. Sie werden überrascht sein. Es wäre auch gut, wenn ältere Kinder zu Fuß zur Bibliothek, zum Sportplatz oder in den Laden gehen könnten. (Diese Veränderungen sind schmerzlich, aber eine Weiterführung eines so angespannten Lebens ist ebenfalls schmerzlich.)

Wir sind auf den Feind gestoßen, nämlich auf uns selbst.

Walt Kelly (Pogo)

4. Nehmen Sie jede mögliche Hilfe in Anspruch. Messies sind außergewöhnlich darauf bedacht, anderen Leuten keine Umstände zu machen. Liefert der Getränkehändler die Getränke ins

Haus, sagt eine Messie: „Stellen Sie die Kästen einfach hier im Wohnzimmer ab", um ihm die Mühe zu ersparen, sie bis in die Küche zu tragen, selbst wenn die in einem vorzeigbaren Zustand ist. Eine Cleanie würde sich die Kästen bis an die Stelle tragen lassen, wo sie sie aufbewahrt. So hat sie keine zusätzliche Arbeit, und die Kästen stehen nicht im Wohnzimmer herum – und sei es auch nur für kurze Zeit.

Messies sind immer bereit, anderen zu helfen, können aber schwer Hilfe annehmen. Als dieses Thema kürzlich bei einer A.M.-Selbsthilfegruppe zur Sprache kam, stellte jemand die Frage: „Ob der Grund darin liegt, daß Messies in Wahrheit eine so geringe Meinung von sich selbst haben?" „Ja, so ist es!" kam die spontane Reaktion der anderen Teilnehmer.

Organisations-techniken sind die Stoßdämpfer des Lebens.

Denken Sie einmal über folgendes nach: Untersuchungen zeigen, daß ein Mann desto mehr im Haushalt hilft, je mehr Geld seine Frau außer Haus verdient. Es geht also nicht darum, wieviel Zeit sie bei der Arbeit verbringt, sondern wieviel Geld sie verdient. Es hat also den Anschein, daß in dem Maße, wie ihre Zeit an ihrer Arbeitsstelle mehr an Wert gewinnt, sie auch zu Hause als wertvoller erachtet wird. Was bedeutet das für die Frau, die nicht außer Haus arbeitet und überhaupt kein eigenes Geld verdient? Hat ihre Zeit überhaupt keinen Wert? Bittet man sie deshalb, Besorgungen zu machen, Leute abzuholen usw.? Vielleicht nimmt sie all diese Aufgaben, die andere nicht tun wollen, auf sich, weil sie auch selbst ihre Zeit nicht für so wertvoll einschätzt?

*Niemals zuvor hatten wir
so wenig Zeit,
um so viel zu tun.*

Franklin D. Roosevelt

Sauberkeit kommt nicht
gleich nach Gottesfürchtigkeit.
Diese Begriffe sind noch nicht einmal in nächster
Nachbarschaft anzusiedeln.
Es hat noch keiner ein religiöses Erlebnis gehabt,
als er einen verbrannten Käsetoast
aus dem Grill entfernte.

Erma Bombeck

Bedenken Sie auch dies: Die Soziologen Philip Blumstein und Pepper Schwartz berichten in einem Buch, daß Männer sich ein wenig mehr an der Hausarbeit beteiligen als noch vor zehn Jahren. Doch je mehr Hausarbeit der Mann tut, desto mehr wird diese zum Streitobjekt. Das erzeugt Streß in der Beziehung zwischen Mann und Frau. Offenbar ist bereitwillige Hilfe nicht immer leicht zu bekommen, obwohl in 15 Prozent der Ehen die Hausarbeit zwischen Mann und Frau geteilt wird und viele Männer sich große Mühe geben, sich der Situation anzupassen und ihrer überlasteten Frau zu helfen.

5. Organisieren Sie. Die Probleme der Überarbeitung betreffen die meisten Frauen unserer Zeit, aber insbesondere Messies, die schon mit den normalen Belastungen des Alltags zu kämpfen haben, wieviel mehr mit den unglaublichen Zeitplänen, vor die uns unser heutiges Leben stellt.

Organisationstechniken sind die Stoßdämpfer des Lebens. Diejenigen, die ich in diesem Buch vorstelle, können eine Menge dazu betragen, Ihre Lebenswellen so zu glätten, daß Sie angenehm durch sie hindurchgleiten. Machen Sie sie sich zunutze!

Doch hier ist ein Wort der Vorsicht angebracht. Benutzen Sie die Organisationstechniken nicht, um Ihr Leben mit zusätzlichen Aktivitäten anzufüllen. Unser erstes Gebot heißt *Verein-*

fachung. Dann organisieren Sie Ihr Leben so, daß Sie ein angenehmes und gutes Gefühl dabei haben. Das Leben sollte einem japanischen Blumenarrangement gleichen – ein paar schöne Einzelstücke, die sorgfältig angeordnet sind. Statt dessen gleicht unser Leben oft einem englischen Bauerngarten – voll, üppig und wahllos.

Grundsätzlich gilt folgendes: Wir sollten uns gut überlegen, welche Verpflichtungen wir für uns selbst und unsere Familien übernehmen, da das moderne Leben große Mengen an Zeit und Mühe verschlingt, um den Zielen der Familie wirklich gerecht zu werden. Wenn diese Ziele einmal festgelegt sind, sollte jedes Mitglied der Familie versuchen – aus Liebe und Fairness –, gemeinsam mit den anderen ein erfreuliches und erfülltes Leben für alle Familienmitglieder anzustreben, besonders für die Mutter, die in unserer Zeit in vielen Fällen in einer besonders belasteten Situation gefangen ist.

Supertips

Der Morgen

Der Morgen kann der desorganisierten Messie wie ein zusätzlicher Alptraum erscheinen, wenn sie aus der Tür stürzt und ein Chaos von Kindern, Tieren und herumliegenden Kleidungsstücken hinter sich zurückläßt. Sorgen Sie deshalb dafür, daß Ihre Familie rechtzeitig zur Arbeit und zur Schule kommt (das Schlüsselwort heißt rechtzeitig):

1. Erledigen Sie so viel wie möglich am Vorabend. Bereiten Sie die Frühstücksbrote für den nächsten Tag vor, verderbliche Lebensmittel kommen in den Kühlschrank. Decken Sie den Frühstückstisch. Wenn Ihre Kinder (oder Sie selbst) sich schwer entscheiden können, lassen Sie sie am Abend aussuchen, was sie am nächsten Tag tragen wollen, und tun Sie das gleiche. Achten Sie darauf, daß alles sauber und gebügelt ist.

2. Lassen Sie die Kinder mithelfen. Ein Kind, das alt genug ist, um zur Schule zu gehen, ist auch alt genug, um mitzuhelfen. Das heißt, daß es sein eigenes Bett macht (schleichen Sie sich nicht hinein, um die Falten glattzustreichen), sein Schulbrot einpackt, sein Toast mit Butter bestreicht, den Tisch abräumt.

3. Halten Sie sich an eine Routine. Bettenmachen, Frühstücken, Abwaschen, Zähneputzen, Haarekämmen, Anziehen, aus dem Haus gehen. Diese Reihenfolge sieht für jede Familie anders aus, aber achten Sie darauf, daß sie eingehalten wird. Sie werden merken, daß sich alle schneller bewegen.

4. Achten Sie auf die Zeit. Erinnern Sie die Familie während der morgendlichen Routine gelegentlich daran, wieviel Uhr es ist; so gehen Sie sicher, daß es nicht später wird, als Sie denken.

5. Halten Sie alles von sich fern, was Sie daran hindert, rechtzeitig aus dem Haus zu kommen. Lesen bildet natürlich, aber die Lektüre der Rückseite des Cornflakeskartons hilft Ihnen kaum, die morgendliche Routine in Gang zu halten. Versprechen Sie, über den Traum der letzten Nacht beim Mittagessen zu reden – und tun Sie das dann auch.

6. Achten Sie darauf, daß jeder das Haus in einer guten Stimmung verläßt. Es gibt nichts Schlimmeres, als uns den ganzen Tag die wütenden Gesichter vorzustellen, besonders, wenn man im Moment nichts tun kann, um die Sache wieder ins Lot zu bringen. Eine Umarmung und ein Kuß an der Tür – und Sie werden den Tag über ein gutes Gefühl haben und Ihre Kinder und Ihr Mann auch.

7. Wenn Sie tatsächlich am Morgen schlecht gelaunt sind, machen Sie die Sache sobald wie möglich wieder gut. Wenn Ihre Kinder Sie nach der Schule im Büro anrufen, ist das eine gute Gelegenheit, ihnen zu sagen: „Ich hab euch lieb, bis heute abend!" Dann werden Sie merken, wie sich der Knoten in Ihrem Magen auflöst.

Der Minutenmessie

Kleine Arbeiten

Achten Sie einmal darauf, wieviel Zeit es an jedem Tag gibt, die Sie für kleine Arbeiten nutzen können. Überlegen Sie einmal, was Sie tun könnten, während Sie fernsehen (flicken, Zeitungsausschnitte ausschneiden, bügeln), telefonieren (Gemüse schälen und schneiden, Silber putzen), im Stau stehen (die Nägel feilen, eine Einkaufsliste machen) oder im Wartezimmer des Arztes sitzen (ein paar Postkarten an Freunde schreiben). Machen Sie ein Spiel daraus, diese kleinen Zeiteinheiten zu entdecken und zu überlegen, wie Sie sie nutzen könnten. Sie werden überrascht sein, wieviel Sie erledigen können und was für ein gutes Gefühl es ist, Ihre Zeit auf diese Weise zu nutzen.

Kleine Minuten: Kurze Zeiteinheiten, die nach oder mitten in einer größeren Arbeit entstehen. „Kleine Minuten" treten auf, wenn Sie auf jemanden warten, das Essen fertig ist, aber die Kinder noch nicht zu Hause sind, wenn Sie in einer Schlange stehen, in einem Verkehrsstau stecken oder im Wartezimmer des Arztes sitzen. Andere Beispiele sind: Bettenmachen, während die Kaffeemaschine läuft, Briefe schreiben, während man auf einen Termin wartet, das Waschbecken putzen und den Spiegel wischen, während man darauf wartet, daß sich der Lockenstab erwärmt, Geschirr spülen, während sich die Familie zum Essen einfindet. Effektiv genutzt, schenken uns „kleine Minuten" viele Stunden Vergnügen und Entspannung.

Ihre Familie kann helfen

Zeigen Sie Ihrem Mann und den Kindern, wie sie im Haushalt
mithelfen können. Mal ehrlich ... steckt da ein Perfektionist in
Ihnen, der keinem anderen gestattet, eine Arbeit zu tun, wenn
die Ergebnisse weniger als perfekt sind? Erledigen Sie weiterhin
Arbeiten, weil Sie glauben, Sie seien die einzige, die sie richtig
macht? Denken Sie mal nach. Wie lernen Sie selbst, Dinge zu
tun? Wie viele Fehler haben Sie gemacht?

Nun gestehen Sie auch Ihrer Familie zu, diese Dinge zu lernen, nicht nur durch Ihr Beispiel, sondern indem sie es selbst
versuchen. Kinder können die Wäsche machen, beim Kochen
und Saubermachen und bei der Gartenarbeit helfen. So lernen
sie nicht nur, wie man bestimmte Arbeiten tut, sie lernen auch,
daß eine Familie eine Gemeinschaft ist und zusammenarbeiten
muß, und sie dürfen ein Teil des Ganzen sein. Es hat noch niemandem geschadet zu begreifen, daß es keine gute Fee gibt, die
die Haushaltsarbeit durch Zauberkraft erledigt. Die zukünftigen
Partner Ihrer Kinder werden Ihnen dankbar sein. Wünschten
Sie nicht auch manchmal, jemand hätte Ihrem Mann beige-
bracht, daß es nicht sein von Gott gegebenes Recht ist, daß ihm
jemand ständig seine Sachen hinterherräumt?

Persönliche Notizen _____

_____

_____

_____

_____

_____

_____

Teil 3

Von innen nach außen

6. Verborgene Schönheit

(Sehr verborgen)

Es geschieht nicht oft, daß dem besserungswilligen Messie das Wort „Schönheit" in den Sinn kommt. Es geht hier eher ums „Überleben". Doch das war nicht immer so. Als wir heirateten, träumten wir von dem wunderbaren Haus, in dem wir wohnen würden. Als dann die erste eigene Wohnung oder das Haus Realität waren, wurden unsere Träume schiere Phantasie.

Wir suchten unseren eigenen Stil, der sich natürlich von dem unserer Mutter unterscheiden sollte. Landhausstil, helle Kiefernmöbel oder Metalliclook – was sollte es sein? Bis wir genügend Zeit oder Geld hatten oder überhaupt herausgefunden hatten, was wir wirklich wollten, begnügten wir uns mit einem Sammelsurium verschiedener Einzelstücke.

Irgendwo, irgendwie in der fernen Zukunft, das wußten wir tief im Inneren, war ein wunderbares Haus, das wir einrichten und gestalten würden. Das Heim ist die Erweiterung der Persönlichkeit einer Frau – und was für ein wunderbares Heim würden wir schaffen! Messies sind schließlich im allgemeinen idealistische Menschen, denen es um Qualität geht. Viele haben künstlerische Neigungen und sind an Kunst und Kunsthandwerk in jeder Form interessiert.

Dann kam die Realität des täglichen Lebens. All diese Träume bröckelten nach und nach ab, bis nur ein paar Bruchstücke übrigblieben.

Wir besitzen nun einige Möbelstücke, von denen wir früher geträumt hatten, und ein paar andere Einrichtungsgegenstände, aber im Grunde wird unser Traum im Wohnzimmer mit Füßen getreten oder liegt unter den Büchern begraben, die sich um das Bett stapeln.

Wir beginnen unseren Traum in Frage zu stellen. Vielleicht haben wir falsch geträumt? Wir haben das Gefühl, wir brauchen einen Innenarchitekten. Gelegentlich kaufen wir einen schönen neuen Bettüberwurf oder Vorhänge für unser Schlafzimmer, aber irgendwie will sich die richtige Wirkung nicht so recht einstellen. Im Geschäft und in unserem Kopf sah all das wunderschön aus. Aber in unserem Haus verblaßt die Schönheit in dem mit Möbeln vollgestopften Zimmer, bei den Wänden voller Bilder, den elektrischen Geräten und anderen Habseligkeiten, die zwar allesamt nützlich sind, die Schönheit aber geradewegs ersticken.

Die Schönheit ist ja da. Aber sie ist verborgen. Unter all diesen Schichten von Besitztümern haben Sie ein wunderschönes Haus. Sie brauchen nur das zu entfernen, was die Schönheit verdunkelt, und Sie werden überrascht sein, was darunter zum Vorschein kommt. Machen Sie sich klar, daß das schöne Haus bereits da ist. Sie müssen es sozusagen nur enthüllen.

Wie können wir diese Schönheit finden?

Wir müssen wissen, wonach wir suchen, wenn wir sie finden wollen. Ich erinnere mich noch gut an den Streß, als ich meine Suche begann. Ich hatte so lange nicht mehr zu träumen gewagt, daß ich mich kaum noch an meinen ursprünglichen Traum erinnern konnte. Ich hatte begonnen, den Plunder wegzuräumen. Aber ich wußte nicht, welche Schönheit ich darunter erwarten sollte. Ich kannte meinen Stil nicht, wußte nicht, welche Art Schönheit ich wollte.

Auf der Suche nach meinem Traum begann ich, Zeitschriften für Innenarchitektur durchzublättern. Es war ein Sonntagnachmittag. Ich begann mich schon zu fragen, ob ich denn gar keinen Stil hätte, als ich zu meiner Überraschung eine wunderschöne Seite aufschlug. Ein kräftiggrüner Teppich, ein Stuhl im französischen Landhausstil, Zierleisten an der hellgrünen Wand. Wie durch einen Funken, der mein Traumbild wiederbelebte, wurde mir in diesem Moment klar, daß ich sehr wohl wußte, was Schönheit war. Schnell lief ich mit der aufgeschlagenen Zeitschrift in der Hand ins Wohnzimmer. Ich hielt das Bild hoch und stellte mir das Zimmer vor – wo der Stuhl stehen

Die Schönheit ist ja da. Aber sie ist verborgen.

69

Selig ist die Messie, die nach Jahren des Scheiterns zur Hoffnung fähig ist, daß es für sie eine neue Lebensweise gibt.

Selig ist die Messie, die sich selbst vergibt, daß sie jahrelang in einem solchen Chaos gelebt hat und ihr und ihrer Familie dadurch so viele Freuden verwehrt geblieben sind.

Selig ist die Messie, die den Veränderungsprozeß standhaft durchhält, auch wenn die Anforderungen des modernen Lebens und ihre eigenen natürlichen Neigungen die alte Lebensweise erstrebenswert erscheinen lassen.

Selig ist die Messie, die inmitten ihres Chaos sich doch eine Vision von Ordnung, Schönheit und Frieden erhält.

Selig ist die Messie, die den Mut findet, wieder von neuem anzufangen, wenn ihr die Kontrolle über ihren Haushalt entglitten ist und ihr Traumbild immer mehr verblaßt.

Selig ist die Messie, die, wenn die Familie die Zusammenarbeit verweigert, versteht, daß die anderen nicht zum gleichen Zeitpunkt wie sie zur Veränderung bereit sind.

Selig ist die Familie, die, um der Mutter einen Gefallen zu tun, mitzieht, auch wenn ihnen Mutters neue Vorstellung von einem geordneten Haushalt selbst nicht so viel bedeutet.

Selig ist die Messie, die begreift, daß Lachen und Liebe zu einem guten Familienleben gehören. Lachen und Liebe haben sie und ihre Familie durch die chaotischen Zeiten gebracht, und sie dürfen auch in dem neuen und besser organisierten Leben nicht fehlen.

würde, wie wir die Zierleisten anbringen könnten, den tiefgrünen Teppich. Heute nun, fünf Jahre später, besitze ich dieses Bild immer noch, und mein Wohnzimmer hat sich grundlegend verändert. Es ist nicht grün oder im französischen Landhausstil eingerichtet, aber es sieht viel besser aus als zuvor und wird mit jedem Tag schöner.

Wie kann diese Geschichte Ihnen helfen, Ihren Traum zu realisieren? Zunächst muß Ihr Traum Ihnen konkret vor Augen stehen. Das hat in meinem Fall dieses Bild bewirkt. Es verlieh meinem Traum eine konkrete Gestalt. Dasselbe können Sie auch tun. Blättern Sie entsprechende Zeitschriften durch, bis Sie auf die Abbildung Ihres Traumzimmers stoßen. Doch geraten Sie dabei nicht aus dem Häuschen und kleben etwa ein ganzes Heft voll solcher Zeitschriftenfotos. Wählen Sie ein Foto – allerhöchstens vier – aus, so daß Ihr Traum eine konkrete Form annimmt. Rahmen Sie das Bild, und hängen Sie es an die Wand. Daneben hängen Sie einen leeren Rahmen in derselben Größe mit einem leeren weißen Blatt Papier darin. Auf dieses leere Blatt schreiben Sie unten am Rand ein Datum. Setzen Sie dieses Datum nicht zu früh an, denn vor Ihnen liegt zweifellos noch viel Arbeit. Setzen Sie das Datum relativ spät an, wenn nötig, aber unterlassen Sie nicht die Notiz dieses Datums aus Angst, es zu verpassen.

In diesen leeren Rahmen kommt später ein Bild von Ihrem Zimmer, wenn es so aussieht, wie Sie es sich erträumen. Das Datum steht unten am Rand, so daß es nicht den Anblick der Schönheit stört, die Sie schaffen werden.

In einer Zeitschrift las ich eine Geschichte von Jeannette Doyle Parr, die ihr während der langanhaltenden Krankheit ihres Mannes immer wieder Mut machte. Ein armer junger Mann in Mississippi wollte die Plantage verlassen und in der Stadt sein Glück versuchen, aber es schien hoffnungslos. Als er hörte, daß ein Wanderprediger den Glauben beschrieb als „ein Nichtzweifeln an dem, was man nicht sieht", entschied John, daß er irgendein sichtbares Zeichen für diesen Glauben brauchte. Er fand einen leeren Krug und stellte ihn unter sein

71

Bett. Jedes Mal, wenn er wieder irgendeine Arbeit annahm, legte er das verdiente Geld in diesen Krug. Er füllte den Krug viele Male, bevor er in die Stadt ziehen konnte. Dort heiratete er und bekam eine Stelle im Eisenbahnbau.

Eines Tages kaufte John einen Bilderrahmen, der auf der Rückseite mit Pappe verstärkt war, und hängte ihn über einen Riß im Verputz. Dort würden eines Tages die sichtbaren Ergebnisse seiner Arbeit und ihres Familienlebens hängen. Bei der Geburt jedes Kindes hängte er zwei leere Rahmen auf: eines für das Abschlußzeugnis der Highschool und eines für das Abschlußzeugnis des College. Als diese Geschichte geschrieben wurde, hingen bereits dreizehn Rahmen an der Wand, von denen schon neun gefüllt waren. Zwei Kinder besuchten das College, und eines war in der Abschlußklasse der Highschool.

John glaubt, daß wir ein sichtbares Zeichen für unseren Glauben brauchen, wenn unsere klare Sicht der Dinge zu verblassen beginnt.

Das ist die Funktion unseres leeren Bilderrahmens: Er dient als ein solches sichtbares Zeichen, das uns während der langen Zeit, bis es erreicht ist, unser Ziel vor Augen stellen soll. Es hilft uns, immer daran zu denken, daß die Schönheit bereits da ist und nur darauf wartet, daß wir sie entdecken.

Noch etwas ist wichtig an dem leeren Rahmen mit dem weißen Papier darin. Versehen Sie das weiße Papier mit einem Rand in Ihrer Lieblingsfarbe. Benutzen Sie dafür Buntstifte, Kreiden oder farbiges Papier. Wie Sie die Gestaltung vornehmen, ist unwichtig. Doch bei Schülern hat es sich erwiesen, daß eine Umrandung in unserer Lieblingsfarbe unsere Aufmerksamkeit und Konzentration erhöht. Diese farbige Umrandung wird Ihnen auf Ihrem Weg zum Erfolg eine Hilfe sein.

Mein Mann stammt von den Florida Keys (Inselkette vor der Südküste Floridas). Vor einiger Zeit fuhr er mit mir zu einem herrlichen Aussichtspunkt, von dem aus man über den Atlantik sah, und zeigte mir das sogenannte „Felsenschloß". Dann erzählte er mir die Geschichte seiner Entstehung. Um die Geschichte zu verstehen, müssen Sie wissen, daß diese Inseln mit unzähligen Steinen und Felsblöcken unterschiedlicher

Größe übersät sind, die aus Korallenstücken bestehen. Diese Steine sind für die Inselbewohner ein Ärgernis, sie behindern die Gartenarbeit, und früher, zur Zeit, als noch Kalk abgebaut wurde, erschwerten sie die Landwirtschaft. Ein Mann erkannte jedoch ihr positives Potential und wies seine Familienmitglieder an, immer einen Stein in jeder Hand nach Hause zu tragen, wenn sie von der Arbeit im Kalkabbau zurückkamen. Und so nahm Tag für Tag und Jahr für Jahr der Steinhaufen Gestalt an, und es entstand allmählich ein Schloß. Heute erhebt sich auf einem Teppich von dunkelgrünem Gras und von Palmen umringt ein Schloß aus Korallengestein hoch über dem Atlantik.

Jeder hätte jederzeit diese Steinbrocken aufheben können, aber nur ein Mensch hatte eine Vision. Aus dieser Vision, die er über die Jahre hinweg aufrechterhielt, wurde sein Traum zur Realität.

Ihr Haus gleicht dieser Stelle auf den Inseln. Es steht ein herrliches Schloß dort, wenn Sie es vor Ihrem geistigen Auge erstehen lassen können, und es liegt nicht außerhalb Ihres Vermögens, solche Schönheit zu gestalten. Sie brauchen eine Vision, bildliche Vorstellungskraft und Ausdauer, um diese Schönheit zu finden. Doch denken Sie daran: Die Schönheit ist bereits da. Alles, was sie tun müssen, ist, sie freizulegen, zu enthüllen.

Wenn Sie eine goldene Regel wollen, die für jeden gilt, hier ist sie: Behalten Sie nichts im Haus, von dem Sie nicht sicher sind, ob es nützlich ist, oder das Sie nicht für schön halten.

Walter Kitteredge

1. Beschreiben Sie Ihre erste Vorstellung von Ihrem Traumhaus. Wann hatten Sie diesen Traum? Als Kind? Als Teenager? Als Sie Ihre erste eigene Wohnung bezogen? Als Sie sich verlobten oder heirateten? Zu einem späteren Zeitpunkt?

_____

_____

2. Beschreiben Sie Einzelheiten Ihres Traums. _____

_____

_____

3. Welcher Stil spricht Sie an? Wenn Sie sich nicht sicher sind, beschreiben Sie das Haus von Freunden oder ein Bild aus einer Zeitschrift, das Ihnen gefällt._____

_____

_____

4. Welche Farben herrschen in diesem Haus vor, und wie werden diese eingesetzt?_____

_____

5. Welches ist Ihre Lieblingsfarbe? _____

_____

_____

6. Wo finden Sie eine Zeitschrift über Innenarchitektur, an der Sie sich orientieren können? _____

_____

_____

7. Wo beschaffen Sie die Bilderrahmen für Ihre Wand? In welchem Geschäft könnten Sie sie kaufen? _____

_____

8. Wann besorgen Sie die Rahmen? _____

_____

9. Wo werden Sie die beiden Rahmen aufhängen? _____

_____

7. Eine neue Vision

(Sehen Sie sich als erfolgreiche Hausfrau)

Wir legen deshalb einen solchen Wert auf die bildliche Vorstellung von einem schönen Haus, weil unsere Zielvorstellung konkret, beständig und dringlich sein muß, wenn wir sie in die Tat umsetzen wollen.

Sie haben bereits begonnen, sich Ihre Vision von einem schönen Haus als Ziel vor Augen zu stellen und dieses fest in Herz und Seele zu verankern.

Es ist jedoch gleichermaßen wichtig, daß Sie sich selbst als erfolgreiche Hausfrau sehen. Wie ist das möglich?

Es liegt eine gewisse Gefahr darin, unsere Organisation Anonyme Messies zu nennen, da dieser Name eine negative Vorstellung von uns selbst suggeriert. Doch dieser Name hat auch seine Vorteile, und deshalb bleiben wir dabei.

Kürzlich ermutigte die Leiterin einer Selbsthilfegruppe die Teilnehmer, sich selbst mit positiven Begriffen zu beschreiben, wie

Saubere Nina (das war leicht)
oder Superhausfrau Maria
oder Tim der Erfolgreiche
oder Wegwerf-Tina.

Eine solche Haltung müssen wir einnehmen, wenn wir zu der Einsicht gelangt sind, daß wir ein echtes Problem haben, mit dem wir uns ernsthaft auseinandersetzen wollen.

1. Entdecken Sie den sauberen, ordentlichen Menschen in Ihnen.
In Ihnen steckt doch mehr als nur Chaos und Unordnung, sonst würden Sie gar nicht dieses Buch lesen und sich eine Änderung für Ihr Leben wünschen. Die Seite in Ihnen, die Ordnung und Schönheit liebt, wird Ihnen auch den Mut zur Veränderung geben. Ich glaube, es ist ein Fehler, daß wir glauben, in uns steck-

Entdecken Sie
die erfolgreiche
Hausfrau in
Ihnen!

76

ten zwei verschiedene Persönlichkeiten, eine chaotische und eine ordentliche. Je mehr wir uns als eine Einheit begreifen, desto mehr leben wir mit uns selbst im Einklang, und desto erfolgreicher werden wir unser Leben gestalten.

Entdecken Sie die erfolgreiche Hausfrau in Ihnen, ein Teil Ihrer Persönlichkeit, der so lange nicht beachtet wurde oder verlorengegangen ist. Dieser Teil ist aber tatsächlich vorhanden. Diese Seite in Ihnen muß nun in Ihr Leben und Handeln integriert werden.

Um diese Seite in Ihnen zu verstärken, beantworten Sie die folgenden Fragen so, wie es eine erfolgreiche Hausfrau, die ihren Haushalt im Griff hat, tun würde. Kreuzen Sie den Buchstaben an, der Ihnen in diesem Zusammenhang am geeignetsten erscheint.

1. Wenn ich vom Einkaufen nach Hause komme,
a. stelle ich die Taschen ins Schlafzimmer, um sie später auszuräumen.
b. lasse ich die Taschen an der Tür fallen und ruhe mich erst mal aus.
c. räume ich die Einkäufe weg, bevor ich eine andere Tätigkeit beginne.

2. Wenn ich meine Schuhe ausziehe,
a. lasse ich sie normalerweise dort liegen, wo ich sie ausgezogen habe, und vergesse sie.
b. lasse ich sie liegen, wo ich sie ausziehe, und stelle sie später in den Schuhschrank.
c. stelle ich sie sofort in den Schuhschrank.

3. Nach dem Essen
a. räume ich den Tisch ab, spüle das Geschirr und mache die Küche sauber.
b. lasse ich das Geschirr auf dem Tisch stehen, bis ich Lust habe, es abzuräumen.
c. bringe ich das Geschirr in die Küche und wasche es später ab.

4. Wenn ich morgens aufstehe,
a. mache ich sofort das Bett.
b. lasse ich das Bett lange aufgeschlagen liegen (damit es auslüftet z. B.).
c. mache ich nie das Bett (ich habe gute Gründe dafür).

5. Was Bücher, Zeitungen und Zeitschriften angeht,
a. achte ich darauf, daß sich Bücher, Zeitungen oder Zeitschriften nie in solchem Maße ansammeln, daß sie die Schönheit und Harmonie des Hauses stören.
b. trenne ich mich regelmäßig von Büchern, Zeitschriften und Zeitungen, damit nicht überall solche Stapel herumliegen – obwohl es mir schwerfällt.
c. kann ich mich nicht von Büchern oder Zeitschriften trennen, und die Zeitungen hebe ich mindestens ein paar Tage auf.

*Die Sehnsucht nach Veränderung
trägt die Saat
ihrer Erfüllung in sich.*

Napoleon Hill

6. In meinen Kleiderschränken sind
a. Kleidungsstücke, die wir regelmäßig tragen, und Kleidung von früher, die wir nie anziehen.
b. nur solche Kleidungsstücke, die wir regelmäßig tragen.
c. Aktuelle und frühere Kleidungsstücke und andere, die ich nur aufbewahre.

7. Was die Aufbewahrung von Sachen betrifft,
a. kann ich alles leicht wegräumen, weil ich nicht allzu viele Dinge habe. Alles ist leicht zu finden, und ich habe zu allen Dingen leichten Zugang.

b. habe ich vieles weggeräumt, und vieles lagert auch im Wohn-bereich. Ich habe nicht genug Lagermöglichkeiten.

c. habe ich alles in Kisten oder Schubladen oder unter dem Bett verstaut. Ich kann nur schwer an die Sachen herankommen oder sie finden, aber wenigstens ist das meiste aus dem Weg geräumt.

8. Wenn ich abends nach Hause komme, empfinde ich meine Wohnung als

a. angenehm und gemütlich – einen Ort der Erholung, weil sie ordentlich und schön gestaltet ist.

b. deprimierend, weil sie so chaotisch aussieht. Es strengt mich richtig an, hier zu leben.

c. praktisch – sie ist mir keine Last, aber auch keine große Freude.

Gewohnheit ist Gewohnheit.
Man kann sie nicht
aus dem Fenster werfen,
sie muß Schritt für Schritt
weggelockt werden.

Mark Twain

2. Akzeptieren Sie sich selbst. Einige Kapitel in diesem Buch haben weniger mit der Organisation des Haushalts als vielmehr damit zu tun, daß wir uns selbst, so wie wir sind, verstehen und annehmen – mitsamt unserem chaotischen Haushalt. Auf dieser Grundlage können wir dann weitermachen.

3. Vergessen Sie die Vergangenheit. Dorothea Brande berichtet, wie sie eine Idee hatte, die ihr Leben veränderte. Sie entschloß sich, so zu handeln, als könne sie gar nicht scheitern, indem sie

79

vergangene Fehlschläge aus dem Gedächtnis strich oder ignorierte. Statt nur auf Erfolg zu hoffen, würde sie annehmen, daß sie die Kräfte und Fähigkeiten besaß, um Erfolg zu haben und dementsprechend handeln. Bald hatte sie auch ihr Ziel erreicht – ihre Bücher zu verfassen und zu verkaufen.

Sie gehen von der Annahme aus, daß Sie die Kraft und die Fähigkeit besitzen, Ihren Haushalt vollständig in den Griff zu bekommen und handeln dann dementsprechend, Sie „tun, als ob". Und Sie haben diese Fähigkeit.

Unser Geist kann nicht mit inneren Widersprüchen leben. Wenn Sie immer konsequent daran festhalten, daß Sie die Kraft und Fähigkeit zum Erfolg besitzen, indem Sie sich auf Ihr Ziel konzentrieren, wird all das Gerede, daß Sie niemals die Kontrolle über Ihren Haushalt gewinnen werden, sich ganz von selbst in Luft auflösen.

Zeit  Sparer

Der Minutenmessie

Aufteilen und die Arbeit schaffen

Machen Sie es sich zur Gewohnheit, jede große Aufgabe in kleinere, leicht zu bewältigende Arbeitsgänge aufzuteilen. Statt zu sagen: „Hilfe, ich muß die ganze Küche saubermachen!" und vor Entsetzen die Hände zu ringen, teilen Sie diese Arbeit auf in:

- Geschirr spülen
- Geschirr wegräumen
- Schränke auswischen
- den Kühlschrank aufräumen
- den Boden saugen
- den Boden aufwischen

Auf diese Weise haben Sie zudem noch das gute Gefühl, sechs Arbeitsvorgänge statt einem erledigt zu habe, und Sie haben einen effektiven Plan, mit dessen Hilfe Sie die größere Aufgabe sinnvoll bewältigen.

Der Minutenmessie
Wieviel Zeit brauche ich wirklich?

Stoppen Sie mit Hilfe der Küchenuhr, wieviel Zeit Sie wirklich benötigen, um die Arbeiten zu erledigen, um die Sie sich drücken, weil Sie sie nicht gerne tun. Wenn Sie dann entdecken, daß das Saugen des Schlafzimmers nur fünf Minuten dauert, werden Sie in Zukunft bereitwilliger darangehen. Viele Arbeiten sind in ganz kurzer Zeit erledigt. Es ist unser Zaudern, das die Stunden dahinstreichen läßt.

---

4. Machen Sie sich Ihre Gefühle zunutze. Messies leben in der Regel ziemlich unbekümmert. Deshalb halten wir auch so lange in einer unguten Situation aus, in der andere, besonders Cleanies, schon längst entschlossen gehandelt hätten.

Es war Ärger, der eine Veränderung in mir bewirkte. Mein Spülbecken in der Küche hatte einen Sprung, und so gingen durch heraustropfendes Wasser meine Schränke kaputt, bevor ich es merkte, weil unter dem Waschbecken ein solches Durcheinander herrschte.

Vielleicht sind Sie wütend. Ärger ist ein starkes, klares Gefühl, das sehr gut geeignet ist, eine Veränderung in Gang zu setzen. Vielleicht sind Sie angewidert und aufgeregt. Nutzen Sie die Energie dieser Gefühle, um Ihre Situation zu verändern.

Auch eine starke Sehnsucht oder die Liebe zur Schönheit kann die Motivation sein, sich um einen geordneten Haushalt zu bemühen.

Machen Sie sich jedes Gefühl, das Sie in sich entdecken, für Ihre Zwecke zunutze. Zu lange haben wir geglaubt, daß nur wenig Hoffnung für unser Haus besteht, und haben daher solche Gefühle verdrängt, weil sie nur noch unsere Frustration verstärkten.

5. Bleiben Sie gelassen. Wenn wir uns erst einmal unsere Ziele gesetzt haben und in der Gewißheit leben, daß wir sehr wohl in der Lage sind, diese auch zu erreichen, und uns auch unsere Gefühle zunutze machen, haben wir die Sache schon halb geschafft. Mit ruhiger, zielstrebiger Entschlossenheit erledigen wir eine Aufgabe nach der anderen, bis die Arbeit getan ist. Ein Schweißbrenner versprüht seine Flamme nicht in alle Himmelsrichtungen. Die ganze Hitze ist auf einen sengendheißen Feuerpunkt konzentriert, der sich durch den Gegenstand frißt, auf den er gerichtet ist.

Ist Ihnen schon einmal aufgefallen, wie distanziert sich Cleanies bei der Hausarbeit verhalten? Das können Sie an Ihren Gesichtern ablesen. In gewisser Hinsicht scheinen sie innerlich abzuschalten und nur ihren Körper arbeiten zu lassen. Cleanies sind entschlossener als Messies, aber auch weniger innerlich beteiligt. Diese eher unpersönliche Einstellung macht sie frei, die Arbeit effektiv zu erledigen. Vielleicht können sie deshalb auch über einen längeren Zeitraum arbeiten, weil sie im Geist nicht ständig auf die Uhr schielen, sondern mit ihren Gedanken anderswo sind.

Viele Messies haben mir geschrieben, daß sie als Putzfrauen und Bürohilfen arbeiten, erfolgreich ihre Arbeit tun und sehr gefragt sind. In ihren eigenen vier Wänden können sie die Arbeit jedoch nicht in den Griff kriegen. Weshalb? Dort sind sie zu sehr innerlich beteiligt.

Es nimmt uns viel inneren Druck, wenn wir erkennen, daß wir wegen unseres Haushalts nicht außer Rand und Band geraten müssen.

Nehmen Sie einmal genügend Abstand von der vor Ihnen liegenden Arbeit, und gehen Sie dann ruhig und bewußt ans Werk. Es geht nicht darum, sich mehr abzurackern, sondern anders zu arbeiten.

In dem Buch *Psycho-Cybernetics* schreibt Maxwell Maltz, daß Pawlow auf seinem Totenbett um ein letztes Wort an seine Studenten gebeten wurde. Sie wollten wissen, wie sie Erfolg haben könnten. Er hinterließ ihnen drei Worte: „Begeisterung und Beständigkeit."

Nicht sich kopflos in den Erfolg stürzen – langsam, aber sicher, ist das Geheimnis.

6. Ignorieren Sie die Hindernisse. Das heißt nicht, so zu tun, als gäbe es keine Hindernisse. Ich will damit nur sagen, daß wir uns durch Hindernisse nicht entmutigen lassen dürfen, unser Ziel zu verfolgen. Ein solches Hindernis kann Geldmangel sein, mangelnde Energie, fehlende Zeit oder mangelndes Wissen. Doch sobald wir unseren Kurs auf Erfolg gesetzt haben, werden sich auch Lösungen für unsere Probleme einstellen.

Fangen Sie erst einmal an, als gäbe es keine Hindernisse, und Sie werden überrascht sein, wie sich manches Problem von allein löst.

7. Suchen Sie Sprungbretter für den Erfolg. Ihr Haus ist nicht in einem ganz und gar hoffnungslosen Zustand. Manches ist sehr schön. Konzentrieren Sie sich auf diese Bereiche, und beginnen Sie dort mit der Veränderung. Mary Crowley, die Begründerin einer Zeitschrift für Innenarchitektur, berichtete mehrere Beispiele, wie eine kleine Stelle Schönheit schon entmutigte Hausfrauen dazu angeregt hat, ihr ganzes Haus wundervoll zu gestalten. Vielleicht haben Sie einen sehr schönen Wohnzimmertisch – wischen Sie ihn sauber und gestalten Sie ihn mit Geschmack. Er wird Ihnen als Sprungbrett dienen, um Ordnung und Schönheit im ganzen Haus zu schaffen.

1. Wenn Sie sich einen positiven Spitznamen geben müßten, wie würde er lauten? _____

_____

_____

_____

_____

2. Vervollständigen Sie diesen Satz dreimal, um eine erfolgreiche Hausfrau zu beschreiben. Beispiel: Eine erfolgreiche Hausfrau läßt sich von ihrer Familie unterstützen.

Eine erfolgreiche Hausfrau:

a. _____

b. _____

c. _____

3. Ich werde mir auf meinem Weg zum Erfolg dieses Gefühl zunutze machen: _____
_____
_____

Erläutern Sie das näher: _____
_____
_____

4. Welche Sprungbretter zum Erfolg werden Sie sich in Ihrem Haus zunutze machen? _____
_____
_____

8. Spiele, die wir spielen

(und wie wir gewinnen)

In einem chaotischen Haus zu leben ist schmerzlich. Warum das so ist, ist schwer zu sagen. Warum können wir die Sache nicht einfach ganz locker sehen, unser Chaos akzeptieren und uns vielleicht sogar darin wohl fühlen? Ich sehe zwei Gründe, weshalb das nicht geht: das nervenaufreibende Gefühl, die Kontrolle zu verlieren, und der Verlust der Selbstachtung, der sich einstellt, wenn in unserem Haus ein solches Durcheinander herrscht. Ordnung und Schönheit – die Zwillinge der Selbstachtung.

Prescott Lecky, ein Psychologe, der sich viel mit diesem Thema beschäftigt hat, beschrieb das Phänomen folgendermaßen: Fast jeder Mensch werde von zwei tiefen Überzeugungen beherrscht:

1. Dem Gefühl, daß ich in einer einzigartigen Weise meinen Beitrag in dieser Welt leisten kann.

2. Dem Gefühl, daß ich meine Würde bewahren muß.

Wenn wir in einem chaotischen Haushalt leben, den wir nicht in den Griff bekommen, führt das zu Frustration und Demütigung, und die wiederum schlagen beiden obengenannten Überzeugungen ins Gesicht.

Weil wir uns als Messies nicht wohl in unserer Haut fühlen, versuchen wir, den Schmerz durch diverse Ablenkungsmanöver zu betäuben. Der kreative Messie benutzt regelmäßig, je nach Bedarf, alle folgenden Taktiken.

1. Dem Haus entfliehen. Einer der einfachsten Auswege, dem Schmerz über ein chaotisches Haus zu entgehen, ist, sich möglichst wenig darin aufzuhalten und einfach anderswo hinzugehen. Ein ausgedehnter Einkaufsbummel kommt uns hier sehr gelegen. Die schönheitsliebende Messie kann sich im Kaufhaus mit schönen neuen Dingen eindecken oder ungewöhnliche Objekte im Antiquitätengeschäft oder auf einem Flohmarkt ausfindig machen. Immer hegen wir dabei die geheime Hoffnung, daß wir irgendwo genau das finden, womit wir unser Haus so richtig auf Vordermann bringen können. Und so tragen wir unsere Schätze heim, stellen noch mehr Dinge auf Regale und Tische oder füllen damit Schränke und Schubladen. Und dieser Zeitvertreib kann natürlich auch sehr kostspielig werden.

Manchmal gehen wir auch in den Park oder besuchen Freunde, bloß, um von zu Hause wegzukommen. Oder wir gehen arbeiten, entweder, um Geld zu verdienen oder als freiwillige Helfer. Solche Beschäftigungen mögen persönlich oder ökonomisch befriedigend sein, aber sie halten den Messie davon ab, die Probleme in seinem eigenen Haus anzugehen.

2. Ablenkungsmanöver im eigenen Haus. Manche Messies gehen zwar nicht aus dem Haus, aber sie entfliehen sozusagen im Geiste, indem sie Bücher lesen, fernsehen (besonders Seifenopern) oder sich mit Hobbys oder ähnlichem beschäftigen. Manche flüchten sich auch in den Schlaf. Träume sind immer noch angenehmer als die Realität, in der sie leben.

3. Der Zustand des Hauses wird positiv beschrieben. Damit wir uns nicht so schlecht fühlen, versuchen wir, den Zustand des Hauses positiv zu beschreiben.

Statt: „Dieses Haus ist ein einziges Chaos" sagen wir: „Hier wohnt ein vielbeschäftigter Mensch." Oder: „Wir sind gerade mit dem Einmachen beschäftigt." Auf diese Weise wird das Augenmerk von dem chaotischen Haus auf etwas Positiveres gelenkt.

4. Wir suchen die Ursache für unser ungutes Gefühl außerhalb des Hauses. Das geschieht häufig folgendermaßen: Ich fühle mich so schlecht. Was könnte der Grund dafür sein? Es sind sicher die Kinder. Sie sind so wild und laut. Mein Mann. Er schätzt mich nicht.

86

So wenden wir uns gegen unsere Familie und werfen ihnen ihre Fehler vor, statt selbst die Verantwortung für unsere unguten Gefühle zu übernehmen.

5. Das Haus wird anders bewertet. „Es sieht doch eigentlich gar nicht so schlimm aus. Man sieht einfach, daß darin gelebt wird. Ich finde meine Sachen so besser. Ich weiß, wo sich alles befindet – ich bin eben einfach genial."

Durch diese positivere Bewertung der Desorganisation fühlen wir uns beim Anblick des Hauses eine kurze Zeitlang besser.

6. Übertriebene Planung und Aktivität. Wenn uns die Dinge über den Kopf wachsen und wir den Eindruck haben, daß wir uns nun wirklich den Tatsachen stellen müssen, hilft es uns manchmal, daß wir anfangen, die Veränderung ausführlich zu planen. Das führt manchmal zu viel Gerede oder Tagträumerei über das, was getan werden müßte.

Oder die verletzte Messie macht sich mit wahrem Feuereifer an die Arbeit und bringt das Haus mit viel Getöse und Gestöhn auf Vordermann. Dann sagt sie sich: *Ich habe das Meine getan,* während das Haus wieder langsam im Chaos versinkt.

7. Unser Gefühl bestreiten. Wenn wir unsere unguten Gefühle gar nicht mehr aushalten, gehen wir manchmal auch so weit, diese Gefühle ganz und gar zu ignorieren, indem wir sagen: „Ist mir doch egal. So bin ich eben! Mir ist das völlig schnuppe."

Natürlich erfüllen diese Ablenkungsmanöver für eine Weile durchaus ihren Zweck, aber eben nicht sehr gut und vor allem nicht sehr lange. Deshalb ändern wir ja auch ständig unsere Taktik.

Doch wir sollten unsere Energie nicht in solche „Spielchen" investieren, um den Schmerz über den Zustand unseres Hauses zu lindern, sondern endlich an die Ursache des Schmerzes gehen – das chaotische Haus selbst. Das ist das einzige Spiel, das wir gewinnen werden.

Aber dann dürfen wir uns nicht länger vormachen, daß uns der Zustand des Hauses egal ist, daß es so schön mit Leben gefüllt ist, daß die Kinder oder der Mann die Schuldigen sind. Wir dürfen auch nicht länger durch Schlafen oder Lesen oder Weggehen diesem Schmerz entfliehen. Wir wollen ab jetzt mutig der Wahrheit über das Haus und uns selbst ins Auge sehen.

> *Ein Problem zu lösen*
> *ist die beste Art,*
> *es loszuwerden.*
>
> Brendan Frances

Werfen wir zunächst einmal einen Blick auf das Haus. In welchem Zustand befindet es sich wirklich? Beantworten Sie diese Frage ehrlich, ohne zu übertreiben oder zu verallgemeinern. Es ist nicht 100 Prozent schlimm – nicht absolut unansehnlich.

Der Zustand meines Hauses ist:
- mäßig gut, aber manches könnte besser sein
- mäßig schlecht, aber einige Bereiche sind gar nicht so übel
- schlimm
- sehr schlimm

Denken Sie nun an die einzelnen Zimmer des Hauses, und führen Sie sie der Reihenfolge nach auf. An erster Stelle steht das Zimmer, das am nötigsten einer Veränderung bedarf, am Schluß das Zimmer, das noch am besten aussieht.

1. _____

2. _____

3. _____

4. _____

Da Ihre Zimmer nicht alle auf der ersten Linie stehen, sehen Sie, daß das Bild gar nicht so düster aussieht, wie Sie befürchtet hatten.

Messies neigen zur Verallgemeinerung. Aus diesem Grund ist es wichtig, die Dinge einzeln zu bewerten und abzuschätzen. So wie Ihr Haus nicht 100 Prozent schlimm aussieht, haben Sie auch nicht völlig die Kontrolle über Ihren Haushalt verloren. Auch in diesem Bereich wollen wir uns um eine realistische Einschätzung bemühen.

Notieren Sie drei Ihrer Stärken, was Ihre Haushaltsführung betrifft – drei Dinge, die Sie tun und die den Zustand des Hauses merklich verbessern.

1. _____

2. _____

3. _____

Und jetzt notieren Sie drei Ihrer Tätigkeiten, die zu dem chaotischen Zustand Ihres Hauses beitragen:

1. _____

2. _____

3. _____

Nun gehen wir noch einen Schritt weiter, um den Zustand Ihres Hauses objektiv einzuschätzen.

Welche Aussage ist Ihrer Meinung nach richtig?
– Ein schönes und ordentliches Haus ist für mich ganz wichtig.
– Ich hätte gern ein schönes Haus, das zu meinem Selbstbewußtsein beiträgt.
– Ich brauche kein schönes Haus. Das habe ich nicht nötig.

Die mittlere Aussage ist richtig. Es ist wünschenswert, den Haushalt im Griff zu haben, aber es ist keine absolute Notwendigkeit. Wenn Sie sich absolut darauf versteifen, verbauen Sie sich Ihre realistischen Möglichkeiten. Richtig ist, was auch tatsächlich funktioniert.

Messies sind Menschen, die zu Extremen neigen, und verwickeln sich daher oft in Widersprüche. Wenn wir die extremen Einschätzungen einmal außer acht lassen und der Wirklichkeit näherkommen, ist das schon ein riesiger Schritt zur Erreichung unserer Ziele. Der Weg zum Erfolg liegt vor uns.

Nicht, wenn wir uns und unserem Haus entfliehen, sondern wenn wir beides annehmen und Schwächen und Stärken realistisch einschätzen, wird sich der Erfolg einstellen, den wir so sehr ersehnen. Dann sind wir Gewinner, ohne solche Spielchen zu spielen.

Formulieren Sie in einem Satz, was Ihnen in diesem Kapitel wichtig geworden ist: _____

_____

_____

Wie können Sie diese Erkenntnis auf Ihr Leben anwenden?

_____

_____

_____

> Messies sind Menschen, die zu Extremen neigen, und verwickeln sich daher oft in Widersprüche.

Supertips

Bücher

1. Überlegen Sie es sich zweimal, bevor Sie ein Buch kaufen. Wenn Sie es erst einmal angeschafft haben, müssen Sie einen Platz dafür finden in einem Haus, das bereits jetzt schon von allem möglichem Zeug überquillt. Kaufen Sie Nachschlagewerke oder Klassiker, in die Sie immer wieder mal hineinschauen oder die sie für Ihre Kinder anschaffen wollen. Zeitgenössische Literatur oder Bücher, die vorübergehende Interessen aufgreifen (letzte Woche waren es Briefmarken, nächste Woche ist es vielleicht Vogelkunde), können Sie auch in der Stadtbibliothek ausleihen.

2. Wenn Sie ein Buch gekauft haben, schreiben Sie sofort Ihren Namen hinein. Notieren Sie Ihren Namen vielleicht auch auf eine Seite im Inneren des Buches, und zwar jedesmal auf der gleichen Seitennummer (wählen Sie zum Beispiel den Tag Ihres Geburtsdatums). Wenn sich dann einmal der Einband ablöst, sehen Sie immer noch, daß es sich um Ihr Buch handelt.

3. Eine effektive Art, das häusliche Chaos zu lichten, besteht darin, geliehene Bücher zurückzugeben. Bringen Sie sie in die Bibliothek, zu Ihren Freunden oder in die Kirche. Aber schaffen Sie sie aus dem Haus.

4. Wenn Sie sich von jemandem ein Buch ausleihen, prüfen Sie gleich, ob der Name der betreffenden Person darin steht. Sie wollen ja auf das Eigentum anderer achthaben, aber es ist nicht unbedingt notwendig, sich zu merken, welches Buch wem gehört.

5. Wenn sich jemand ein Buch von Ihnen ausleiht, kennzeichnen Sie seinen Platz auf dem Regal mit einer Karte, auf der der Titel des Buches, der Name des Ausleihers und das Datum, an dem es weggegeben wurde, vermerkt sind. Verschwenden Sie keine unnütze Zeit, das Haus auf den Kopf zu stellen auf der Suche nach einem Buch, das drüben beim Nachbarn liegt.

6. Ordnen Sie Ihre Bücher nach groben Kategorien, damit Sie sie wiederfinden oder umstellen können: Romane, Nachschlagewerke, religiöse Bücher, Lyrik, Kunst, praktische Ratgeber.

7. Es ist eine gute Sache, Bücher an Menschen weiterzugeben, die uns etwas bedeuten. Versuchen Sie, bei jeder Neuanschaffung eines Buches ein altes zu verschenken.

8. Überlegen Sie, ob es nicht sinnvoll ist, einmal jährlich Ihren Buchbestand „auszumisten". Vermachen Sie Bücher, die Sie nicht mehr lesen, an die Ortsbibliothek, Ihre Gemeinde, ein Pflegeheim oder Gefängnis. Solche Schenkungen kann man auch von der Steuer absetzen, also lassen Sie sich eine Quittung aushändigen. Ihre Bücher werden vielen Menschen wertvolle Anstöße für ihr Leben sein.

Zaudern ist die Kunst,
mit dem Gestern
Schritt zu halten

Donald Robert Perry Marquis

Zeit Sparer

Einkaufsliste

Tippen Sie eine typische Einkaufsliste von Lebensmitteln und anderen Dingen des täglichen Bedarfs, die Sie regelmäßig kaufen. Wenn Sie meistens in demselben Geschäft einkaufen, führen Sie die Liste in der Reihenfolge, in der sich die Dinge im Geschäft befinden. Auf diese Weise vermeiden Sie, Dinge zu vergessen und noch einmal den Gang zurücklaufen zu müssen. Notieren Sie auch Ihre bevorzugten Marken und Größen. Lassen Sie in jedem Abschnitt Platz für zusätzliche Notizen – wie saisonbedingte Produkte, Sondereinkäufe usw. Dann fertigen Sie mehrere Kopien von dieser Liste an, hängen Sie jede Woche eine Kopie in die Küche, so daß Sie und Ihre Familie den Einkaufszettel im Laufe der Woche ergänzen können. Wenn Sie Ihre besonderen Marken und Größen notieren, kann auch einmal jemand anders an Ihrer Stelle den Einkauf erledigen, ohne daß Sie sich hinterher beklagen müssen: „Ich hasse diesen Ketchup!"

Der Minutenmessie

Nicht immer alles auf die lange Bank schieben!

Messies sind Weltmeister im Zaudern. Wir finden immer irgendeine Entschuldigung, weshalb wir etwas gerade *jetzt* nicht tun können, und müssen später die unangenehmen Folgen büßen. Damit solches Zaudern Ihr Leben nicht zum Stillstand bringt, versuchen Sie einmal, folgende Anregungen in die Tat umzusetzen:

1. Beschränken Sie Ihre Auswahlmöglichkeiten. Sie brauchen nicht alles auf einmal zu erledigen.

2. Legen Sie viele Dinge schon vorher fest. Die Stärke eines Systems liegt darin, daß man vorher entscheidet, welche Haushaltsaufgaben man wann erledigt.

3. Setzen Sie sich Ziele. Alle Entscheidungen, die wir treffen, lenken uns in eine bestimmte Richtung. Wir müssen vorher entscheiden, wohin wir gehen wollen. Dann werden wir unsere Einzelentscheidungen unserem großen Ziel unterordnen.

4. Fangen Sie erst einmal an! Der Anfang ist das Schwerste, weil so viele unbekannte Entscheidungen vor uns liegen, besonders bei einer neuen Aufgabe. Der Anfang ist so entscheidend, weil wir erst dann sehen, welche Informationen uns noch fehlen. Auch merken wir erst dann, wie die Arbeit organisiert werden muß. Der Anfang ist das Schwerste, aber dann ist die Arbeit auch schon halb getan.

5. Stellen Sie sich die Frage: *Was könnte schlimmstenfalls passieren?* Vielleicht haben Sie Angst, daß Sie nicht die bestmögliche

Entscheidung treffen. Fragen Sie sich: *Welche Folgen könnte das schlimmstenfalls haben?* Die Antwort auf diese Frage wird Sie vielleicht überraschen. Die große, falsche Entscheidung ist gar nicht so folgenschwer, wie Sie befürchtet hatten, wenn Sie sie einmal in diesem Licht betrachten.

6. Sie dürfen auch einmal einen Fehler machen. Sie sind nicht vollkommen, und es werden Ihnen immer wieder Fehler unterlaufen. Das gehört zu unserem Leben.

7. Informieren Sie sich gründlich. Mangelhafte Informationen machen uns eine Entscheidung schwerer, als sie eigentlich sein müßte.

8. Schaffen Sie gute Entscheidungsvoraussetzungen. Wenn der Haushalt, das Scheckbuch, die Wäsche und unser Leben im allgemeinen ein völliges Durcheinander sind, ist es kein Wunder, daß wir Mühe haben, überhaupt irgendeine Entscheidung zu treffen. Wenn wir unseren Haushalt und unseren Tagesablauf in den Griff bekommen, haben wir eine bessere Übersicht, was wir benötigen und wie wir dazu kommen.

9. Übernehmen Sie die Kontrolle. Wir müssen einfach zu der inneren Haltung gelangen, daß eine vor uns liegende Entscheidung eine positive Möglichkeit ist – und keine Bedrohung. Das wird dann der Wendepunkt bei unseren Entscheidungsprozessen sein.

Bekenntnis eines Zauderers

Wenn ich weiß, daß das Hinausschieben von Aufgaben, zumindest teilweise, eine Gewohnheit ist, werde ich folgendes tun, um mit dieser Gewohnheit zu brechen:

Ich werde das Bett machen, sobald ich aufgestanden bin. Ich werde die Eiswürfelbox sofort füllen und sie ins Gefrierfach stellen.

Ich werde die Toilettenpapierrolle auf die Halterung stecken, bevor sie schon halb verbraucht ist.

Ich werde gleich nach dem Essen den Tisch abräumen, das Geschirr spülen und die Küche saubermachen. Diese Aufräumaktion werde ich als Teil der Mahlzeit betrachten.

Ich werde das, was ich irgendwo heraushole, nach Gebrauch gleich wieder an seinen Platz zurücklegen. Ich werde nicht mehr sagen, daß ich es ja bald wieder benötige.

Ich werde meine Mal- und Töpfersachen, meine Nähutensilien und ähnliches gleich wegräumen, wenn ich für diesen Tag mit der Arbeit aufhöre, selbst, wenn ich die Sachen morgen wieder brauche.

Ich werde die Post sortieren, sobald ich sie aus dem Briefkasten geholt habe, und sie nicht erst mal auf einen Stapel legen.

Ich werde meine Kleidung in den Schrank hängen und meine Schuhe wegstellen, sobald ich sie ausziehe.

Ich werde auf alles achten, was sich nicht an seinem Platz befindet.

Ich werde immer an die drei kleinen Worte denken:

TU ES JETZT!

die mir mein Gewissen einflüstert, wenn ich wieder eine Arbeit vor mir herschieben will.

9. Messie-Burnout

(Die richtige Perspektive wiedergewinnen)

Die meisten Messies leben wohl so desorganisiert, weil sie von ihrer Persönlichkeit her so veranlagt sind. Ich war von Beginn meiner Ehe an ein Messie, als ich den Versuch machte, einen Haushalt zu führen, auch wenn es eine ganze Weile dauerte, bis das Haus so richtig chaotisch aussah. Desorganisation ist bei Messies ganz einfach eine natürliche Veranlagung.

Es gibt jedoch bei der Überwindung des Chaos eine besondere Problematik – den Messie-Burnout.

Menschen mit einem solchen Burnoutsyndrom sind nicht in der Lage, die Grundsätze und das Programm der Anonymen Messies so ohne weiteres anzuwenden. Eine Messie liest vielleicht *Ohne Chaos geht es auch,* setzt das Programm in ihrem täglichen Leben um und kann sich das A.M.-System mit großem Gewinn zunutze machen. Eine andere Messie liest dasselbe Praxisbuch, erkennt ebenfalls die Notwendigkeit einer Veränderung, versucht, das Programm umzusetzen, und fällt völlig erschöpft bald in ihre alten Gewohnheiten zurück, weil sie schon vorher ausgebrannt war. Solche Messies versuchen wohl, das Programm der A.M. umzusetzen, aber es gelingt ihnen nicht.

Einen Burnout bekommen in der Regel nur dynamische, charismatische, zielorientierte Männer und Frauen.

Menschen mit Persönlichkeitsmerkmalen, die sie zu Messies werden läßt, sind besonders anfällig dafür, sich völlig zu verausgaben. An anderer Stelle habe ich schon erwähnt, daß Messies zu Idealismus und Perfektion neigen. Sie tun alles übermäßig und übertrieben und geben sich jeder Aufgabe mit Haut und Haaren hin. Da sie eine Idealistin ist, glaubt die Messie, daß ihre Mühe auch belohnt werde. Herbert Freidenberger beschreibt in seinem Buch *Burn-Out* diesen Persönlichkeitstypus sehr treffend:

97

Einen Burnout bekommen in der Regel nur dynamische, charismatische, zielorientierte Männer und Frauen oder entschlossene Idealisten, die wollen, daß ihre Ehe die beste, ihre Arbeit von außergewöhnlicher Qualität, ihre Kinder herausragend, ihr soziales Umfeld besser als das anderer ist.

Da diese Merkmale die Persönlichkeit eines Messies so genau beschreiben, ist es kein Wunder, daß wir für das Burnoutsyndrom äußerst anfällig sind. Mit diesem Problem müssen wir uns auseinandersetzen. So wollen wir uns erst einmal klarmachen, wie ein solcher Burnout entsteht.

Manchmal ist er ganz einfach das Ergebnis einer Anhäufung von frustrierenden Begebenheiten. Es fällt uns einfach immer schwerer, die Dinge in den Griff zu bekommen, bis wir den Versuch schließlich ganz aufgeben. Es scheint uns nicht mehr sinnvoll, uns überhaupt noch zu bemühen, weil es so hoffnungslos erscheint, uns immer wieder an dem zu versuchen, woran wir so oft gescheitert sind. Das kann die chronische Unordnung unseres Mannes und der Kinder sein, das alte Haus ohne Stauraum, das ständige Genörgel und die mangelnde Mitarbeit unseres ach so ordentlichen Gatten oder irgendein vages Gefühl der Ermüdung, das uns zermürbt.

Manchmal wird ein Burnout durch ein einzelnes Ereignis ausgelöst, das uns vollends den Rest gibt, z. B.:

- ein Wasserschaden, der noch das bißchen Ordnung und Schönheit zerstört, die wir so mühsam geschaffen hatten;
- ein neues Baby, das das mühsam aufrechterhaltene Gleichgewicht schließlich zum Umkippen bringt;
- ein Krankheitsfall in der Familie oder die Pflege eines alten Menschen;
- ein Todesfall, der uns eine „Erbschaft" beschert, die uns völlig überfordert – Möbel, Kleidungsstücke, Geschirr;
- ein Umzug, nach dem eine Unmenge von Kisten herumstehen, die wir auspacken müssen – der Tropfen, der das Faß zum Überlaufen bringt;
- irgendein anderes Ereignis, das alles so über uns zusammenstürzen läßt, daß wir die Hoffnung verlieren, jemals wieder aus diesem Chaos herauszukommen.

Ob er schleichend anrückt oder uns plötzlich überfällt, bei einem Burnout fühlen wir uns machtlos und verwirrt.

Was ist ein Burnout? Woran erkennt man ihn? Der Mensch, der an einem Burnout leidet, merkt das vermutlich als letzter, weil er nicht mehr in der Lage ist, seine Situation richtig einzuschätzen. Er ist ein fähiger Mensch und glaubt, mit ein wenig mehr Entschlossenheit und Anstrengung werde er das Problem schon in den Griff kriegen. Das Problem dabei ist, daß er, je schneller er voranstürmt, desto mehr zurückfällt. Eine verstärkte Bemühung erzielt nicht unbedingt gute Ergebnisse. Das ist manchmal, aber nicht immer, der Grund, weshalb ein Messie den ganzen Tag schuftet und doch wenig zustande bringt.

Ein Mensch mit einem Burnoutsyndrom leidet unter unerklärlichen Erschöpfungszuständen, wird zynisch und überkritisch, wird zuweilen von einer unerwarteten Traurigkeit überfallen, ist ungeduldig und bekommt ein Gefühl der Orientierungslosigkeit, wenn er von einem Lebensmuster zum nächsten wechselt (wie beim Übergang von Arbeit zu Freizeit). Er zieht sich von Freunden und Verwandten zurück. Sex wird uninteressant. Routinearbeiten, wie Weihnachtskarten schreiben, Anrufe erledigen, Formulare ausfüllen und regelmäßige Termine einhalten, werden ihm schon zuviel. Schließlich läßt er alle Aktivitäten fallen, die ihm zu stressig erscheinen.

Diese Symptome haben viele Menschen, besonders Messies, bis zu einem gewissen Grad. Wenn mehrere dieser Symptome auf Sie zutreffen, müssen Sie achtgeben, daß Sie nicht ein echtes Burnout bekommen. Wenn es schon soweit ist, gilt: Je eher man das Übel an der Wurzel packt, desto besser. Wenn Sie jedoch die Aufstellung lesen (siehe „Zusammenfassung") und ausrufen: „Ja! Das trifft genau auf mich zu!", sollten Sie einmal überlegen, ob Sie nicht an einem klassischen Fall von Burnout leiden.

Ich habe mehrere Male in meinem Leben ein gewisses Stadium des Burnout durchlebt. Vielleicht trifft das auch für Sie zu. Das Programm der Anonymen Messies hätte mir nicht geholfen, wenn ich versucht hätte, es zu solchen Zeiten umzusetzen. Wenn Sie völlig ausgebrannt sind, ist es ebenfalls wenig sinnvoll, es gerade jetzt damit zu versuchen.

Erschöpfung, Verwirrung oder Depression waren die Hauptmerkmale meiner Burnoutphasen. (Ich möchte jedoch erwähnen, daß nicht jeder Burnout mit einer Depression einhergeht und nicht jede Depression von einem Burnout hervorgerufen wird.) Irgendwie habe ich diese Zeiten überstanden, aber, und das möchte ich noch einmal betonen, ich hätte während der ernsthaften Burnoutphasen mit Sicherheit keine Veränderung meiner häuslichen Strukturen bewirken können, obwohl das Haus in diesen Zeiten natürlich am schlimmsten aussah. Vielleicht erkennen Sie im Rückblick, wann Sie einmal eine solche Burnoutphase hatten. Vielleicht aber stecken Sie gerade jetzt mitten in dieser Problematik. Dieses Problem müssen Sie erst in den Griff kriegen, bevor Sie darangehen, das Haus in Ordnung zu bringen. Wenn Sie am Anfang einer solchen Phase stehen, können Sie die Flamme löschen, wenn sie noch klein ist, bevor Sie bei Ihnen und Ihrem Haus noch mehr Schaden anrichtet.

Was also können Sie tun?

Der erste Gedanke, der einem schwer arbeitenden Idealisten hier in den Sinn kommt, ist: *Ich muß mich mehr bemühen.* Doch das funktioniert nicht. Ich habe gehört, daß, wenn jemand in Treibsand gerät, er sich desto tiefer eingräbt, je heftiger er sich zu befreien versucht. Genauso ist es mit dem Burnout. Mehr Anstrengung und Entschlossenheit wird alles nur noch schlimmer machen.

Wenn ihre erhöhten Anstrengungen keinen Erfolg zeigen, greifen ausgebrannte Menschen zu anderen Formen der „Erleichterung" – Drogenmißbrauch (legale oder illegale), Alkohol, Aufregung, Vergnügungen, wie Lesen oder Fernsehen, eine Überfülle von außerhäuslichen Aktivitäten und Ablenkungen. Manche davon sind an sich sehr gut, schaden aber dem vom Burnout betroffenen Menschen, wenn er sie im Übermaß betreibt. In ihrer Verzweiflung rasten manche solcher Menschen gar zeitweilig aus, tun etwas für sie ganz und gar Untypisches und schlagen alle Konventionen in den Wind.

Da der Mensch mit einem Burnoutsyndrom alles bis zum Exzeß betreibt, ist es nicht erstaunlich, daß er sich in Bereichen, in denen er Erfolg hat, völlig übernimmt, während er einen Ausweg für sein Problem sucht.

Viele Messies schildern mir ihr völlig überfrachtetes Leben:

Arbeit: „Ich habe zwei Arbeitsstellen und arbeite jeden Donnerstag als freiwillige Helferin im Kinderkrankenhaus."

Familie: „Ich habe neun Kinder, die ich alle zu Hause unterrichte – außer die beiden Babys natürlich."

Kultur: „Ich bin Mitglied einer Theatergruppe, gehe regelmäßig ins Theater und in Konzerte und nehme noch zweimal wöchentlich Bratschenstunden. Außerdem bereite ich mich auf die Abschlußprüfung an der Universität vor."

Haushalt: „Ich mahle mein Getreide selbst, backe Brot (Vollkornbrot mit Honig natürlich), baue Gemüse an und habe freilaufende Hühner – und das in Manhattan!"

In fast allen diesen Fällen fühlen sich die ausgebrannten Messies zu solchen Aufgaben hingezogen, um sich nicht ihrem desorganisierten Leben und unordentlichen Haushalt stellen zu müssen, der in Bergen von Ramsch versinkt. Berufstätigkeit, freiwillige soziale Arbeit und Hobbys sind sicher für sich genommen etwas Gutes, aber nicht, wenn sie im Exzeß betrieben werden, aus falscher Motivation und mit dem falschen Denkansatz. Nach einer Weile wird ein solch überlastetes Leben auch nicht mehr durchzuhalten sein.

Wir sind nicht allmächtig.

Wir sind nicht allmächtig. Aber sagen Sie das nicht so laut. Menschen, die sich auf dem Weg zum Burnout mitten in einer Orgie der Aktivitäten befinden, glauben an ihre übermächtigen Kräfte – oder sie glauben zumindest, daß sie welche haben sollten. Sie sind davon überzeugt, daß nur sie allein diese spezielle Aufgabe in der Welt erledigen können. Was für ein Schock wäre es für sie, würden sie merken, daß die Welt ganz gut auch ohne ihre rastlose Betriebsamkeit auskommt. Doch wie schon gesagt: Weil viele Messies sich so gehetzt und allmächtig fühlen, flüchten sie in Überaktivität, weil sie der Verzweiflung des Burnout entgehen wollen. Und das wiederum verschlimmert den Zustand ihres Hauses.

Doch was können wir im Fall eines Burnout tun?

Wir müssen erkennen, daß wir ganz bestimmte Veränderungen in unserem Leben vornehmen müssen, so daß wir nicht alles so mechanisch angehen. „Arbeiten", „schaffen" und „etwas leisten" müssen in den Hintergrund treten und Platz machen für das „Sein".

> *Du brauchst nicht das Zimmer zu verlassen. Bleibe am Tisch sitzen und lausche. Lausche nicht einmal, sondern warte einfach. Warte nicht einmal, sei ganz still und in dich gekehrt. Die Welt wird sich dir ohne Maske darstellen, sie hat gar keine Wahl, sie wird dir in Verzückung zu Füßen liegen.*
>
> Franz Kafka

Sie werden sich erinnern, daß ich in den vorhergehenden Kapiteln betont hatte, wie wichtig es ist, sich auf die eigenen Gefühle einzustellen und auf das innere Kind in uns. Das geht nicht, solange ein Mensch sich nur für die Aktivitäten der Welt um ihn herum interessiert.

Zuerst müssen Sie Zeit finden, um mit sich allein zu sein. Eine Zeit nur für sich selbst. Das ist nicht leicht, aber wenn es Ihnen wichtig ist, wird es Ihnen auch gelingen.

Dann müssen wir unsere innersten Gefühle ausfindig machen, uns ihrer bewußt werden. Wir sind so sehr daran gewöhnt, daß wir auf eine bestimmte Art fühlen müssen, daß wir kaum noch unsere wahren Gefühle kennen.

Meine Tante, eine wunderbare Gastgeberin, serviert vor den Mahlzeiten oft eine Suppe, nimmt aber selbst nichts davon. Ihre Schwester fragte sie einmal nach dem Grund dafür.

„Ich mag eigentlich keine Suppe", erwiderte sie.

Überrascht entgegnete die Schwester: „Aber *früher* hast du doch Suppe gemocht."

„Ich habe zwar Suppe gegessen, aber ich mochte sie eigentlich nie", erwiderte meine Tante. „Und jetzt esse ich keine mehr."

Ich führte gerade in diesem Moment meinen Suppenlöffel zum Mund, und mir wurde plötzlich bewußt, daß auch ich keine Suppe mochte. Suppe ist eine schöne Vorspeise, und Leute, die an einem kalten Abend eine Tasse dampfend heißer Suppe trinken, sehen so anheimelnd aus. Theoretisch finde ich Suppe gut, aber offen gesagt, mir schmeckt sie nicht besonders. Jahrelang habe ich Suppe gegessen, weil ich glaubte, ich müsse sie mögen, und nie habe ich mir meine wahren Gefühle eingestanden. Es ist schließlich kein Verbrechen, wenn man keine Suppe mag.

Wie viele ähnliche Situationen erleben wir? Wir glauben, wir hätten eine bestimmte Einstellung zu einer Sache, weil wir uns selbst nie unsere wahre Haltung eingestanden haben. Die meisten Messies sind im Grunde sensible, künstlerische Menschen. Aber wenn wir den Kontakt zu unseren Gefühlen verlieren, machen wir unsere Liebe zu Ordnung und Schönheit kaputt. Wenn wir eine Weile in Chaos und Unordnung gelebt haben, leugnen wir bald vor uns selbst, wie sehr uns das in Wirklichkeit stört. Wenn wir, ohne daß es uns bewußt ist, den Kontakt mit unserem wahren Selbst verloren haben, führt das zu einem Burnout.

Wie können wir uns selbst näherkommen? Wir müssen das kleine Kind in uns ausfindig machen, das eine stärkere Berührung mit unseren wahren Gefühlen hat. Das aber braucht Zeit und Einsatz.

Es ist einfach, sich über Ordnung und ordentliche Leute lustig zu machen. Doch wenn es uns ordnungsliebende Menschen nicht gäbe, wäre diese Welt schon längst untergegangen.

Garrison Keillor

Das kann auf unterschiedliche Art geschehen. Nehmen Sie Ihr Familienalbum zur Hand. Schauen Sie es sich an – allein. Lassen Sie Ihre Erinnerungen und Gefühle hochkommen. Reden Sie nacheinander mit Eltern und Geschwistern über die Bilder. Suchen Sie nach dem Kind, das es noch gibt, aber das in Vergessenheit geraten ist.

Um Ihre Erinnerungen weiter anzuregen, lassen Sie die Menschen, mit denen Sie früher zusammengelebt haben, ihre Erinnerungen auf einen Kassettenrecorder sprechen.

Sprechen Sie selbst Ihre Erinnerungen auf Band. Es geht hier nicht um tiefschürfende Selbstprüfung, sondern darum, sich selbst kennenzulernen. Zweifellos werden nicht alle Erinnerungen angenehm sein. Seien Sie nicht allzu kritisch gegenüber sich selbst und anderen. Vom Standpunkt eines Erwachsenen können Sie sich der Vergangenheit nun freundlich und im Geist der Vergebung nähern.

Wenn Sie erst einmal sich selbst näherkommen, können Sie auch anderen näherkommen. Jetzt bekommen wir wieder Energie und Stärke. Vielleicht merken wir jetzt auch, daß wir eigentlich gar nicht zufrieden sind mit dem Leben, wie wir es jetzt führen, und wir tun Schritte in eine andere Richtung. Vielleicht sind wir aber auch ehrlich zufrieden mit dem, was wir tun, und können es das erste Mal mit Freude tun. Wir brauchen nicht mehr eine solche Intensität an den Tag zu legen.

Während wir allmählich aus dem Burnout herauskommen, ist es wichtig, daß wir Unterstützung bei Routinearbeiten bekommen. Manchmal konzentriert sich unser Burnout auf einen einzelnen Bereich – bestimmte Aufgaben wachsen uns einfach über den Kopf. Wenn das Essenkochen zuviel für Sie wird, kaufen Sie doch tiefgefrorene Mahlzeiten. Wenn Sie von der Hausarbeit ausgebrannt sind, stellen Sie jemanden an, der Ihnen hilft – einen jungen Mann mit einem Lieferwagen, der Ihren ausrangierten Plunder wegschafft, jemanden, der die Fenster putzt oder die Teppiche reinigt. Kurz, suchen Sie jemanden, der Ihnen hilft, sich über Wasser zu halten, bis Sie wieder in der Lage sind, die Sache selbst in die Hand zu nehmen.

Jeder Mensch braucht
seine Erinnerungen.
Sie vertreiben den Wolf
der Bedeutungslosigkeit
von unserer Tür.

Saul Bellow

Wenn das große Chaos in unserem Leben sich zu lichten beginnt, werden wir ruhiger und glücklicher sein. Wir werden die Zuversicht gewinnen, daß wir unser Leben im Griff haben. Das Beste wird sein, daß wir dann wieder Zeit für uns selbst haben – zum Lesen, Nachdenken, Planen und Träumen. Auf meinem Schlüsselanhänger stehen diese Worte des Dichters William Cowper aus dem achtzehnten Jahrhundert:
„Dem, der es weise führt und drum gepriesen wird,
erscheint das Leben wohl als Aufruhr und Geschrei.
Weisheit ist nämlich eine Perle,
die man in stillem Wasser findt'. "

Zusammenfassung

Weil es für Messies so wichtig ist, das Burnout-Problem zu erkennen und in den Griff zu kriegen, lassen Sie mich das eben Ausgeführte nochmals zusammenfassen.

- Viele Messies erleben das Burnoutsyndrom im Bereich der Haushaltsführung, weil ihre chronische Desorganisation Streß erzeugt.

- Wir versuchen, uns durch außerhäusliche Aktivitäten Erleichterung zu verschaffen. Wir werden zu rastlosen Aktivisten.

- Um diesen Zustand des Ausgebranntseins zu überwinden, müssen wir unsere Aktivitäten einschränken und wieder in Kontakt mit unseren eigenen Gefühlen kommen. Erst dann werden wir aus diesem Zustand der Erschöpfung herauskommen.

- In der Burnoutphase müssen wir für Tätigkeiten, die uns über den Kopf wachsen, Hilfe von außen annehmen.

- Wir müssen erkennen, daß ein solcher Burnout kein Dauerzustand sein muß. Wenn wir ernsthaft darangehen, ihn zu überwinden, werden wir auch wieder in der Lage sein, unseren Aufgaben mit Begeisterung und Erfolg nachzugehen.

1. Gibt es Zeiten in Ihrem Leben, in denen Sie einen Burnout erlebten und nicht mehr in der Lage waren, die einfachsten Hausarbeiten zu erledigen? Was war der Anlaß und was die Vorgeschichte?

a. Anlaß _____

Vorgeschichte _____

b. Anlaß _____

Vorgeschichte _____

2. Haben Sie eine wichtige Tätigkeit aufgegeben, weil sie Ihnen einfach „über den Kopf gewachsen ist"? Welche?

_____

_____

Wer könnte diese Tätigkeit für eine Weile übernehmen? (Wenn Ihnen niemand aus Ihrem Bekanntenkreis einfällt, überlegen Sie, welche Qualitäten dieser Mensch haben müßte.)

_____

_____

3. Wenn Sie einen Nachmittag oder einen ganzen Tag tun könnten, was Ihnen Spaß macht, welche drei Dinge würden Sie tun?

a. _____

b. _____

c. _____

4. Wann haben Sie diese Dinge das letzte Mal getan? Schreiben Sie das Datum neben die jeweilige Tätigkeit.

Tagebuch führen – statt Erinnerungsstücke sammeln

Messies sind sentimental. Viele haben zudem ein schlechtes Gedächtnis. Das ist für eine Messie eine sehr beunruhigende Kombination. Wenn einer sentimentalen Messie klar wird, daß wichtige Ereignisse ihres Lebens bald ihrem Gedächtnis entschwinden werden, überlegt sie sich, wie sie diese Erinnerungen lebendig erhalten kann. Gewöhnlich sammelt sie dann alle möglichen Souvenirs und Fotos.

Die Fotos nehmen nicht viel Platz ein, wohl aber die Erinnerungsstücke. Alter Schmuck, Babykleidung, gepreßte Blumen und vieles andere werden aufgehoben, weil sie ein Teil unserer Vergangenheit sind. Allmählich wird unser ganzes Haus mit diesen Dingen vollgestopft. Wir hassen das Durcheinander, haben aber andererseits das Gefühl, daß, wenn wir uns von diesen Dingen trennen, auch die Erinnerung an unsere Vergangenheit dahinschwindet.

Was jedoch könnte solche Sammelleidenschaft ersetzen? Ich finde, das Führen eines Tagebuchs ist eine sehr gute Alternative.

Das Tagebuch kommt wieder zunehmend in Mode. Als es noch kein Fernsehen gab und die Leute mehr Zeit hatten, war das Führen eines Tagebuchs sehr beliebt. Ich fand einmal auf dem Dachboden eines Hauses, das meine Großeltern gekauft hatten, ein altes Tagebuch, das ein Fremder liegengelassen hatte. Ich wünschte, ich hätte es aufgehoben. Wenn Sie sich einmal mit dem Gedanken vertraut gemacht haben, werden Sie überrascht sein, wie viele Leute, denen Sie begegnen oder von denen Sie lesen, auch heute noch Tagebuch führen. Die meisten sprechen jedoch nicht darüber. Es scheint eine heimliche Beschäftigung zu sein.

Für diese Verschwiegenheit gibt es sicher einen Grund. Im Tagebuch kann ich meine Seele bloßlegen. Es ist eine intime Beschäftigung in einer Welt, wo wir uns mit Vertrautheit oft schwer tun. Für Messies ist ein Tagebuch jedoch die ideale Lösung für ihr Problem, die Erinnerung an die Vergangenheit zu bewahren.

Irgendein Plunder ist nur die äußere Hülle der Erinnerung – das Tagebuch enthält jedoch die Seele des Ganzen.

Wie führt man ein Tagebuch? Ich benutze ein spiralgebundenes Heft, das nach nichts Besonderem aussieht. Wenn Ihnen der Sinn nach Schönheit steht, erhalten Sie in Schreibwarengeschäften sehr ansprechend gestaltete Bücher mit leeren Seiten, die sich hervorragend als Tagebuch eignen. Es gibt Bücher mit Stoffeinband, interessante Hefte aus China oder Italien oder andere kunstvoll gestaltete Hefte in unterschiedlichsten Größen und Einbänden. Suchen Sie sich Ihr persönliches Buch aus.

Benutzen Sie auf jeden Fall lieber ein solches Heft oder Buch als ein vorgedrucktes Tagebuch, das womöglich noch mit einem Schloß versehen ist. Sie fühlen sich sonst gezwungen, jeden Tag etwas hineinzuschreiben, und bekommen Schuldgefühle, wenn Sie einmal einen Tag auslassen. Der Platz für Eintragungen ist auch nur gering – und Sie könnten natürlich den Schlüssel verlieren.

Ich schreibe fast jeden Tag etwas in mein Tagebuch, aber wenn ich einmal ein oder zwei Tage keine Eintragungen mache, ist das auch nicht schlimm. Was halte ich fest? Erinnerungen. Geschehnisse des Vortags. Gedanken. Träume. Hoffnungen. Erfolgserlebnisse und Fehlschläge. Pläne und auch Gebete. Ein

Tagebuch ist gut geeignet, um sich über seine Prioritäten und Bedürfnisse klarzuwerden. Manche schreiben Gedichte oder Zitate auf, sie machen Zeichnungen oder kleben Bilder, Eintrittskarten oder dergleichen ein. Betrachten Sie Ihr Tagebuch als eine leere Leinwand, auf die Sie Ihre persönlichen Wortgebilde malen. Das Tagebuch ist Ihr eigentliches Andenken. Irgendein Plunder ist nur die äußere Hülle der Erinnerung – das Tagebuch enthält jedoch die Seele des Ganzen.

Mit meinen regelmäßigen persönlichen Eintragungen beginne ich auf der ersten Seite und schreibe dann eine Seite nach der anderen voll. Die besonderen Eintragungen, wie Zitate, Bücher, die ich gelesen habe, Lieder oder Gedichte, die ich mir merken will, beginne ich auf der letzten Seite. Wenn sich die Eintragungen in der Mitte treffen, ist das Heft voll, und ich beginne ein neues.

Womöglich ist Ihr Tagebuch auch eine Hilfe, die Mount-Vernon-Methode müheloser zu bewältigen. Sie möchten vielleicht in Ihrem Tagebuch vermerken, wenn Sie sich von bestimmten Dingen trennen. Wenn Sie beispielsweise Ihre Umstandskleider weggegeben haben, halten Sie dieses denkwürdige Ereignis schriftlich fest. Schreiben Sie vielleicht auch Erinnerungen an Ihre Geburten nieder. Notieren Sie, welche Bedeutung das Weggeben dieser Kleider für Sie hat. Eine Phase Ihres Lebens – die Jahre des Kinderkriegens – ist vorbei. Das ist viel befriedigender, als einen Karton voller nutzloser Kleidung in einem ohnehin schon überfüllten Raum aufzubewahren.

Wir sind nun mal Messies. Wir müssen lernen, mit unseren persönlichen Eigenschaften sinnvoll umzugehen. Seien Sie weiterhin sentimental. Aber beschränken Sie Ihre Erinnerungen auf ein kleines Buch, und horten Sie sie nicht in Stapeln oder Kartons, die schließlich durch ihr bloßes Dasein Ihre Erinnerungen in einem trüben Licht erscheinen lassen.

Persönliche Notizen _____

_____

_____

_____

_____

_____

_____

_____

Teil 4

Allerlei praktische Tips für Messies

10. Jetzt wird das Haus gesäubert

Nehmen wir einmal an, daß Sie Ihren Haushalt jetzt im großen und ganzen organisatorisch im Griff haben. Wenn das nicht der Fall sein sollte, ist es wenig sinnvoll, über Saubermachen zu sprechen. Erstens ist es keine besonders lohnende Aufgabe, mitten in Chaos und Unordnung sauberzumachen. Das Haus sieht danach nicht viel besser aus, und Sie haben auch nicht das Gefühl, den Anblick wesentlich verbessert zu haben. Sauberer Plunder ist nicht viel besser als dreckiger. Zweitens ist Saubermachen eine zu schwierige Aufgabe, wenn Sie bereits daran gescheitert sind, auch nur den Anschein einer gewissen Ordnung aufrechtzuerhalten. Der ganze Ramsch wird sich als ein zu großes Hindernis bei der Reinigungsarbeit erweisen.

Messies behaupten häufig, ihr Haus sei sauber, selbst wenn es unordentlich ist. Das stimmt bis zu einem gewissen Grad, da Messies im allgemeinen sehr auf eine gesunde Lebensweise achten. Das schmutzige Geschirr stapelt sich vielleicht, bis sich die Keime milliardenweise vermehren, aber wenn wir dann abwaschen, verbrühen wir uns fast die Finger, so heiß ist das Wasser, und nehmen ein desinfizierendes Spülmittel. Doch weil es so schwierig ist, ein chaotisches Haus richtig zu säubern, ist es vermutlich nicht so sauber, wie die Messie annimmt. Ich rede hier nicht von Seuchengefahr, ich will damit nur sagen, daß es nahezu unmöglich ist, ein unordentliches Haus gründlich und dauerhaft zu reinigen. Doch wenn wir einmal eine gewisse Grundordnung geschaffen haben, können wir uns auch an die Reinigungsarbeit wagen.

Da eine solche Reinigungsaktion für uns Messies zunächst ein größeres Unterfangen ist, wollen wir die ganze Sache einmal näher in Augenschein nehmen. Der Schmutz, den wir loswerden wollen, begegnet uns in dreierlei Gestalt:

1. größere Gegenstände wie alte Tennisschuhe oder Deo-
   flaschen
2. Kleinteile wie Staub oder Schmutz und
3. festsitzende Schmutzablagen in der Badewanne, der
   Küche oder auf Regalen.

In dieser Reihenfolge nehmen wir die Sache auch in Angriff.
Doch bevor wir zum Angriff schreiten, machen wir noch
einen kurzen Abstecher zur Mount-Vernon-Methode, die ich
bezeichne als

Die Unabhängigkeitserklärung des Messies

Als ich vor ein paar Jahren verzweifelt nach einem Ausweg
aus dem Dilemma meiner schlechten Haushaltsführung suchte,
erzählte mir eine Cleanie-Freundin von der Mount-Vernon-
Methode. Anläßlich eines Besuches der Gedenkstätte war sie so
beeindruckt von der guten Instandhaltung des Gebäudes, daß
sie die dortige Hauswirtschaftsleiterin nach der Methode der
Instandhaltung des Gebäudes befragte, die diese ihr bereitwillig
erklärte.

Das Reinigungspersonal wurde angewiesen, an der Eingangstür mit der Arbeit zu beginnen, und sich dann allmählich
ins Innere des Gebäudes vorzuarbeiten. Sobald ein Raum fertig-
gestellt ist, nehmen sie den nächsten in Angriff, bis auch dieser
sauber und aufgeräumt ist. Sie beginnen am frühen Morgen und
arbeiten, bis die Gedenkstätte für den Publikumsverkehr geöffnet wird. Kurz vor der Öffnungszeit werden die Putzutensilien
eingesammelt, und das Reinigungspersonal verläßt das Haus.
Am nächsten Tag fangen sie dort an, wo sie am Vortag aufgehört
hatten, und arbeiten sich wieder von einem Zimmer zum anderen vor, bis es Zeit ist, das Gebäude zu verlassen.

Ich entschloß mich, diese Methode nicht zum Saubermachen
chen zu benutzen, sondern als eine Methode zur Organisation.
Ich begann also an der Eingangstür.

Das erste Möbelstück neben meiner Eingangstür war ein
Lampentischchen mit einer kleinen Schublade. Nachdem ich
diese kleine Schublade gereinigt und mehrere alte Schülerkalen-

der, vergilbte Kleinanzeigen und eine Menge anderen Krempel weggeworfen hatte, hatte ich das Gefühl, zu allem bereit zu sein. Als nächstes kam ein Möbelstück im Wohnzimmer dran. Dieses hatte bereits sechs Schubladen; in zwei davon hatte ich jahrelang keinen Blick mehr geworfen. Ich fürchtete mich tatsächlich davor, sie zu öffnen. Warum hatte ich solche Angst? Ich glaubte wohl, ich würde nicht in der Lage sein, das, was ich dort finden würde, zu bewältigen, und daß meine Entschlußfreudigkeit, endlich die Organisation meines Haushalts in Angriff zu nehmen, einen empfindlichen Dämpfer erhalten würde.

Ich kann ehrlich sagen, daß wir noch nie etwas vermißt haben, was wir einmal ausrangiert hatten – mit einer Ausnahme: Einmal haben wir ein altes Bett ersetzt und verkauft, das wir später einmal hätten gebrauchen können. Die Kosten beliefen sich auf fünfundsiebzig Dollar – ein kleiner Preis für die Tatsache, daß wir das Zimmer drei Jahre lang nutzen konnten. (Dieses Zimmer war früher nur mit Gerümpel vollgestopft gewesen!)

Aber nachdem ich nochmals darüber geschlafen hatte, öffnete ich schließlich doch die Schubladen. Dort fand ich nichts Spektakuläres, es war alles ganz leicht zu bewältigen. Ich mußte keine schwerwiegenden Entscheidungen treffen. Ich bin heute noch erstaunt, welche irreale Furcht ich wegen dieser Schubladen hatte.

Im Verlauf meiner Aufräumungsarbeiten warf ich Medizin fort, die schon zwölf Jahre lang in meinem Medikamentenschrank gelegen hatte. In meinem Kleiderschrank entdeckte ich meine Brautschuhe. Sie waren dreiundzwanzig Jahre alt, und an einem fehlte eine Schnalle. Im übrigen hatten sie mir auch schon früher nicht richtig gepaßt. Ich hatte jedoch gedacht, daß ich die

Schnalle vielleicht eines Tages wiederfinden und die Schuhe wieder in Mode kommen würden. (Das kann man nie wissen. Es geschehen noch Zeichen und Wunder.)

Ich hab' die Schuhe weggeworfen. Ich wollte meine Gegenwart nicht länger durch Erinnerungsstücke aus der Vergangenheit belasten, und wenn sie noch so angenehme Gedanken wecken ...

Das Wichtigste an der Mount-Vernon-Methode ist, daß wir nichts überstürzen. Man ist versucht, wie eine Wahnsinnige zu schuften, weil man so frustriert ist. Lassen Sie die Sache also langsam anlaufen. Sie werden auch nach dieser Methode Ihr Haus nicht an einem Tag in Ordnung bringen (ich brauchte dreieinhalb Monate dazu).

Stellen Sie sich die Sache nicht wie einen Kurzstreckenlauf, sondern wie einen Marathon vor. Beim Sprint läuft man nur eine kurze Strecke und setzt daher gleich zu Beginn seine ganze Kraft ein. Beim Marathon muß man die Kräfte einteilen, weil man ja bis zum Ende durchhalten will. Haushaltsführung gleicht einem Marathon, laufen Sie langsam, aber stetig. Es macht doch nichts, wenn Sie den großen Schrank nicht an einem Tag schaffen, ordnen Sie ihn Fach für Fach.

Wenn Sie für heute genug gearbeitet haben, hören Sie auf. Morgen ist auch noch ein Tag. Nehmen Sie sich einen freien Tag in der Woche, auf den Sie sich freuen können. Ich rate Ihnen auch, die Küche erst zum Schluß in Angriff zu nehmen. Küchen sind für Fortgeschrittene!

Bevor Sie anfangen, machen Sie sich eine Aufstellung von Haushaltsarbeiten (vielleicht drei bis sieben), die Sie täglich erledigen wollen, bevor Sie Ihr Haus nach der Mount-Vernon-Methode organisieren. Denken Sie daran, daß wir diese Methode als eine Hilfe zur Organisation, nicht zum Hausputz nutzen wollen.

Beginnen Sie an der Eingangstür und mit dem ersten Möbelstück, das Fächer oder Schubladen aufweist. Bei der Arbeit haben Sie drei Kartons neben sich: eine Wegwerfkiste, eine Aufbewahrungskiste und eine für Dinge, die sie verschenken wollen. Jetzt öffnen Sie die erste Schublade.

Werfen Sie alles Gerümpel fort, das sich dort angesammelt hat. Und machen Sie ernst. Behalten Sie nicht den Kugelschreiber, der kaum noch funktioniert, oder den Kalender vom letzten Jahr, auch wenn so schöne Bilder darin sind. Ihre Befreiung vom Chaos ist wichtiger als diese Dinge.

Was zu gut ist, um weggeworfen zu werden, kommt in die Verschenkkiste. Geben Sie die Sachen möglichst schnell weg! Zwei Punkte zur Warnung:

1. Nehmen Sie nichts mehr aus der Verschenkkiste heraus, was Sie einmal hineingelegt haben.

2. Warten Sie nicht auf den richtigen Zeitpunkt oder die richtige Person, an die Sie die Dinge verschenken können. Werden Sie sie ganz schnell los. Heben Sie das Steichholzmäppchen nicht für Marias Sohn auf, der Steichholzmäppchen sammelt. Warten Sie auch nicht auf einen Flohmarkt, wenn nicht zufällig in nächster Zeit einer stattfindet.

Gehen Sie bewußt das Risiko ein, daß Sie das, was Sie eben aussortiert haben, vielleicht später einmal brauchen. Es mag zwar momentan schmerzlich sein, sich von manchen Dingen trennen zu müssen – sie zu behalten, ist auf die Dauer noch schmerzlicher. Sachen wegzuwerfen bedeutet geringe Schmerzen, verglichen mit der Pein, hilflos all dem überflüssigen Krempel ausgesetzt zu sein. Es stellt sich ein herrliches Gefühl der Freiheit ein, wenn einmal der Entschluß gefaßt ist, die Kontrolle über den Haushalt zu gewinnen.

*Ich werde jeden Tag
etwas wegwerfen,
und ich werde mich bald
immer besser fühlen.*

Motto der Pack Rats Anonymus (Anonyme Packratten),
Peg Bracken

In die Aufbewahrungskiste kommen die Dinge, die nicht ausrangiert werden müssen, aber am falschen Platz sind. Laufen Sie nicht fort, um sie an einer anderen Stelle unterzubringen, das stört nur Ihre Konzentration. Es besteht auch die Gefahr, daß Sie nicht mehr zu Ihrer angefangenen Arbeit zurückkehren. Lassen Sie die Sachen im Karton, bis Sie mit dem Aufräumen dort angelangt sind, wo die betreffenden Dinge hingehören.

Es spielt keine Rolle, wie schnell Sie die Mount-Vernon-Phase hinter sich bringen. Was zählt, ist, daß Sie an Ihren Bemühungen und Ihrer Entscheidung festhalten, diese Aufgabe zu bewältigen.

Mit diesen wichtigen Informationen im Hinterkopf können wir uns nun der Aufgabe des Saubermachens widmen.

Schaffen Sie zunächst alle größeren Gegenstände fort, die Sie mit Hilfe der Mount-Vernon-Methode aufgestöbert haben. Da Sie ablenkbar und vergeßlich sind – und Ihre Mitbewohner vielleicht auch –, wird so etwas immer wieder vorkommen. Bringen Sie sie jeweils an den Ort, wo sie hingehören, oder lassen Sie sie von denen aufräumen, die sie verlegt haben. Wenn Sie nicht wissen, wo Sie diese Dinge aufheben sollen, müssen Sie

a. sich von noch mehr überflüssigen Dingen trennen, um zusätzlichen Stauraum zu gewinnen,
b. mehr Stauraum schaffen, indem Sie z. B. neue Regale bauen oder kaufen,
c. Ihr Lagerungssystem neu überdenken oder
d. alle oberen Punkte berücksichtigen.

Wenn die sperrigen Gegenstände beseitigt sind, gehen wir an die Beseitigung von Staub oder festgeklebtem Schmutz. Ein weiches Tuch mit Möbelpolitur getränkt wirkt auf glatten Flächen Wunder (horizontal und vertikal). Sie können zum Staubwischen auch einen Mop nehmen. Er zieht (angeblich) Staub an und kommt dem Aussehen nach einem Zauberstab am nächsten, mit dem viele Messies ohnehin am allerliebsten ihr Haus reinigen würden. Mit ihm geht es auch schnell, und man erreicht höher liegende Stellen. Der Nachteil ist, daß wohl doch nicht aller Staub sozusagen magnetisch angezogen wird – er bleibt lange genug, um uns zu foppen, in der Luft hängen und sinkt dann, sobald wir ihm den Rücken kehren, wieder herab. Federwische sollten Sie überhaupt nicht benutzen, sie schieben den Staub nur hin und her.

Die zehn Gebote der Haushaltsführung

I. Du sollst nicht versuchen, alles selbst zu erledigen.
Laß dich von Kindern, Ehemann oder Putzfrau unterstützen, so weit das möglich ist.

II. Du sollst dir ein Ziel setzen, denn ohne Ziel wirst du gar nichts erreichen.

III. Du sollst einen Plan erstellen und dich auch daran halten.

IV. Behandele deine Familie mit Liebe, während sich euer Leben verändert.

V. Du sollst deinen Tag nicht mit allzu vielen Aktivitäten füllen und nicht jeder Anfrage nachgeben.
Setze deine eigenen Prioritäten, und richte deinen Zeitplan nach ihnen aus.
Übernimm die Kontrolle über deine Aktivitäten.

VI. Du sollst so lange träumen, bis dein Leben mit deinem Traum übereinstimmt.

VII. Du sollst dich für gelungene Arbeiten und erreichte Ziele belohnen.

VIII. Du sollst dir die Hausarbeit durch Rationalisierung erleichtern, denn nur, wenn uns die Arbeit leichtfällt, werden wir viel schaffen.

IX. Du sollst Freude an Schönheit und Ordnung haben.
Diese Ziele streben wir nicht allein aus Gründen der Nützlichkeit an.
Nur wenn wir Freude an dem Ergebnis unserer Arbeit haben, werden wir bereit sein, auch weiterhin so zu arbeiten.

X. Du sollst nicht zaudern.
Erledige die Arbeit, sobald sie anfällt und verschiebe sie nicht auf später.

Messies wischen nicht so oft Staub wie andere Leute, weil sie den Staub gern sehen möchten, bevor sie ihn entfernen. Andere wischen regelmäßig Staub, ob sie ihn sehen können oder nicht, da sie annehmen, er habe sich inzwischen angesammelt. Sie ersticken die Staubschicht sozusagen im Keim, und wir lassen sie sich erst ein wenig ablagern.

Als nächstes greifen Sie zum Staubsauger, um den Staub zu entfernen, der sich beim Staubwischen am Boden angesammelt hat, und den Schmutz, der in den Teppich getreten wurde. Versuchen Sie auch gelegentlich, die Möbel zu saugen. Hier müssen wir einfach von der Annahme ausgehen, daß der Staub, den wir auf den Tischen sehen, auch auf das Sofa und die Sessel gerät. Unsere Polstermöbel werden nicht mit einem Zauberschild geschützt. Wenn wir den Schmutz nicht wegsaugen, greift er mit der Zeit die Stoffbezüge an. Es gibt Geheimnisse um den Schmutz, die unerklärlich bleiben. Wie und warum Staub Stoffasern angreift, ist eines davon. Aber erklärbar oder nicht – es bleibt eine Tatsache. Und wenn nicht von Zeit zu Zeit die Staub- und Schmutzschicht entfernt wird, werden unsere Möbel bald schäbig aussehen. Polstermöbel zu saugen ist wie das Behandeln der Zähne mit Zahnseide – die Wirkung stellt sich erst auf lange Sicht ein.

An diesem Punkt kommen wir zum zweiten Geheimnis des Staubs – Spinnweben. Warum Staub in Fäden von der Decke herunterhängt, wird mir immer ein Rätsel bleiben. Ein Doktor der Physik fragte mich einmal, wie Spinnweben entstehen. Über diese Frage habe ich seither mit wenig Erfolg nachgedacht. Eines jedoch liegt auf der Hand: Spinnweben lassen sich leicht entfernen mit einem Besen, der mit Möbelpolitur besprüht ist, oder einem Besen, der mit einem Staubtuch umwickelt und mit Möbelpolitur besprüht wurde, oder diesem bereits erwähnten Mop, der keine Streifen an der Decke hinterläßt.

Und nun kommen wir zu dem unangenehmen Teil – wie rücken wir dem festsitzenden Schmutz zu Leibe? Dieser Schritt erfordert einige Entscheidungen im Vorfeld, da man diesen Schmutz mit Reinigungsprodukten wegreiben muß. Und solche Reinigungsprodukte gibt es in Hülle und Fülle. Hier stehen Messies vor dem Problem, was sie wo benutzen sollen.

Nichts im Übermaß!

Euripides

Mehr als einmal habe ich schlechte Erfahrungen mit zu starken Produkten gemacht. Eines entfernte auch die Temperaturangaben auf meinen Herdknöpfen. Einmal putzte meine Tochter mit einem Fliesenreiniger die Badewanne und zerstörte dabei die ganze Glasur. Die Badewanne sieht jetzt scheußlich aus. Scheuermittel greifen ebenfalls die Oberflächen von Badewannen und Waschbecken an, wenn sie regelmäßig benutzt werden. Um dem Ganzen die Krone aufzusetzen, vermischte ich einmal ein chlorhaltiges Reinigungsmittel mit Ammoniak. Das erzeugt ein Giftgas, welches Verletzungen oder gar den Tod zur Folge haben kann. Man kann auf dem Gebiet der Reinigung eine Unzahl von Fehlern begehen, und Messies machen nicht gerne Fehler. Und daher vermeiden sie auch Reinigungsarbeiten.

 **Zeit Sparer**

Grundausstattung

Küche

Schwämme (mit oder ohne Kratzfläche)
Geschirrspülmittel
Spülmittel für die Spülmaschine
Mülltüten
Topfschwämme aus Stahlwolle

Reinigungsmittel
Küchentücher
alte Zahnbürste

Allgemein

Staubsauger mit Zubehör
Staubtücher
Fensterleder oder Wischer
Eimer
Schwämme
Mülltüten
einfacher Werkzeugkasten
Besen
Mop
Handfeger und Kehrschaufel
Fensterreiniger

Bad

Schwamm
Reiniger
Flüssigreiniger mit Bleichmittel
Toilettenbürste
kleine Müllbeutel
Ammoniak
alte Zahnbürste
Fliesenreiniger

Wie soll man also wissen, was man wann benutzt? Ich werde Ihnen nicht raten, Ihre eigene Mixtur zusammenzumischen oder in Geschäfte zu gehen, die eine riesige Auswahl an Reinigungsmitteln führen. Das kann in seltenen Fällen angebracht sein. Aber je einfacher die Produkte zu bekommen und zu benutzen sind, desto eher werden sich Messies an die Arbeit wagen. Wie also finden wir die richtigen Produkte für die verschiedenen Arbeiten?

Es mag langweilig erscheinen, aber es ist sinnvoll, erst einmal die Etiketten auf den Verpackungen zu lesen. Die Hersteller wollen ihre Produkte ja verkaufen, also verraten sie Ihnen, wofür und wie man sie benutzt. Waschmittel für Kleidung erfüllt unterschiedliche Zwecke. Manche entfernen Fett, andere Eiweiß, Gras- oder Blutflecke. Manche hinterlassen einen angenehmen Geruch. Andere machen die Wäsche weich. Wieder andere sind Generalreiniger. Spülmittel für die Spülmaschine empfehlen in ihrer Gebrauchsanweisung eine Wassertemperatur von 50 bis 65 Grad. Ist das Wasser nicht heiß genug, löst sich das Mittel nicht auf und wird Ihren Geschirrspüler mit der Zeit kaputtmachen.

Immer wieder einmal wird ein ernsthaftes Problem auftreten, für das Sie scheinbar keine Lösung finden. So ging es mir kürzlich mit der Aufschrift auf einer Brottüte. Die Druckfarbe hinterließ unschöne Flecken auf meiner hellen Küchentheke. Sie waren mit keinem Mittel zu entfernen, bis ich zu meinem Geschirrspülmittel griff. Die Flecken verschwanden wie durch Zauberhand.

Ich sah dann, daß dieses Produkt Chlorbleiche enthält, die dem Material meiner Theke nicht zuträglich ist. Es gibt sicher andere Produkte, die diesen Zweck besser erfüllen. Doch ich kenne sie nicht. Manchmal muß man eben einen Kompromiß schließen und zu schnellen Lösungen greifen.

Und jetzt kommen wir zu dem dritten und letzten Geheimnis um den Schmutz. Wenn sich der Schmutz absetzt, bleibt er kleben und bildet eine unangenehme Dreckschicht. Die muß weggeschrubbt werden. Zarte Staubflocken, die sich auf die Küchenregale niedersenkten, werden sich in eine feste, schmierige Schmutzschicht verwandeln, wenn sie zu lange dort liegenbleiben. Ein Flecken von irgendeiner Flüssigkeit wird nicht mehr weggehen, wenn man ihn nicht bald abwischt. Ich stelle mir vor, daß Schmutz und Flecken kleine Hände haben, mit denen sie nach anderen Schmutzpartikeln greifen. Sie pressen ihre Fäuste fest zusammen und schnappen nach einander und nach allem, was ihnen in die Quere kommt. Mit jedem Tag klammern diese Fäuste fester, bis Sie Dynamit brauchen, um sie loszuwerden. Entfernen Sie diese kleinen Schurken so schnell wie möglich, bevor ihre gräßlichen kleinen Hände zu fest zupacken. Ein Geheimnis will ich Ihnen verraten: Wenn man das richtige Reinigungsprodukt kurze Zeit einwirken läßt, wird es die festeste Schmutzschicht wie durch Zauberhand erweichen. Sie brauchen gar keinen Sprengstoff.

> *Wir wissen,*
> *wie ein Mensch denkt,*
> *nicht erst, wenn er uns sagt,*
> *was er denkt,*
> *sondern wenn wir seine Taten sehen.*
>
> Isaak Bashevis Singer

Wenn es etwas gibt, das Sie nicht tun, nicht tun wollen, sich aber deswegen schuldig fühlen, nehmen Sie Hilfe in Anspruch.

Was sind nun die „richtigen" Reinigungsprodukte? Über Reinigungsprodukte und -methoden könnten ganze Bücher geschrieben werden, und das ist auch schon geschehen.

Don Aslett, der sich berufsmäßig mit Saubermachen beschäftigt, hat ein Buch geschrieben mit dem Titel *Is There Life After Housework?* (Gibt es ein Leben nach der Hausarbeit?), in dem er berichtet, wie Reinigungstechniken rationalisiert werden können. Er empfiehlt natürlich Produkte, wie sie Gebäudereiniger benutzen. Das spricht perfektionistische Messies besonders an. Doch treffen wir eine Vereinbarung: Benutzen Sie am Anfang ganz normale Produkte, die Sie in jedem Supermarkt finden, bis Ihr Haus einigermaßen vorzeigbar aussieht. Dann können Sie immer noch hin und wieder auf solche professionellen Mittel zurückgreifen, wenn Ihnen das notwendig erscheint.

Nun kommen wir zu den Fenstern. Glänzende Fensterscheiben verleihen jedem Haus einen besonderen Charme. Wenn Sie

124

viele Fenster haben, ist es zu umständlich, mit Sprühflaschen und Papiertüchern zu hantieren. Hier können Sie auf die Methode der berufsmäßigen Fensterputzer zurückgreifen. Geben Sie einen Schuß Ammoniak und einen Spritzer Geschirrspülmittel in einen Eimer mit Wasser, und reinigen Sie mit Hilfe eines Schwamms Ihre Fenster. Dann reiben Sie die Flüssigkeit mit einem Abzieher vom Fenster, wie er auch für Autoscheiben benutzt wird. So werden Ihre Fenster im Nu in hellem Glanz erstrahlen – zumindest brauchen Sie weniger Zeit als für die herkömmliche Art der Reinigung.

Für die ganz schwierigen Arbeiten nehmen Sie Hilfe in Anspruch. Dienstmädchen gehören der Vergangenheit an. Aber es gibt heute Putzfrauen, die man anstellen kann. Wenn es etwas gibt, das Sie nicht tun, nicht tun wollen, sich aber deswegen schuldig fühlen, nehmen Sie Hilfe in Anspruch.

Was jederzeit
getan werden kann,
wird nie
getan.

Englisches Sprichwort

Bevor wir dieses Thema abschließen, gehen wir noch einmal einen Schritt zurück. Im allgemeinen ist das Saubermachen nicht unser eigentliches Problem. Es ist wichtig und hat seinen Platz, aber das große Problem der Messies ist die Kontrolle über den Haushalt.

Was hält Sie davon ab, Ihr Haus richtig sauber zu bekommen? Kreuzen Sie an, was auf Sie zutreffen könnte.
– Ich verlege die Reinigungsmittel und finde sie dann nicht wieder.
– Es ist einfach ungerecht – meine Familie sollte mich mehr unterstützen.

– Es ist mir nicht so wichtig, ich kann meine Zeit besser nutzen.
– Ich weiß nicht so recht, wie ich das machen soll.
– Ich weiß nicht, welche Produkte die besten sind.
– Reinigungsmittel sind zu teuer.
– Mir fehlt die richtige Ausstattung (Mop, Schwämme, Staubsauger etc.).
– Anderes _____

_____

_____

Welche Veränderungen würden Ihnen die Reinigungsarbeit erleichtern?

1. _____

2. _____

3. _____

4. _____

5. _____

6. _____

7. _____

8. _____

9. _____

10. _____

11. _____

12. _____

13. _____

14. _____

15. _____

11. Was ich tat, als mein Leben sich wieder halbwegs normalisierte

Messies sind schrecklich geduldige Menschen – mit Betonung auf geduldig. Wir leben in einem Haus, das unserer persönlichen Würde ins Gesicht schlägt und in dem wenige Menschen sich länger als zehn Minuten aufhalten würden. Wir haben diese beschwerliche Lebensweise so lange ertragen, daß wir das damit verbundene Unbehagen gar nicht mehr spüren. Das ist so, als wenn wir einen Stein im Schuh haben: Wir merken erst, wie sehr er uns geschmerzt hat, wenn wir ihn los sind.

Dieses Kapitel will unsere Aufmerksamkeit auf die kleinen Steine richten, die uns wehtun.

Als ich mich an die Mount-Vernon-Methode gewöhnt hatte, begann sich ein Anflug von organisatorischer Normalität in den Windmühlen meines Geistes einzustellen. Wohl wurde das Haus deutlich ansehnlicher, als ich nach und nach den ganzen Plunder loswurde, aber ich merkte dann, daß ich nicht wußte, was ich mit den Dingen tun sollte, die ich aufheben wollte. Sie einfach irgendwo hinzulegen, mißfiel mir immer mehr.

Das Chaos im Haus begann sich zu lichten, und auch in meinem Geist wurde es lichter. Mir fielen einige Schwachpunkte ins Auge, die ich früher nicht bemerkt hatte. Die werde ich hier als Beispiele anführen. Wenn Ihnen beim Lesen die Schwachpunkte in Ihrem Haus einfallen, notieren Sie sie am Rand, so daß Sie sie später, wenn Sie Fragen beantworten sollen, wieder aufgreifen können.

Badezimmer. Wenn Seife, Shampoo, Haarfestiger, Papiertücher usw. auf der Fensterbank oder dem Spülkasten über der Toilette herumstehen, sieht das immer unordentlich aus, und man kann diese Bereiche auch nicht saubermachen. Ich trennte mich von

127

einigen Cremedosen, Pudern und Schaumbädern, die ich nie benutzte, und stellte den Rest auf eine an der Wand der Duschkabine angebrachte Abstellvorrichtung, an der auch Haken für Waschlappen befestigt sind.

Übrigens hebe ich auch keine Seifenreste mehr auf. Ich drücke sie nicht mehr zusammen, damit sie später noch mal benutzt werden können. Ich quetsche sie nicht mehr in einen Seifenspender und verdünne sie mit Wasser, um Flüssigseife daraus zu machen. Ich drücke sie auch nicht zu Experimentierzwecken in ein Loch im Schwamm. In unserem Haus gibt es keine alten Seifenreste mehr. Wenn wir ein neues Stück Seife in Gebrauch nehmen, wandert der alte Rest in den Mülleimer. Die paar gesparten Pfennige wiegen nicht die Unannehmlichkeit auf, die man mit solchen Seifenresten hat. Jetzt habe ich ein Seifenstück für die Badewanne und einen Seifenspender für das Waschbecken. Die Fensterbank ist vollkommen leer, und auf dem Spülkasten steht lediglich ein Karton Papiertücher. Diese Flächen lassen sich jetzt ganz leicht abwischen, und sie sehen gut aus.

Leere ist wunderschön – zumindest im Bad. Das Leben wurde einfacher und angenehmer.

Wäscheschrank. Den Inhalt des Wäscheschrankes teilte ich in Kategorien ein (Vorhänge, Haken und Ringe etc.) und verstaute die Dinge in durchsichtige Plastikschuhschachteln. Ich beschriftete jede Schachtel und stapelte sie auf die Regale.

Die Kopfkissenbezüge legte ich in eine niedrige Plastikwanne und beschriftete sie mit Etiketten, wie sie für Aktenordner benutzt werden. So sah ich auf einen Blick, was in der Wanne war. Dasselbe tat ich mit Vorhängen. Laken und Bettbezüge kamen in eine größere Plastikwanne.

Ich kaufte auch eine Wandhalterung für das Bügeleisen sowie Haken für die Fliegenklatsche oder den Lockenstab. Auch der Besen wurde an einen Haken gehängt – und jetzt ist der Schrankboden frei.

Weihnachtsschmuck. Wir hatten jedes Jahr eine andere Weihnachtsdekoration. In einem Jahr fand ich eine Schachtel mit

Weihnachtsschmuck, im nächsten Jahr eine andere. Wir besaßen drei Christbaumständer, die an verschiedenen Stellen lagerten. Wenn nicht rechtzeitig zu Weihnachten einer aus seinem Versteck auftauchte, hatten wir einen neuen gekauft. Das war, bevor ich eine besondere Kiste für Christbaumschmuck einführte. Sie ist groß und rot und mit Bildern von Weihnachtsschmuck verziert. Sie ist jedenfalls nicht zu übersehen. Innen ist sie in Segmente aufgeteilt, in denen sich unser Weihnachtsschmuck befindet. Der Türkranz und der Christbaumständer stehen direkt neben der Kiste auf dem obersten Schrankregal. Jetzt sind wir für jedes Weihnachtsfest gerüstet!

Schuhe. Meine Schuhe lagen in einem völligen Durcheinander im Kleiderschrank. Aber mir fehlte die Geduld, mich jedesmal in den Schrank zu beugen, und jeden Schuh an seinen Platz zu stellen. Ich besaß auch mehr Schuhe als Gestelle dafür, und so lagen viele übereinander. Außerdem lagerte sich natürlich eine dicke Staubschicht auf ihnen ab. Die Lösung: Ich behalte die Schuhschachteln und stapele sie mitsamt den Schuhen in den Schrank. So brauchte ich nicht mehr ins Innere des Schrankes zu kriechen, um die Schuhe auf die Gestelle zu plazieren. Auch die Handtaschen stehen auf einem Regalbrett.

Freunde, meine Lebensqualität begann sich merklich zu bessern. Kleine Veränderungen haben eine große Auswirkung.

Schmuck. Die Schmuckschatulle aus meiner Schulzeit war viel zu klein geworden. Ich besaß sie schon fünfundzwanzig Jahre und hing irgendwie an ihr. Ich war es nicht gewöhnt, Geld für Organisationszwecke auszugeben, und so schien mir der Preis für eine größere Schmuckschatulle zu hoch. Statt dessen wünschte ich mir von meinem Mann zu Weihnachten eine solche Schatulle und bekam sie auch. Ein weiteres Problem war gelöst.

Nachthemden. Meine Nachthemden und der Morgenmantel hingen an kleinen Haken an der Schrankrückwand, was sehr unpraktisch war, weil es dort nicht genügend Haken gab. Ich mußte mich erst durch meine Kleider hindurchwühlen, um die Nachthemden dort aufzuhängen und herauszuholen, und die Haken waren so klein, daß die Nachthemden bald in einem Haufen am Boden lagen. Manchmal gab ich auf und legte sie einfach ans Fußende des Bettes. Eine Hutablage schaffte hier Abhilfe. An der Verbindungstür zwischen Schlafzimmer und Bad brachte ich eine Hutablage aus Plastik an. Sie hatte auch ungefähr zehn große Knäufe, genug, um viele Kleidungsstücke übersichtlich aufzuhängen. Das erwies sich als eine sehr gute Lösung.

Steckdosen. Ich brauchte einmal drei Steckdosen und hatte nur zwei. So mußte ich einen Stecker immer wieder herausziehen, um einen anderen hineinzustecken – ein unnötig umständliches Verfahren. Ich kaufte eine Vierfachsteckdose und habe in diesem Bereich nun keine Probleme mehr.

Verschiedene Verbesserungen. Und so ging es weiter. Im Verlauf der Umorganisation mit Hilfe der Mount-Vernon-Methode begann ich einen Bereich nach dem anderen zu entdecken, der mich früher entmutigt hatte, einfach, weil ich keinen Versuch unternahm, chronische Probleme zu lösen.

Messergestell. Messer in Schubladen machen sich gegenseitig stumpf, und man kann auch nicht so leicht an sie herankommen. Ich habe ein magnetisches Messergestell gekauft und bewahre meine Messer nun neben dem Herd auf.

Dosenöffner. Der Dosenöffner war stumpf geworden. Das Öffnen einer Dose wurde zu einer kniffligen Sache. Der Schneideprozeß wurde dauernd unterbrochen, und wir mußten den halbgeöffneten Deckel immer wieder bearbeiten – und das trug nicht gerade zur Hebung unserer Stimmung bei. Als ich schließlich begriff, was ich mir da antat, kaufte ich einen neuen Dosenöffner und warf in diesem Zuge auch gleich das Ding weg, das aus Melonen Kügelchen schneiden soll, und ähnlich unnütze Gegenstände.

Persönliche Werkzeuge. Ich weiß nicht, ob die Männer in meiner Familie eine Übersicht über ihren Werkzeugbestand haben, ich jedenfalls nicht. Ich war es leid, ein bestimmtes Werkzeug nicht zu finden, wenn ich es brauchte, und so kaufte ich in einem Kaufhaus ganz günstig einen Satz Schraubenzieher für mich allein. Ich bewahre sie in einer Schublade meiner Frisierkommode auf und habe sie nun immer zur Hand, wenn ich sie benötige. Das ist ein Beispiel für kreative Problemlösung.

Und so ging es weiter. Ich kaufte zwei Wäschekörbe, einen hellen für helle und einen dunklen für dunkle Wäsche. So ließ sich die Wäsche leichter sortieren. Ich beschaffte eine runde Halterung für Gürtel, und so lagen auch die nicht überall herum. Meine Tischtücher hängte ich auf ein versetzt angeordnetes Hängesystem für Röcke.

Es dauerte allerdings geraume Zeit, bis mir diese Problembereiche nacheinander ins Auge fielen und ich solche Lösungsmöglichkeiten erdachte.

Wenn Sie auf diese Weise auf all die Bereiche in Ihrem Haushalt aufmerksam werden, wo Sie bislang nur Frustrationen erlebt haben, können Sie anfangen, einen Stein nach dem anderen aus dem Schuh zu entfernen, und Sie werden merken – das ist ein wunderbares Gefühl!

1. Gibt es in Ihrem Schlafzimmer schmerzende Steine? Welche Löung bietet sich für diese Problembereiche an?

Stein   **Lösung**

_____   _____

_____   _____

_____   _____

_____   _____

2. Gibt es Steine in Ihrem Badezimmer?

Stein   **Lösung**

_____   _____

_____   _____

_____   _____

3. Gibt es Steine in der Küche?

Stein   Lösung

_____   _____

_____   _____

_____   _____

_____   _____

4. Gibt es im Kinderzimmer Steine?

Stein   Lösung

_____   _____

_____   _____

_____   _____

_____   _____

5. Gibt es Steine im Wohn- oder Arbeitszimmer?

Stein   Lösung

_____   _____

_____   _____

_____   _____

6. Gibt es Steine im Keller?

Stein   Lösung

_____   _____

_____   _____

_____   _____

7. Gibt es in der Garage Steine?

Stein   Lösung

_____   _____

_____   _____

_____   _____

8. Gibt es Steine im Dachgeschoß?

Stein   Lösung

_____   _____

_____   _____

_____   _____

9. Gibt es noch andere frustrierende Schwachpunkte in Ihrem Haus/Ihrer Wohnung?
Suchen Sie auch hier nach einer Lösungsmöglichkeit.

Stein   Lösung

_____   _____

_____   _____

Supertips

Reise

1. Heben Sie für kleine Mengen Handcreme, Aspirin, Gelshampoo oder sogar Zahnpasta Ihre Filmdöschen aus Plastik auf (die Sie ohnehin nur ungern wegwerfen). Tränken Sie Wattebäusche mit Flüssigkeiten wie Parfum oder Gesichtswasser und stecken Sie auch die in Filmdosen, statt zerbrechliche und auslaufende Flaschen mit sich herumzuschleppen. Auch Ohrringe oder Ringe können Sie so unterbrimgen. Beschriften Sie die Dosen mit Hilfe von Klebeband oder selbstklebenden Etiketten.

2. Kaufen Sie Probepackungen von Produkten, die Sie oft benutzen, wie Zahnpasta, Deodorant und Shampoo. Heben Sie die gleich im Koffer auf.

3. Sie werden überrascht sein, wie oft Sie auf Reisen eine Schere, Klebstreifen oder andere Büroutensilien brauchen. In einer kleinen „Schreibtischschachtel" können Sie solche Dinge in Kleinformat mitnehmen – Klebstreifen, Schere, Hefter mit Klammern, Maßband, Klebstoff, Lineal usw. So haben Sie auch auf der Reise alles zur Hand.

4. Überlegen Sie zweimal, bevor Sie ein Souvenir kaufen. Und wenn, kaufen Sie kleine Dinge, die nicht viel Platz brauchen, wie Briefmarken oder Drucke. Oder Nützliches wie abwaschbare Tischsets oder Geschirrtücher. Kaufen Sie Postkarten, und schreiben Sie sie an Freunde, wenn Sie sie zu Hause lange genug angeschaut haben.

5. Statt Souvenirs zu kaufen empfiehlt es sich, ein Tagebuch zu führen. Schreiben Sie jeden Tag auf, was Sie erlebt haben und wo sie waren. Notieren Sie Ihre Eindrücke von Sehenswürdigkeiten, beschreiben Sie Menschen, denen Sie begegnet sind, und Spezialitäten, die Sie probiert haben. Das ist billiger, platzsparender und persönlicher als eine Rückenbürste mit der Aufschrift „Andenken an den Grand Canyon" (made in Japan).

6. Stellen Sie Ihre Kleidung für die Reise so zusammen, daß die Einzelteile farblich aufeinander abgestimmt sind, untereinander kombiniert und mit Tüchern und Schmuck „aufgepeppt" werden können. Wählen Sie solche Stücke, die man nach dem Waschen tragen kann, ohne sie erst bügeln zu müssen.

7. Packen Sie schwere Gegenstände wie Schuhe oder Fön auf den Kofferboden an die Scharnierseite. Wenn Sie den Koffer aufheben, können sie nicht herunterrutschen und Ihre Kleidung zerknittern. Wickeln Sie Schmuckstücke in Socken oder Unterwäsche und stecken Sie sie in Schuhe. Rollen Sie weiche Kleidungsstücke wie Pyjamas oder Wäsche zusammen und stopfen Sie damit die „Lücken" der unteren Schicht. Danach falten Sie die größeren Kleidungsstücke und legen sie obenauf. Befestigen Sie den Inhalt mit Kofferriemen und füllen Sie Leerräume mit Accessoires oder Papiertaschentüchern. Wenn Ihr Koffer auf diese Weise gepackt ist, wird die Kleidung nicht mehr so sehr hin und her rutschen und dabei zerknittern.

8. Zwanzig Dinge, die Sie nicht vergessen dürfen:

* Reisewecker   * Schweizer Taschenmesser
* Nähetui   * Brille
* Taschenrechner   * kleine faltbare Tragetasche
* Reisefön   * Reisetagebuch
* Adapter für Steckdosen   * Reiseführer/Landkarten

* Persönliche Medikamente	* Schreibutensilien
* Knirps	* Handwaschmittel
* Zusammenfaltbarer Regenmantel	* Sportausrüstung
* Plastiktüten	* Kosmetik/Spiegel
* Wäscheklammern	* Reisedokument

Supertips

Gäste

1. Vermeiden Sie grelles Licht. Kerzenlicht schafft eine romantische Stimmung, wirkt elegant und bedeckt eine Menge Sünden.

2. Verlassen Sie sich auf Ihr Gefriergerät. Wenn Sie gerade Zeit und Lust haben, kochen Sie die doppelte Menge eines Gerichts, das sich gut einfrieren läßt. Die Hälfte essen Sie jetzt, und den Rest heben Sie für eine bevorstehende Einladung auf. Das Gefriergerät eignet sich auch hervorragend, um einen Vorrat an Plätzchen, Kuchen und Nachspeisen für unerwartete Gäste anzulegen.

3. Laden Sie einmal nur zum Dessert ein. Sie können sich ebensogut unterhalten wie zu anderen Gelegenheiten, und Sie ersparen sich eine Menge Vorbereitungszeit und schmutziges Geschirr.

4. Versuchen Sie außerdem, die Vorbereitung der Mahlzeit möglichst unkompliziert zu gestalten. Machen Sie ein Salatbuffet und servieren Sie dazu Brot mit Butter. Oder Sie backen Kartoffeln im Ofen und reichen sie mit einer Auswahl von verschiedenen Beilagen: saure Sahne, geraspelter Käse, Schinken und Speck und Brokkoligemüse. Abgesehen von der einfachen Vorbereitung lassen sich die Reste eines solchen Essens gut wiederverwerten.

5. Laden Sie Leute in deren eigenem Haus ein. Das heißt, Sie bringen das Essen mit (das möglichst unkompliziert sein soll), und jemand anders muß den Teppich saugen und die Zeitungen unterm Sofa verstecken.

6. Nutzen Sie die Vielfalt der Papier- und Plastikprodukte auf dem Markt. Sie finden alle möglichen Papierteller, Tassen und Becher (in einer unglaublichen Vielfalt von Mustern und Farben). Das sieht festlich aus und wandert nach dem Essen in den Mülleimer. (Sparsame Messies mögen Blut und Wasser schwitzen bei dem Gedanken daran, daß sie gutes und brauchbares Plastikbesteck wegwerfen sollen – dann heben Sie sie eben auf, aber werfen Sie wenigstens Tassen und Teller fort!)

7. Und schließlich und endlich: Machen Sie Kleinigkeiten nicht zu einem Riesenproblem. Es braucht ein wenig Zeit, bis Sie sich an ein geordnetes Haus gewöhnen, in dem Sie und Ihre Gäste sich entspannen und das Leben genießen können. Versuchen Sie daran zu denken, daß eine gute Gastgeberin sich nicht dadurch auszeichnet, daß sie den „Weißen Handschuh-Test" besteht. Entscheidend ist, daß es ihr gelingt, daß sich ihre Gäste und ihre Familie *willkommen* und behaglich fühlen.

12. Wenn man tanzen will, muß man für die Musik bezahlen

Meine Freundin war eine Messie, ohne daß es ihr bewußt war. Sie hatte ein vages, nagendes Gefühl, daß es in ihrem Haus irgendwie ungemütlich war. Sie war voller Bewunderung für die wunderschönen Häuser ihrer Enkel. Doch sie glaubte, es läge daran, daß diese eben einen besseren Geschmack hätten als sie.

In ihrem Wohnzimmer standen Sportgeräte, ihre zwei Sofas, drei Stühle und zu viele Tische. Ein Muttertagsteller stand auf der Küchentheke, dazu ein Tablett mit Briefen, Bilder und Stapel von Rabattmarken. Und doch war sie auf ihre Weise ordentlich und organisiert. Die Zeitungsausschnitte lagen alle auf einem Stoß, so daß sie sie finden konnte, die Bücher standen auf Regalen, und manche Regale waren gar mit Plastikfolie bedeckt, um die Bücher zu schonen, die Zeitschriftenstapel lagen alle auf dem Wohnzimmertisch. Sie hatte zwei große Kleiderschränke und zwei Bäder voll mit Puderdosen, Salben, Ölen, Cremetöpfen, Antiseptika und was noch alles. Sie konnte immer alles finden.

„Mein Haus ist in einem so chaotischen Zustand", sagte sie. „Ich mag gar nicht mehr heimgehen."

„Was würdest du tun, um den Zustand deines Hauses zu verbessern, wenn du es könntest?" fragte ich sie.

„Nun, das Sofa muß ersetzt werden. Ich habe es schon so lange, und es sieht schäbig aus. Mein Boden läßt sich so schwer reinigen. Er müßte gekachelt werden, damit er schöner aussieht." Die Wahrheit ist jedoch, daß das Haus immer noch denselben Eindruck machen würde, auch wenn sie das Sofa durch ein neues ersetzt und den Boden fliesen läßt.

Ich verstehe sie vollkommen. Als mein Haus im Chaos versank, konnte ich auch kaum ausmachen, wo denn eigentlich das Problem lag. Ich glaubte, ich brauche einen Innenarchitekten, aber ich wußte gar nicht, was der eigentlich tun sollte. Die Häuser und Wohnungen von Messies *sind kein schöner Anblick,* aber das Problem liegt nicht bei den einzelnen Möbeln, Tapeten oder Böden. Erst wenn der ganze Plunder, der das Haus verstopft, entfernt wird, kann Schönheit einziehen. Es liegt nicht daran, wie viele Sofas Sie ersetzen.

Doch es gibt tatsächlich noch eine andere Seite der Medaille. Als ich schließlich daranging, in meinem Haus und in meinem Geist aufzuräumen, machte ich eine bemerkenswerte Entdeckung – mein Haus war *tatsächlich* häßlich.

Die Wände waren grün, der Teppich aquamarinblau, die Eßzimmerstühle waren mit burgunderrotem Stoff bezogen und, um dem Ganzen die Krone aufzusetzen, hatten wir hie und da ein orangefarbenes Dekoobjekt stehen, da Orange die Lieblingsfarbe meines Mannes war. Dabei hatte ich jedes Stück mit äußerster Sorgfalt ausgewählt, aber der Gesamteindruck war trotzdem furchtbar. Ich besaß zwei Sofas, einen mit Kunststoff bezogenen Lehnstuhl und einen selbstgebauten Geschirrschrank, an dessen einer Schublade sich bereits der Boden löste (aber das merkte man erst, wenn man die Schublade aufmachte). Wir hatten auch einige kleine Tischchen und ein Stereogerät, das allerdings nicht funktionierte. Die Lampen sahen schon ziemlich schäbig aus. Ich beschreibe hier solche Scheußlichkeiten, aber bevor sich das Chaos lichtete, war mir gar nicht aufgefallen, wie häßlich das alles war. Mein Haus schrie förmlich nach Schönheit. Und langsam, aber sicher stellte sie sich auch ein. Aber da gab es noch verschiedene Hindernisse.

Da Messies sparsam und kreativ sind, geben sie nicht gerne Geld für den Haushalt aus. Ich überlegte, ob ich den selbstgebauten Geschirrschrank anstreichen sollte (und hatte auch schon Farbe gekauft, mit deren Hilfe ich ihn wie ein antikes Möbelstück aussehen lassen wollte). Ich hatte auch die originelle Idee, den Schrank mit chinesischen Zeitungen zu bekleben und mit einer Lackschicht zu überziehen. Doch diese Idee scheiterte, weil ich keine chinesischen Zeitungen auftreiben konnte. Ich beschwerte mich bei der Lampenfirma über die Lampen. Sie drückten mir schriftlich ihr Bedauern aus.

Aus einem Schweineohr kann man keine seidene Geldbörse machen. Das Schweineohr hatte ich, aber seidene Geldbörsen kosten Geld. Mein großer Durchbruch kam, als ich mich endlich dazu durchringen konnte, Geld für das Haus auszugeben. Seit den sechs Jahren, als mein Veränderungsprozeß begann, habe ich verschiedene Dinge ersetzt. Ich habe sorgfältige Preisvergleiche angestellt und mir mit der Auswahl Zeit gelassen, da mein Geschmack offensichtlich noch ziemlich zu wünschen übrigläßt.

Zu Weihnachten wünschte ich mir einen neuen Schrank für das Porzellan – und bekam ihn auch. Den selbstgebauten Geschirrschrank rangierte ich aus. Die beiden Sofas, die so praktisch für Übernachtungsgäste waren, wurden durch ein wunderschönes Schlafsofa ersetzt. Statt des aquamarinblauen Teppichs haben wir nun malvenfarbigen Teppichboden. In Küche und Eßzimmer ließen wir dazu passende Fliesen in Rosa, Grau und Beige legen, die wie Marmor aussahen. Die Wände strichen wir beige. Ich werde Sie nicht mit weiteren Einzelheiten langweilen. Aber der Anblick unseres Hauses ist kein Vergleich zu früher.

Erst wenn der ganze Plunder, der das Haus verstopft, entfernt wird, kann Schönheit einziehen.

Aber was ist mit dem Geld? Solche Veränderungen kosten doch ein kleines Vermögen!

Ich hatte schon immer die schönen Häuser von Familien bewundert, die ein ähnliches Einkommen hatten wie wir. Wo nahmen sie nur das Geld her?

Zunächst einmal war es ihnen wichtig, in einem schön gestalteten Haus zu leben, und daher waren sie auch bereit, Geld dafür auszugeben. Messies können gut und gerne einmal dreißig Mark für ein Buch oder einen kunsthandwerklichen Gegenstand ausgeben, aber sie scheuen sich, dieselbe Summe für ihr Haus anzulegen. Persönliche Ausgaben (Privatschulen, Zeltlager, Urlaub, Telefon) oder Ausgaben für intellektuelle, kulturelle und kreative Vorlieben wie Theater, Volkshochschulkurse, Bücher, CDs und Materialien für Kunst oder Musik haben für Messies Vorrang. Im Vergleich dazu erscheint ein hölzernes Möbelstück so vergänglich. Warum ein neues Sofa kaufen, wenn das alte noch ganz gut ist? Für meine Nachbarn hatte ein schönes Haus Vorrang, und obwohl ich das auch für mich in Anspruch nahm, entsprach es nicht den Tatsachen.

Das, was ich „magnetische Zielsetzung" nenne, ist der zweite Grund, weshalb solche Leute schöne Häuser haben. Wenn sich eine Frau wirklich das Ziel setzt, ihr Haus schön zu gestalten, wird sie sozusagen von selber die Ideen, das Geld und selbst die Einrichtungsgegenstände anziehen. Das ist keineswegs etwas Übernatürliches; es ist vielmehr der natürliche Weg, den Gedanken nehmen. Es ist nicht geheimnisvoll, wenn man weiß, warum und wie es funktioniert, aber es ist doch erstaunlich zu beobachten. An dieser Stelle genügt es zu sagen, daß, wenn Sie einmal auf der Suche nach Schönheit sind, werden Ihnen Sonderangebote ins Auge fallen, die Sie vorher übersehen hätten. Freunde werden Ihnen helfen, die Dinge zu finden, nach denen Sie Ausschau halten. Sie werden Gelder auftreiben, die Sie früher anderweitig verplempert hätten, und Sie werden auch merken, wie sich Ihr Geschmack entwickelt. Vielleicht werden Sie, wie Edith Schaeffer es in Ihrem Buch *The Hidden Art of Homemaking* (Die verborgene Kunst der Haushaltsführung) beschreibt, ganz einzigartige und ungewöhnliche Möglichkeiten der Gestaltung entdecken.

In meinem Fall hatte ein Freund, der Zimmermann ist, eine Woche frei und bot uns an, uns beim Verlegen der Fliesen zu helfen. Am Ende der Woche hatte er außerdem noch die Decke und die Wände des Wohnzimmers, Eßzimmers und der Küche gestrichen und alle Materialien sehr preisgünstig erstanden. Das Sofa und der Teppich waren beide im Sonderangebot. Die Küchenschränke, die ich noch gar nicht erwähnt habe, ergatterten wir bei einem Fabrikverkauf. Das beigefarbene Spitzentischtuch, das ich über die rosa Tischdecke im Eßzimmer legte, erstand ich in einem nachweihnachtlichen Ausverkauf.

Es gab natürlich auch Pannen und Fehler, und ich will hier nicht den Eindruck erwecken, als würde ich immer nur günstige Einkäufe tätigen. Dazu habe ich gar nicht die Zeit. Ich habe keinen großen Blick für Stil, und es fällt mir schwer, einen guten Geschmack zu entwickeln. Wenn man jedoch genau weiß, was man will, stolpert man öfters darüber, als man annehmen sollte. Es braucht Zeit, aber es geschieht. Wenn es bei mir funktioniert hat, klappt es bei jedem.

Wenn Sie einmal auf der Suche nach Schönheit sind, werden Ihnen Sonderangebote ins Auge fallen, die Sie vorher übersehen hätten.

140

Nehmen wir einmal an, Sie hätten genügend Geld: Nennen Sie drei – und nur drei – Bereiche in Ihrem Haus (Wohnung, Zimmer oder was immer), deren Verschönerung größere Ausgaben erfordern.

_____   _____

_____   _____

_____   _____

Nun schreiben Sie ein A neben die Veränderung, die sich am positivsten auf Ihr Haus auswirken würde, ein B neben die nächstwichtige und ein C neben die drittwichtigste. Auf der rechten Seite notieren Sie die jeweiligen Kosten.

Zeichnen Sie einen Stern neben die Veränderung, die am ehesten im Bereich Ihrer Möglichkeiten liegt.

Supertips

Weihnachten

1. Hier ein Tip, der das Herz jedes sentimentalen Messies erwärmen wird: Hängen Sie den silbernen Babylöffel Ihres Kindes, seine ersten Schühchen oder ein kleines Spielzeug an den Christbaum. Schmücken Sie die Gegenstände mit Grünzeug und Schleifen, und schreiben Sie das Datum darauf. Über die Jahre werden diese Dinge zu Erbstücken werden, und eine Messie hat eine gute Verwendung für Ihre gesammelten Schätze. Aber hängen Sie nicht jedes Jahr die ganze Babygarderobe an den Weihnachtsbaum – ein paar Erinnerungsstücke genügen vollkommen.

2. Wenn Sie nach den Ferien den Weihnachtsschmuck wegräumen, schreiben Sie Ihre geheimen Träume und Ziele für das kommende Jahr auf, und stecken Sie den Zettel in einen Umschlag. Lassen Sie die anderen Familienmitglieder es ebenso

141

machen. Verschließen Sie die Umschläge, ohne die Aufzeichnungen der anderen zu lesen, und beschriften Sie sie. Wenn Sie im nächsten Jahr die Weihnachtskiste hervorholen, können Sie sich im Familienkreis darüber austauschen, wie das vergangene Jahr verlaufen ist. Dann schmieden Sie wiederum Pläne für das neue Jahr und legen sie in einem verschlossenen Umschlag in die Kiste. Was für ein Gesprächsstoff über die Ferien!

3. Heben Sie Ihren Weihnachtsschmuck in einer großen Kiste auf, die bereits in Fächer aufgeteilt ist. So brauchen Sie nicht lauter kleine Schachteln.

4. Werfen Sie kaputten Weihnachtsschmuck fort: zerfranste Lichterketten, alte Glühbirnen, zu kurzes Lametta und alles andere, was kaputt ist. Diese Dinge brauchen nur unnötig Platz und sind auch eine zusätzliche Brandgefahr.

5. Reservieren Sie einen Teil Ihres Notizbuches für Geschenke. Notieren Sie, wenn Sie Geschenke kaufen und Dinge verschenken. Verzeichnen Sie im Laufe des Jahres Ihre Einkäufe auf einer Seite des Notizbuches. Auf diese Weise behalten Sie den Überblick. Streichen Sie die Dinge aus, die Sie bereits verschenkt haben. Auf eine Seite notieren Sie auch Ideen für Geschenke. Wenn Sie „das perfekte Geschenk" für jemanden sehen, notieren Sie sich die Idee und wo Sie das Geschenk gesehen haben – den Namen des Geschäftes oder den Katalog. Auch Ihre Weihnachtslisten gehören in diesen Teil des Notizbuches. Auf eine Seite eines Blattes schreiben Sie Ihre Geschenkliste, auf die andere die Kartenliste. Nehmen Sie das Blatt zum Einkaufen mit, aber ordnen Sie es danach wieder in Ihr Notizbuch ein. Diese Listen sind von unschätzbarem Wert, wenn Sie von Jahr zu Jahr versuchen, sich daran zu erinnern, was Sie Ihrem Neffen in Alaska schon geschenkt haben. So haben Sie viele Informationen auf kleinstem Raum!

6. Wäre es nicht eine gute Idee, alle Geschenke für die Familienmitglieder in braunes Packpapier einzuwickeln? Um die

142

Geschenke für die einzelnen zu unterscheiden, verschnüren Sie die Pakete mit Wolle oder Garnen in unterschiedlichen Farben (in jedem Messie-Haushalt gibt es mindestens eine Schachtel mit halbfertig gestrickten Handschuhen und Pullis). Abgesehen davon, daß es billig ist, kann auch niemand vorher „spicken", da ja niemand seine Farbe kennt.

7. Widerstehen Sie der Versuchung, alte Weihnachtskarten aufzuheben. (Das tut weh, nicht wahr?)

Supertips

Geschenke

1. Halten Sie, wenn Sie einkaufen gehen, die Augen offen für gute „Schnäppchen", die jeder (Mann, Frau, Junge und Alte) gebrauchen kann, wie Bilderrahmen, Fotoalben, Kerzen, besondere Tees und Marmeladen, schönes Briefpapier.

2. Werfen Sie auch einmal einen Blick in Kataloge von Versandhäusern. Bei Bestellungen aus Katalogen ersparen Sie sich viel Streß: Autofahren, einen Parkplatz finden, durch die Stadt laufen und die Dinge nach Hause transportieren. Es macht auch immer Freude, etwas mit der Post geschickt zu bekommen, selbst, wenn es nicht für Sie bestimmt ist. Sie können die Geschenke auch gleich an denjenigen schicken lassen, den Sie beschenken wollen, doch planen Sie genügend Zeit dafür ein. Heben Sie Ihre Kataloge auf einem bestimmten Regal oder in einer Schachtel auf, denn wenn Sie einmal auf einer Adressenliste landen, werden Sie gleich noch auf ein paar mehr gesetzt werden. Wenn der Inhalt eines Kataloges Ihnen nicht zusagt, werfen Sie ihn fort, ebenso Kataloge, die überholt sind.

3. Beschränken Sie sich auf zweierlei Geschenkpapier und Bänder. Wählen Sie solche Farben und Muster, die sich für Männer-

und Frauengeschenke und alle Gelegenheiten eignen – kräftige Farben, kleine Punkte, Streifen oder Karos. Wählen Sie Muster, die zu weißem Band passen. Kaufen Sie die schmalen Bänder, die sich kringeln lassen – das ist einfacher zu handhaben, und wenn Sie Schwierigkeiten haben, schöne Schleifen zu binden, können Sie immer noch ein paar Bänder am Päckchen befestigen und die Enden kringeln.

Ein Wort zur Warnung: Messies sind in der großen Gefahr, sich beim Kauf von Geschenken zu verzetteln – sie gehen in ein Dutzend Geschäfte, bis sie genau das finden, wonach sie gesucht haben, sie verbringen zuviel Zeit damit, Karte und Geschenkpapier aufeinander abzustimmen. Bevor Sie einen Laden betreten, sollten Sie genau wissen, was Sie wollen: Größe, Farbe etc. Rufen Sie unter Umständen vorher an, ob das Geschäft den betreffenden Artikel überhaupt im Sortiment hat und ob er auf Lager ist. Eine gute Idee sind auch Geschenkgutscheine. Machen Sie es sich so einfach und unkompliziert wie möglich, und vergessen Sie nicht, auch wenn es vielleicht wie ein Klischee klingt: Es ist der Gedanke, der zählt.

13. Noch mehr Tanz, Musik und Kosten

Nicht weit von der Unibibliothek, wo ich gerade jetzt sitze und schreibe, lebt eine Ente namens Joseph. Sie lebt in einem kleinen See, der sich inmitten des parkähnlichen tropischen Unigeländes befindet. Der See ist nicht sehr breit, aber lang. Joseph ist fett, er wird von den Studenten gefüttert, die am See ihre Frühstücksbrote verzehren. Enten, besonders fette Enten, sind unbeholfen an Land, aber beweglich im Wasser. Und doch will Joseph nicht schwimmen. Tag für Tag watschelt er mühsam um den ganzen See herum, statt die kurze Strecke hinüberzuschwimmen. Joseph kann schwimmen. Einmal, nach einem langen Wochenende ohne die Essensreste der Studenten, schwamm er in seiner Verzweiflung über den See, als ihm dort jemand ein Stück Brot hinhielt. Doch sonst wählt er eher den langsamen, beschwerlichen Weg der Fortbewegung, während die anderen Enten auf dem See schwimmen.

Warum Joseph sich so verhält, weiß ich nicht, genausowenig wie ich weiß, warum ich und andere Messies eine so beschwerliche Lebensweise wählen, wo es doch auch einfachere Möglichkeiten gibt.

Überlegen Sie, wie Sie sich das Leben erleichtern können. Machen Sie sich während des Lesens Notizen an den Rand, wenn Ihnen Ideen für Ihr Haus in den Sinn kommen. Im letzten Kapitel habe ich etliche Veränderungen erwähnt, die ich selbst vorgenommen habe. In diesem Kapitel werde ich Ihnen noch mehr von meinen eigenen Erfahrungen berichten, die Ihnen vielleicht Anregungen für Ihre eigene Situation geben.

Hilfe für ein kleines Haus

Die Häuser in Florida sind klein. Die meisten haben weder Keller noch Dachgeschoß und vielfach auch keine Garage. Obwohl mein Haus solide gebaut war, so daß es auch Wirbelstürmen standhielt, hatte es sehr wenig Stauraum. Jahrelang, selbst als ich dem chaotischen Lebensstil den Rücken gekehrt hatte, war ich, wie die Ente Joseph, nicht bereit, mich den Tatsachen zu stellen: Manches war einfach schwierig für mich, weil ich so wenig Platz hatte. Ich versuchte weiterhin, in einem vollgestopften Haus zu leben (mein Mann und ich haben auch unser Büro im Haus), indem ich meine Sachen auf noch engerem Raum und effektiver lagerte. Schließlich begriff ich aber doch, wie unmöglich das war, und entschied mich für einen Schuppen. Das war eine absolute Notwendigkeit, wenn ich endlich aufhören wollte, mühsam um den See herumzuwatscheln, und statt dessen damit beginnen wollte, in meinem Haus frei herumzuschwimmen.

Telefon

In unserem Haus war das Telefonieren ein einziges Chaos. Mein Mann machte sich bei Anrufen Notizen am Eßtisch, auf die Rückseite von Briefumschlägen und auf Papierfetzen. Die wurden in der Regel verlegt oder gerieten in einen Stapel auf der Fensterbank im Eßzimmer (eine unschöne Anordnung, die jedesmal herunterfiel, wenn der Vorhang auf- oder zugezogen wurde). Wie Joseph gingen wir den beschwerlichen Weg.

Ich weiß nicht mehr, wie lange es dauerte, bis ich einen Notizblock neben das Telefon legte. Auf jeden Fall kann ich Ihnen den nur wärmstens empfehlen.

Mein Block ist ca. 30 mal 15 cm groß. Jede Seite ist in vier Segmente unterteilt, die perforiert sind und sich leicht herausreißen lassen. Wenn Sie also jemandem eine Nachricht hinterlassen müssen, können Sie leicht einen Zettel abreißen.

Außerdem wird jede Notiz automatisch auf die darunterliegende gelbe kopiert. Und so funktioniert die Sache: Nehmen wir einmal an, ich erhalte einen Anruf von einem College für meinen Sohn, in dem man ihn bittet, seine Highschool zu veranlassen, einige Unterlagen an die Zulassungsstelle des College zu senden. Ich mache mir also die entsprechenden Notizen, reiße den Zettel ab und gebe ihn meinem Sohn, damit er ihn in die Schule mitnehmen kann. Er verliert den Zettel. Kein Grund zur Panik! Ich habe eine Kopie von der Notiz auf der gelben Seite des Telefonblocks. Sie werden nicht glauben, wie oft ich schon auf diese Durchschläge zurückgegriffen habe!

Auch die Telefonbücher stellten ein Problem dar. Wir telefonieren meistens im Eßzimmer neben der Küche. Miami hat zwei riesige Telefonbücher, außerdem haben wir noch Telefonlisten von Kirche und Schule. Das alles lag in einem Schrank in der Diele, also ein ganzes Stück vom Telefon entfernt. Das war sehr umständlich. Außerdem brauchte ich auch einen Platz für meinen Notizblock. Das Telefon stand in der Nähe der Küche, aber dort war keine Schublade für all diese Bücher. Nach den Grundsätzen der Anonymen Messies setzte ich mir als Ziel die Anschaffung eines Telefontischchens, und tatsächlich erblickte ich kurze Zeit später genau so ein Tischchen in einem Katalog und bestellte es gleich.

Ich brauche wohl nicht zu erwähnen, daß neben dem Block auch ein Stift liegen sollte, vorzugsweise ein Kugelschreiber, der am besten auf die Duplikatseite durchschreibt. Wenn dieser Kuli regelmäßig entwendet wird, befestigen Sie ihn mit einer Schnur am Tisch oder Telefon.

Zeit 🕑 Sparer

Telefonzeit

Kaufen Sie ein Verlängerungskabel für Ihr Telefon. Dann können Sie telefonieren und gleichzeitig kochen, eine Schublade zumachen, Gymnastik treiben, Staubwischen und ähnliches mehr. Schnurlose Telefone sind noch besser. Vergessen Sie nicht, eine Schulterstütze zu kaufen, damit Sie sich nicht zu sehr den Hals verrenken, während Sie den Hörer mit dem Kopf festhalten!

Der Minutenmessie
Keine leeren Hände

Nehmen Sie sich fest vor, daß Sie niemals ein Zimmer Ihres Hauses betreten oder verlassen, ohne sein Erscheinungsbild zu verbessern. Wenn Sie nur ein Spielzeug oder ein Buch wegräumen oder die Handtücher im Bad zurechtrücken, wird das schon den Gesamteindruck dieses Zimmers verbessern. Noch besser: Bewahren Sie Staubtücher an leicht zugänglichen, nicht sichtbaren Stellen auf. Und wenn Sie ein paarmal hinein- oder herausgegangen sind, haben Sie vielleicht schon ein Zimmer vom Staub befreit!

Machen Sie keine unnützen Wege. Nehmen Sie jedesmal, wenn Sie die Treppe hinaufgehen, etwas mit, was nach oben gehört. Dasselbe gilt auch für einen Gang in den Keller, die Garage, zum Auto oder Büro. Sehen Sie sich um, bevor Sie sich auf den Weg machen, und gehen Sie nicht mit leeren Händen.

Papiere ordnen

In meinem Buch *Ohne Chaos geht es auch* schreibe ich ein paar deutliche Worte über das Einordnen von Papierkram. An dieser Stelle möchte ich nicht viel mehr dazu sagen, außer daß man ein wenig Geld dafür ausgeben muß.

Sie brauchen eine Hängeregistratur – eine kleine mit zwei Fächern ist am besten, aber wenn Sie sie wirklich brauchen, kaufen Sie eine größere. Und das ist auch schon die größte Investition.

Sie brauchen zwei Halterungen für die Mappen – die nächstgrößere Investition.

Nun brauchen Sie noch kleinere Aktendeckel, die in die Mappen der Hängeregistratur hineinpassen. Die gibt es in den verschiedensten Farben – die nächstgrößte Investition.

Dazu kaufen Sie noch selbstklebende Etiketten, mit denen Sie diese Aktendeckel beschriften – und das ist nun keine große Ausgabe mehr.

All die oben genannten Dinge bekommen Sie in Schreibwarengeschäften oder Kaufhäusern.

Mit dem Einordnen gibt es zweierlei Probleme. Erstens, überhaupt unsere Papiere in der Registratur einzuordnen (und diese Arbeit schieben wir immer wieder vor uns her), und zweitens, sie wieder herauszuholen (d.h. die einmal eingeordneten Papiere leicht zu finden). Doch auch das ist kein Grund zur

Panik – ich habe für beide Probleme eine Lösung gefunden. Und beide sind ihren geringen Preis wert.

1. Hilfe zum Einordnen von Papierkram. Nehmen wir einmal an, Sie haben sich eine Hängeregistratur angeschafft und brennen nun darauf, sie endlich zu benutzen. Oder viele Ihrer Papiere sind bereits eingeordnet, aber nun stehen Sie vor der Aufgabe, Ihr neues Ablagesystem aufrechtzuerhalten. Oder Sie fangen an, Ihre Papiere einzuordnen, haben aber nicht genügend Zeit dafür. Sortieren Sie sie zumindest ein wenig vor. Dazu benötigen Sie eine Handregistratur mit mehreren Fächern (im Fachhandel ein „Vorordner" genannt). So ist die meiste Arbeit schon getan, wenn Sie darangehen, die Papiere in die Hängeregistratur einzuordnen – und Sie ersparen sich den Anblick des immer größer werdenden Stapels, der sich unweigerlich auftürmen wird, wenn Sie die Sachen nicht in den Vorordner einordnen. Übrigens reicht diese Handregistratur vielen Leuten für ihre Familienablage eines ganzen Jahres. Vielleicht versuchen Sie es auch erst einmal mit dieser Art der Ablage, bevor Sie sich eine Hängeregistratur anschaffen.

Dieser Vorordner, von dem ich spreche, ist nicht eine seitlich geschlossene Fächermappe im Ziehharmonikastil (Schriftenordner genannt).Viele Leute finden diesen Schriftenordner zu umständlich, da es oft nicht leicht ist, die Papiere aus den Fächern zu fischen. Der an beiden Seiten offene Vorordner funktioniert viel besser.

2. Hilfe zum Wiederfinden von Papieren. Messies haben auch deswegen einen Widerwillen gegen das Einordnen ihrer Papiere, weil sie Angst haben, ihre Unterlagen in der großen dunklen Registratur niemals wiederzufinden. Offen gesagt, ich vergesse immer wieder, in welche Rubriken meine Registratur eingeteilt ist. Sie wissen ja, daß Messies ein so schlechtes Gedächtnis haben, daß sie immer wieder ihren Organisationsplan vergessen.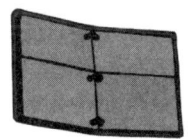

Um dieses Problem zu lösen, habe ich ein Erinnerungsbüchlein für die Ablage angelegt. Dazu verwende ich ein Flip-up-Fotoalbum. Auf jede Karteikarte, die ich in die Hüllen stecke, schreibe ich einen Buchstaben des Alphabets. Auf diese Karte schreibe ich die Rubriken aller Mappen, die mit diesem Buchstaben beginnen. Wenn ich mich dann nicht mehr erinnern kann, unter welcher Rubrik ich ein Schriftstück eingeordnet habe, werfe ich einen Blick in das Erinnerungsbüchlein, und werde so die betreffende Rubrik leichter finden.

Papiere aufbewahren

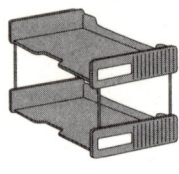

Sie brauchen auch stapelbare Ablagekörbe für den Papierkram, der Ihnen täglich ins Haus flattert. Diese Papiere, hauptsächlich Post, müssen ja irgendwo hingelegt werden. Sie können nicht einfach auf dem Eßzimmertisch liegen bleiben, oder? (Sie können vermutlich schon, aber das soll nun der Vergangenheit angehören.)

Jetzt versuchen Sie es einmal mit dieser Methode. Stellen Sie solche stapelbaren Ablagekörbe an einen leicht zugänglichen Platz. (Meine stehen auf dem Telefontisch im Eßzimmer.) Und beschriften Sie sie z. B. folgendermaßen:

Rechnungen – Was das bedeutet, wissen wir.
Zu erledigen – Hochzeitsgeschenk schicken etc.
Zu lesen – Zeitschriften und Kataloge
Verschiedenes – Auch diese Papiere sind hier besser aufgehoben als auf dem Eßzimmertisch. Die Tatsache, daß so wenig Platz in dem Fach ist, ist vielleicht eine Hilfe, diese Rubrik in Grenzen zu halten.

Beschriften Sie u. U. weitere Ablagekörbe nach Ihren eigenen Bedürfnissen.

Viele andere Tänze

Auch für viele andere Bereiche im Haus müssen wir noch Geld ausgeben, um uns das Leben zu erleichtern, oder einfach, um mehr Schönheit zu schaffen. Zum Beispiel für so einfache Dinge wie eine Halterung für die Küchenrolle oder Besteckeinlagen für die Schublade. Neben diesen organisatorischen und praktischen Anschaffungen machen wir auch Einkäufe, die unsere Wohnung verschönern, z. B. ein neuer Toilettensitz, elegante Knäufe für einen Schrank, oder wir ersetzen Dinge, die uns plötzlich schäbig vorkommen, jetzt, wo wir sie zum erstenmal bewußt wahrnehmen. Im Rückblick fällt mir auf, wie viele Dinge in unserem Haus geändert werden mußten, nach all den Jahren, in denen wir vieles auf eine so umständliche und mühsame Art gemacht hatten.

Wo gibt es in Ihrer Nähe ein gutes Schreibwarengeschäft?

_____

Wann könnten Sie dort hingehen? _____

_____

Sind Sie mit dem Bereich „Telefon" zufrieden?
Wenn nicht, nennen Sie Probleme und möglichen Lösungen.

Probleme   **mögliche Lösungen**

_____

_____

_____

Wie sortieren Sie Ihre Papiere ein?

_____

_____

Welche Verbesserung müssen Sie einführen?

_____

_____

Was wollen Sie mit Rechnungen, Post und anderen Papieren machen, die nicht mehr auf dem Eßzimmertisch liegen sollen?

_____

_____

Machen Sie eine Liste von Dingen, die Sie sich ansehen wollen, wenn Sie in dem Schreibwarengeschäft sind. Schauen Sie sich gründlich um, aber kaufen Sie nur das, was Sie wirklich brauchen, sonst füllen Sie Ihr Haus mit nur noch mehr Plunder. Schreibwarengeschäfte sind in dieser Hinsicht sehr verführerisch.

Supertips

Abstellkammer

Verlängerungskabel, Glühbirnen, Aufhängevorrichtungen für Bilder – all das gehört in die Abstellkammer. Ich habe eine tolle Lösung für dieses Problem gefunden: Ich habe ungefähr dreißig durchsichtige Plastikschuhschachteln, in denen ich solche Dinge unterbringe. Wenn Sie keine durchsichtigen Schachteln bekommen, nehmen sie gewöhnliche Schuhkartons. Als ich die Abstellkammer das erste Mal aufräumte, fand ich, daß man die Sachen in verschiedene Kategorien einteilen konnte. Ich besorgte also die Schachteln und beschriftete sie gut lesbar auf der Vorderseite. Dann füllte ich sie mit den Dingen, die in die jeweilige Kategorie paßten. Hier ein Beispiel:

- Schuhsachen (Schuhcreme, Schnürsenkel, Bürsten)
- Ersatzteile (Lichtschalter, Wandstecker usw.)
- Utensilien für Vorhänge (Ringe, Kugeln für die Kordel, Halterung für die Vorhangstange)
- Klebstreifen, Bänder und Schnüre
- Glühbirnen
- Seife, Zahnpasta und dergleichen

Um Schrubber und Besen unterzubringen, befestigen Sie Klemmschrauben oder Haken an der Wand. Auch Bügelbrett und Bügeleisen können mit Spezialhaltern an die Wand gehängt werden. Versuchen Sie, den Boden möglichst freizuhalten. Sie können dann leichter saubermachen, und es sieht auch ordentlicher aus.

Supertips

Kleiderschränke

Worin besteht das Problem mit den Kleiderschränken? Die meisten sind zu klein. Wenn Sie jedoch einmal einen Blick in Ihren Schrank werfen, werden Sie bemerken, daß es dort noch viel ungenutzten Platz gibt, in der Regel unter den Kleidern und über der Kleiderstange.

Eine Möglichkeit besteht darin, zwei Stangen übereinander anzubringen, um so den Platz im Schrank besser auszunutzen. Dazu muß die oberste Stange erhöht werden. Ellen, meine Cleanie-Freundin, entfernte sämtliche Holzbretter und Stangen aus ihrem Schrank und baute statt dessen Fächer aus mit Plastik bezogenem Maschendraht ein. Solche Schrankfächer haben drei Vorteile: Durch die Löcher im Draht können Sie gut erkennen, was sich auf dem obersten Fach befindet. Solche Fächer müssen auch nicht so oft gewischt werden wie feste Regalbretter. Der dritte Vorteil ist, daß Sie an diesen Drahtfächern Bügel in regelmäßigen Abständen aufhängen können.

Wenn Sie selbst kein handwerkliches Geschick haben, lassen Sie sich eine solche Vorrichtung vom Schreiner einbauen.

„Das ist mir momentan zu viel Aufwand", werden Sie vielleicht einwenden. „Ich möchte meinen Schrank jetzt nicht umbauen. Wie kann ich trotzdem mehr Ordnung hineinbringen?" Nehmen Sie einmal mich als Beispiel. Wenn ich erst zu Hammer und Nägeln greifen muß und die Sache dauert voraussichtlich mehr als fünf Minuten, dann fange ich gar nicht erst an. Weder mein Mann noch ich sind handwerklich besonders geschickt. Die wenigen Male, wo mir jemand etwas umgebaut

153

hatte, waren auch unbefriedigend. Ich halte also Ausschau nach fertigen Vorrichtungen, die leicht einzupassen sind. In Ihrem Fall bringen Sie am besten ein Regal oder zwei Bretter über der Kleiderstange an. Das oberste Brett wird schwer zu erreichen sein. Hier sollten Sie Dinge aufbewahren, die Sie nur selten brauchen. Unten im Schrank können Sie Plastikkisten stapeln, in denen Sie Dinge staubfrei lagern können. Solche Kisten gibt es in Kaufhäusern oder Baumärkten.

Sie können auch eine leicht einzupassende zweite Kleiderstange kaufen. Die ist auch für kleine Kinder bequem zu erreichen. So lernen sie gleich, ihre Kleider selbst aufzuhängen.

Es gibt noch andere gute Methoden. Lassen Sie nur nicht zu, daß Ihr Kleiderschrank durch die Schuhe unordentlich aussieht. Die Rückseite der Schranktür kann man für die Aufbewahrung von Gürteln, Krawatten, Ketten usw. nutzen.

Ein oft übersehenes, aber wichtiges Hilfsmittel der Aufbewahrung von Kleidung ist der Kleiderbügel. Werfen Sie die Drahtbügel fort. Kaufen Sie statt dessen breite Plastikbügel, und zwar in genügender Anzahl. Viele Leute finden es zu umständlich, ihre Kleider aufzuhängen. Entweder sie haben nicht genug Bügel, oder die Drahtbügel verhaken sich ineinander und lassen sich schwer herausnehmen. Und natürlich hängen unsere Kleidungsstücke so dicht beieinander, daß es wirklich Mühe macht, irgend etwas herauszuziehen oder hineinzuzwängen.

Ich habe meine Kleidungsstücke auch nach Farbtönen geordnet. Zuerst teilte ich sie in vier Gruppen ein: Hosen, Blusen, Zweiteiler und Kleider. In jeder dieser Gruppen ordnete ich nun die Kleidungsstücke so an, daß zuerst die hellen, dann die dunklen Farben kamen, wie auf der Farbpalette eines Künstlers. Das wirkte Wunder. Vorher wußte ich nicht, ob die Hosen, nach denen ich suchte, in der Wäsche oder irgendwo im Schrank waren. Jetzt weiß ich: Wenn die schwarzen Hosen nicht ganz am Ende der „Hosenabteilung" hängen, sind sie überhaupt nicht im Schrank. Durch diese Methode habe ich auch einen besseren Überblick, welche Kleider ich besitze und wie ich sie untereinander kombinieren kann. Ich kann sie also nur zur Nachahmung empfehlen.

Ich glaube, daß wir gerade im Kleiderschrank sehr vieles aufheben, was wir nie mehr brauchen. Da hängen Kleidungsstücke, die uns zu groß oder zu klein sind – wir könnten ja ab- oder zunehmen. Da sind Sachen, die wir nie tragen, weil sie uns nicht gefallen. Aber sie sind *gut,* das heißt, sie passen, und es fehlt kein Knopf. Deshalb *müssen* wir sie aufheben – besonders, wenn sie teuer waren. Wir behalten Lieblingsstücke, die aus der Mode gekommen sind, in der Hoffnung, daß sie noch einmal aktuell werden! Das wird jedoch kaum einmal geschehen. Manchmal behalten wir ein altmodisches Kleid, weil wir den Rock vielleicht einmal umändern könnten. Dazu wird es vermutlich nie kommen und wenn doch, dann müssen wir ja Hand an dieses wunderbare Kleid legen!

Der schlimmste Grund, weshalb wir unseren Schrank so vollstopfen, ist, daß wir Kleidungsstücke für andere aufheben. Oft haben wir nicht mal eine bestimmte Person im Blick. So heben wir die Sachen auf, bis wir jemand finden, den wir mit unserer großzügigen Gabe erfreuen können. Weil wir Perfektionisten sind, muß es natürlich der perfekte Empfänger sein. Deshalb heben wir die Sachen auf, bis wir uns aufraffen, sie an den Jungen unserer Cousine zu schicken. Der hat vermutlich schon selbst einen Sohn, wenn wir den Karton endlich zur Post bringen!

Hören wir doch auf zu träumen! Wir werden die Kleider nicht abändern. Wir werden nicht zu- oder abnehmen, solange die Sachen noch in Mode sind, und wenn, kaufen wir uns zur Belohnung neue Kleider. Warten Sie nicht auf den perfekten Träger Ihrer abgelegten Sachen. Geben Sie sie zum Roten Kreuz oder einer ähnlichen Organisation. Sollen die doch den perfekten Empfänger ausfindig machen.

14. Hundert hilfreiche Anregungen speziell für Messies

... aber nicht von der Sorte: „Wachsen Sie Ihre Kehrschaufel"

In diesem Kapitel finden Sie hundert hilfreiche Anregungen speziell für Messies, im Einklang mit den Grundsätzen der Anonymen Messies. Wir glauben, daß

1. ... alle Menschen, einschließlich Messies, Würde besitzen und daß diese Würde auch in unserem Lebensstil Ausdruck finden sollte. Deshalb werden Sie hier vergeblich nach Tips suchen von der Sorte, daß Sie den Fuß einer alten Strumpfhose abschneiden, ihn mit Seifenresten füllen und als selbstgemachten Seifenspender benutzen sollen. Ein Mensch mit Würde verdient Besseres als den Anblick einer kaputten Strumpfhose mit alten Seifenresten an der Badezimmerwand. Wir gehen hier von der Annahme aus, daß Sie in Zukunft nicht mehr alles aufheben, was Sie möglicherweise irgendwann einmal wieder gebrauchen können – und dazu gehören auch alte Strumpfhosen und Seifenreste.

2. ... Messies Probleme haben mit längerfristigen, komplexen Aufgaben. Die Anregungen in diesem Kapitel sind ganz unkompliziert und erfordern kein ausgeklügeltes System, das Messies ohnehin aus den Augen verlieren würden. Ich empfehle hier kein jährliches Fotothema und mache Ihnen auch nicht den Vorschlag, von ihrem ersten Lebensjahr an einen Schnappschuß von Mary und ihrem Papa vor dem Christbaum zu machen, bis Mary erwachsen ist. So sehr eine solche Idee sentimentale Messies ansprechen würde, weiß ich doch, daß der Streß einer so langfristig angelegten Unternehmung – allein den Film im Haus zu haben, ihn entwickeln zu lassen, jedes Weihnachten daran zu denken, die Fotos in der richtigen Reihenfolge einzuordnen, und das über Jahre hinweg – uns Messies schlichtweg überfordert. Die Idee ist genial, aber für Messies ungeeignet. Das Unterfangen wäre mit zu großen Frustrationen verbunden.

3. ... Messies ohnehin schon zuviel zu tun und zu viele Dinge im Haus haben. Vielleicht fällt Ihnen auf, daß ich Ihnen keine Anregungen gebe, die eine Menge Extra-Arbeit erfordern. Ich mache Ihnen also nicht den Vorschlag, eingetrocknete Schuhcreme wieder benutzbar zu machen, indem Sie die Dose langsam erhitzen, so daß die Schuhcreme schmilzt und Sie auch wirklich jedes Molekül nutzen können. Sie haben wahrlich Besseres zu tun. Versuchen Sie, diese bis zum Exzeß betriebene Sparsamkeit zu überwinden. Kaufen Sie neue Schuhcreme. Sie werden zufriedener sein – und der Hersteller der Schuhcreme auch.

Ich gebe Ihnen auch nicht den Rat, Ihre Kehrschaufel mit Wachsspray zu besprühen, damit der Staub leichter auf die Schaufel und von ihr herunterkommt. Wir haben ja kaum Zeit, unseren Wohnzimmertisch abzustauben, geschweige denn die Kehrschaufel! Ich schlage Ihnen auch nicht vor, alte Sockenbündchen als Tropfenfänger um die Ölflasche zu wickeln. Ein paar solcher superperfektionistischen Vorschläge – und Messies werden zum Wahnsinn getrieben.

Es fehlen auch handwerkliche Tips. Wenn man zu einer Arbeit einen Hammer und mehr als fünf Minuten braucht, finden Sie sie nicht in diesem Buch.

Meine Anregungen erfordern auch keine großen Ausgaben. Nicht, daß ich etwas gegen Großprojekte habe, doch die meisten von uns sind noch nicht bereit dafür.

4. ... Messies sentimental und familienbezogen sind, also finden Sie hier viele Anregungen, die Ihr Freizeitvergnügen erhöhen, ohne daß es Sie viel zusätzliche Mühe kostet.

Kennzeichnen Sie die Anregungen, die Ihnen nützlich erscheinen, mit bestimmten Symbolen.

Auch gebe ich Ihnen nicht den Rat, Ihre Kehrschaufel mit Wachsspray zu besprühen.

1. Malen Sie ein ☺ lachendes Gesicht – neben die, die Sie gleich in die Tat umsetzen wollen.

2. Malen Sie ein ☺ lachendes Gesicht – neben die, die Sie gut finden und bald umsezen wollen.

3. Malen Sie ein ☺ unsicheres Gesicht – neben die, die Sie vielleicht später einmal aufgreifen wollen.

Ignorieren Sie die, die für Sie nicht in Frage kommen.

Tips

1. Wenn Sie festsitzenden Schmutz lösen wollen, wischen Sie die betreffende Stelle erst einmal mit dem Reinigungsprodukt und lassen dieses eine Weile einwirken. Tragen Sie die Flüssigkeit auf eine möglichst große Fläche auf, ohne daß sie in der Zwischenzeit trocknen kann. Während Sie nun an einer Stelle putzen, wird der Schmutz an einer anderen Stelle bereits gelöst.

2. Wenn Sie größere Haushaltsgeräte anschaffen, kaufen Sie einen Herd mit einer Reinigungshilfe für den Backofen und einen Kühlschrank mit automatischer Abtauung.

3. Legen Sie die Küchenschubladen mit Alufolie aus. Die haben Sie fast immer vorrätig, und man kann sie leicht auswechseln und zuschneiden.

4. Benutzen Sie Backofenreiniger, die über Nacht einwirken – das Ergebnis wird sichtbar besser sein.

5. Waschen Sie Ihren Duschvorhang in der Waschmaschine (wenn er waschbar ist). Legen Sie ein Handtuch mit in die Trommel, damit der Vorhang beim Waschen gleich abgerubbelt wird. Benutzen Sie ein mildes Waschmittel, stellen Sie einen schonenden Waschgang ein, und nehmen Sie den Vorhang vor dem Schleudergang heraus.

6. Stellen Sie einen Seifenspender mit Flüssigseife auf das Waschbecken im Badezimmer. Dann gibt es nicht so ein Geschmier wie bei Seifenstücken. Wenn die Kinder zuviel Seife verbrauchen, vermischen Sie einfach Geschirrspülmittel und Wasser zu gleichen Teilen.

7. Mikrowellenherde sparen Koch- *und* Reinigungszeit, da sie leicht zu säubern sind. Schauen Sie auch immer wieder an die Decke der Mikrowelle. Dort kommen leicht Spritzer hin, die sich dann festsetzen. Wischen Sie die Fläche mit einem Schwamm ab.

8. Kaufen Sie gute Sprühflaschen im Baumarkt oder Kaufhaus, und füllen Sie sie mit Ihren Reinigungsprodukten. Die Sprayflaschen, in denen die Produkte verkauft werden, sind oft nicht sehr haltbar. Eine gut funktionierende Sprühdose gibt Ihnen ein Gefühl von Effektivität, und man kann auch wirklich besser mit ihr arbeiten.

9. Wenn Sie sich beim Arzt, Frisör o. ä. anmelden, versuchen Sie, den ersten Termin am Morgen zu bekommen. So brauchen Sie nicht zu warten, wenn sich einmal etwas verzögert.

10. Um den schmierigen Schmutz an Ihren Händen oder denen des Mechanikers in Ihrer Familie zu entfernen, benutzen Sie am besten ein Shampoo gegen fettige Haare. Das entfernt gut Fett und wäscht sich leicht aus.

11. Sparen Sie Einkaufszeit, indem Sie sich von Ihrem Arzt größere Mengen der Medikamente verschreiben lassen, die sie regelmäßig einnehmen müssen. Wenn Sie einen Vorrat von drei Monaten in der Apotheke holen, brauchen Sie auch nicht so oft das Rezept zu bestellen und es beim Arzt abzuholen.

12. Sie brauchen nicht alles selbst zu tun. Teilen Sie sich die Arbeit mit Familienmitgliedern, bilden Sie Fahrgemeinschaften und tun Sie sich mit Nachbarn zusammen, um gegenseitig die

Kinder zu betreuen – aber lassen Sie sich nicht ausnutzen. Messies möchten gern, daß ihnen jedermann zu Dank verpflichtet ist, weil sie mehr tun, als sie eigentlich müßten. Spielen Sie nicht den Märtyrer.

13. Kaufen Sie eine große Menge Briefmarken, dann brauchen Sie nicht ständig zur Post zu gehen.

14. Seien Sie sich bewußt, wie wertvoll Ihre Zeit ist, und handeln Sie entsprechend. Ihre Mitmenschen werden Sie immer bitten, irgendeine unangenehme Sache für sie zu erledigen, weil sie an Ihre bereitwillige Hilfe gewöhnt sind. Sie werden sorglos vor sich hin leben, weil sie wissen, daß Sie ja immer „die Feuerwehr spielen". Sie werden sagen: „Das ist ein Notfall! Kannst du mir nicht helfen?" Sie lassen die Sache zu einem Notfall werden, weil sie wissen, daß sie sich auf Ihre Hilfsbereitschaft verlassen können. Durchbrechen Sie dieses Muster, und Sie werden mehr Zeit gewinnen, und auch Ihre Selbstachtung wird steigen.

15. Hängen Sie einen Wandkalender neben dem Telefon auf, auf dem jeden Tag Platz für Eintragungen ist, und benutzen Sie ihn als eine Art Tagebuch. Notieren Sie nicht nur Termine, sondern auch kleine wie große denkwürdige Ereignisse – „Lucys erster Schultag" oder „Tom Examen bestanden". Schreiben Sie hier auch witzige Aussprüche der Kinder auf, gleich, nachdem sie sie von sich geben. Wenn ein Kind chronisch krank ist, können regelmäßige Aufzeichnungen über den Verlauf der Krankheit hilfreich sein. Ordnen Sie den Kalender am Jahresende in Ihre Hängeregistratur ein unter der Rubrik *Kalender, Tagebücher oder Erinnerungen*.

16. Wenn Sie jemanden um einen Gefallen bitten, verbinden Sie das mit einem kurzen Körperkontakt. Eine freundschaftliche Berührung der Schulter oder des Armes wirkt zusammen mit einer freundlichen Stimme oft Wunder.

160

17. Gehen Sie Veränderungen langsam an, so daß sie mit Ihrem gegenwärtigen Lebensstil in Einklang stehen. Glauben Sie nicht, daß der Kauf von neuen Dingen Ihnen einen neuen Lebensstil verschafft. Sie werden Ihr Haus nur noch mehr vollstopfen. Kaufen Sie das, was Sie benötigen, erst, wenn sich Ihr Lebensstil tatsächlich ändert und Ihr neuer, organisierterer Lebensstil die Anschaffung neuer Dinge erfordert.

18. Heben Sie an verschiedenen Stellen – da, wo sie häufig gebraucht werden – Scheren auf (kaufen Sie gute!), ebenso durchsichtiges Klebeband.

19. Heben Sie Verpackungsmaterial an einem Ort auf: braunes Packpapier, Klebeband, Geschenkpapier und Bänder sowie durchsichtiges Klebeband.

20. Kaufen Sie einen größeren Vorrat an Staubsaugerbeuteln. Es ist sehr ärgerlich, wenn im entscheidenden Moment keiner da ist.

21. **Werfen Sie den alten Plunder f___t.** (Füllen Sie die Lücke aus.)

22. Wenn Sie auf Reisen gehen, notieren Sie Namen und Telefonnummer Ihres Arztes und eines Verwandten und stecken Sie den Zettel in Ihre Brieftasche. Am besten tragen Sie diesen Zettel immer bei sich. Stecken Sie ihn jetzt in die Brieftasche, weil Sie vor dem Urlaub sicher nicht daran denken.

23. Legen Sie Ihre teflonbeschichtete Bratpfanne mit Papier aus, wenn Sie sie wegräumen, damit ihre Oberfläche nicht von anderen Töpfen und Pfannen zerkratzt wird.

24. Befestigen Sie neben dem Waschbecken in der Küche einen Haken für Ringe und anderen Schmuck, den Sie beim Geschirrspülen ablegen, damit Sie die Teile nicht verlegen.

25. Teilen Sie Ihre Schubladen auf, damit Sie besser geordnet werden können. Schuhschachteln für Socken und Unterwäsche, Kartondeckel oder Eiswürfelbehälter für mittelgroße und kleinere Gegenstände. Es gibt auch spezielle Fächerkästen für die Schubladen von Küche, Schreibtisch und Werkzeugbank.

26. Bringen Sie ein witziges Magnetteil an der Tür des Geschirrspülers an, wenn das Geschirr schmutzig ist. Wenn es gespült ist, kommt der Magnet an die Kühlschranktür.

27. Binden Sie die Schulbücher der Kinder in braunes Packpapier oder festes Geschenkpapier ein.

28. Wattestäbchen eignen sich gut als Malpinsel für Kinder, weil man eines für jede Farbe benutzen kann. Werfen Sie sie nach dem Malen fort.

29. Für Erwachsene eignet sich ein Kasten für Angelzubehör sehr gut, um Farben und Pinsel darin aufzubewahren.

30. Wenn in Ihrer Gegend oft Fußbälle gestohlen werden, schreiben Sie den Namen Ihres Kindes mit einem Permanentstift sehr groß auf den Ball, und einen guten Lederball ölen Sie ein. Dann wird man für alle Zeiten wissen, wem dieser Fußball gehört.

31. Weisen Sie jedem Kind eine spezielle Farbe zu. So sieht man gleich auf einen Blick, daß alle blauen Socken, Handtücher, Bettwäsche oder Gläser Terry gehören. Alles Grüne gehört zu Betty usw.

32. Trennen Sie sich von allem überflüssigem Plunder, den Sie nicht benötigen.

33. Wickeln Sie Modellierton o. ä. in Alufolie ein. So bleibt er feucht und knetbar.

34. Legen Sie Kopfkissenbezüge, Geschirrhandtücher usw. in Plastikwannen, und die stellen Sie auf ein Schrankregal. Beschriften Sie die Wannen mit einem Folienstift oder selbstklebenden Etiketten. Dasselbe machen Sie mit Kinderspielzeug oder Kleidung, die schwierig zu lagern ist. Für die in der Familie, die noch nicht lesen können, malen Sie ein Symbol oder kleben Sie ein Bild aus einem Katalog auf die Wanne, um den Inhalt zu kennzeichnen.

35. Gerade in Kinderzimmern sind Plastikwannen, Schuhschachteln, Wäschekörbe und ähnliches für die Aufbewahrung bestens geeignet. Die kann man dann auf die Regale stellen. Richten Sie das Zimmer so ein, daß das Kind selbst leicht aufräumen kann. An der Tür könnte man ein großes Stoffteil mit darauf angebrachten Taschen für kleinere Spielzeuge anbringen. Nähen Sie Anhänger an Stofftiere, und hängen Sie sie an S-förmige Haken an die Wand oder an eine Kette, die an einem Haken an der Decke befestigt ist. Achten Sie aber darauf, daß Sie die Schlaufe nicht gerade am Hals der Tiere anbringen, sonst sehen sie aus, als seien sie gelyncht worden, und das ist für Kinder nicht gerade ein schöner Anblick.

36. Wenn die Freunde der Kinder übernachten, lassen Sie sie auf Luftmatratzen schlafen. (Ihr Haus wird bald ein so schöner Anblick sein, daß Sie die Freunde Ihrer Kinder einladen können, ohne einen Monat vorher aufräumen zu müssen. Glauben Sie mir.) Luftmatratzen kann man gut lagern.

37. Legen Sie ein altes Fensterrollo auf den Teppich, auf dem die Kinder spielen können. Das schont den Teppich, und die Kinder haben ein begrenztes Spielfeld. Kleine Spielzeugteile lassen sich so leichter wiederfinden. Sie dürfen das Rollo auch bemalen – mit einem Hausgrundriß, Straßen und einer Landschaft für ihre Puppen oder einem Schlachtfeld mit Hügeln, Flüssen und Ebenen für die Spielzeugsoldaten. Oder Sie malen die Straßen Ihrer Umgebung auf das Rollo und lassen die Kinder die Nachbarn aus Ton formen. Nach dem Spielen können Sie das Rollo

leicht einrollen und verstauen. Vielleicht bemalen Sie sogar mehrere solcher Rolläden mit verschiedenen Motiven.

38. Die Kinder können das Rollo am Kinderzimmerfenster auch mit Stickern, Bildern, die sie aus Zeitschriften ausgeschnitten haben, usw. bekleben. Auf diese Weise werden Wände und Türen geschont. Ist das Rollo voll oder die Dekoration für das Kind nicht mehr interessant, kann es durch ein neues ersetzt werden.

39. Sticker und schwer zu lösende Preisetiketten lassen sich mit Nagellackentferner lösen.

40. Schreiben Sie Ihre Adressen und Telefonnummern in ein kleines Ringbuch, und reservieren Sie für jede Person ein Blatt. Wenn Sie dann zum Beispiel eine Wegbeschreibung zu einer Adresse bekommen, können Sie die gleich auf das Blatt schreiben. Auf die Rückseite notieren Sie z.B. die Namen der Familienmitglieder, ihre Geburtstage oder andere Informationen.

41. Wenn Sie am Tage wegen Regen oder Nebel die Scheinwerfer Ihres Wagens einschalten, legen Sie gleichzeitig einen ungewöhnlichen Gegenstand in Ihren Schoß. Wenn Sie dann aussteigen, wird Sie dieser Gegenstand daran erinnern, daß Sie die Scheinwerfer abschalten müssen.

42. Wenn Sie eine heiße Pfanne vom Herd nehmen, geben Sie nicht sofort kaltes Wasser hinein. Lassen Sie sie zuerst ein wenig abkühlen.

43. Reinigen Sie gelegentlich Ihren Kühlschrank. Lösen Sie Backpulver in Wasser auf und wischen Sie das Tiefkühlfach damit aus.

44. Legen Sie Platzsets aus Stoff (Plastiksets oder gewebte Sets sind zu schwer zu reinigen) über das Tischtuch, damit dieses länger sauber bleibt. Die Sets sind schnell gewaschen und getrocknet.

45. Es ist oft schwierig, die Tischsets so zu lagern, daß sie nicht verknittern. Hängen Sie sie an einen Hosenbügel oder ein Klemmbrett, und hängen Sie dieses an einen Haken oder Nagel in der Nähe des Eßtischs auf.

46. Wenn Sie selten verreisen, legen Sie ein Stück Seife in den Koffer, damit er frisch riecht, und stecken Sie ihn in einen großen Plastiksack, damit er nicht verstaubt.

47. Kaufen Sie Seidenblumen. Sie sehen so echt aus und fühlen sich auch so an, daß man manchmal den Unterschied zu natürlichen Blumen gar nicht erkennen kann. Kein Gießen, kein Auflesen von welken Blättern, kein Ungeziefer, kein Düngen und keine Verantwortung mehr dafür, ob die Pflanzen gedeihen oder eingehen.

48. Bringen Sie Ihren Kindern bei, ein paar einfache Gerichte zu kochen, damit sie einspringen können, wenn Sie einmal verhindert sind. Wir tun unseren Kindern – Jungen und Mädchen – einen Gefallen, wenn wir Ihnen die Grundlagen des Kochens beibringen, so daß sie sich selbst helfen können. Und gleichzeitig tun wir auch uns selbst einen Gefallen. Solche einfach herzustellenden Gerichte sind Spaghetti, überbackene Toasts, Rühreier und ähnliches.

49. Waschen Sie Ihre Schwämme aus Zellulose zusammen mit Ihrer Wäsche in der Waschmaschine, aber ohne den Zusatz von Bleichmitteln. Das wirkt Wunder.

50. Nähgarnröllchen können Sie gut lagern, indem Sie sie auf einen festen Draht stecken, den Sie vom einem Metallbügel abschneiden. Biegen Sie die Enden, damit die Garnrollen nicht heruntergleiten. Reiben Sie Steck- und Nähnadeln vor Gebrauch an Ihrem Haar, um sie ein wenig einzufetten, dann gleiten sie leichter durch den Stoff.

51. Waschen Sie gelegentlich den Bezug Ihres Bügelbretts, und ziehen Sie ihn über das Brett, während er noch leicht feucht ist, dann sitzt er straffer.

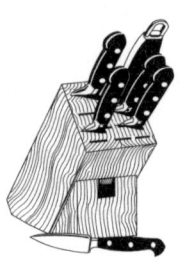

52. Bringen Sie am Ende Ihrer Kleiderstange einige Ringe an, wie man sie zum Aufhängen von Duschvorhängen benutzt. Daran hängen Sie dann Handtaschen, Schirme usw.

53. Stellen Sie einen magnetischen Messerhalter in die Küche für Ihre Messer, in Ihr Badezimmerschränkchen für Nagelscheren und Pinzetten u. ä. und in den Dielenschrank für Werkzeuge.

54. Setzen Sie eine bestimmte Zeit am Tag fest, in der die Kinder das Telefon nicht benutzen dürfen. Dann wissen Sie sicher, wann Sie Ihre wichtigen Anrufe erledigen können.

55. Wenn Sie Kalkablagerungen auf Ihrem Duschkopf entfernen wollen, schrauben Sie ihn ab und lassen ihn fünfzehn bis zwanzig Minuten lang langsam auskochen. Danach lassen Sie ihn auskühlen und spülen ihn ab.

56. Reinigen Sie den Rost des Gartengrills mit Backofenreiniger und bedecken Sie ihn mit Zeitungen, damit das Reinigungsmittel einziehen kann. Spritzen Sie ihn anschließend mit dem Gartenschlauch ab. Sie können zu diesem Zweck auch Spülmittel für die Spülmaschine und eine Drahtbürste nehmen. Lassen Sie den Rost in einem großen Plastiksack einweichen, bevor Sie ihn abspritzen.

57. Kennzeichnen Sie Ihre Schlüssel mit Farben – dazu nehmen Sie durchsichtiges Klebeband, das Sie mit einem farbigen Permanentstift bemalen – rot für das rote Auto, braun für die braune Haustür usw. Oder Sie schreiben mit dem Permanentstift Buchstaben auf die Schlüssel, wie A für Auto, HT für Haustür. Es gibt auch farbige Aufsätze für Schlüssel zu kaufen. Hängen Sie alle Schlüssel an ein Schlüsselbrett.

58. Kaufen Sie besonders haltbare Glühbirnen für die Lampen, an denen Sie die Glühbirne nur mit Hilfe einer Leiter auswechseln können. Das erspart Ihnen vielleicht kein Geld, aber Energie.

59. Seien Sie hart gegen sich selbst und werfen Sie den . . . . . . raus! (Füllen Sie die Lücke aus.)

60. Kaufen Sie Leuchtstofflampen für Zusatzbeleuchtung. Sie geben viel Licht und halten bis zu fünfzehnmal länger als gewöhnliche Glühbirnen.

61. Für hartnäckige Schmutzflecken auf Glas nehmen Sie:
eine halbe Tasse Ammoniaklösung,
einen halben Liter Isopropyl (70%) Alkohol
1 Teelöffel Geschirrspülmittel.
Füllen Sie das Ganze mit Wasser auf, bis zu ungefähr 4,5 Litern.
   Wenn Sie zum Trockenreiben der Fensterscheiben Zeitungspapier benutzen, nehmen Sie ältere Zeitungen. Bei einer neuen Zeitung ist die Druckerschwärze noch feucht und wird Streifen an den Scheiben verursachen.

62. Kaufen Sie ein Gerät, das bei Rauch Alarm auslöst. Besprechen Sie mit Ihrer Familie, wie Sie im Notfall aus Ihrem brennenden Haus entkommen wollen. Machen Sie einen Ort aus, an dem Sie sich draußen treffen wollen. Machen Sie eine „Trockenübung", dazu gehört auch die Zusammenkunft am vereinbarten Treffpunkt.

63. Lassen Sie Ihre scharfen Werkzeuge, wie Scheren, Gartenscheren usw., von Zeit zu Zeit einmal schleifen. Vielleicht versuchen Sie es zuerst einmal mit einem Stück, um zu sehen, ob es hinterher auch wirklich scharf ist.

64. Machen Sie ein Testament. Sie wissen doch schon lange, daß das sinnvoll ist. Finden Sie wenigstens heraus, wer Ihnen dabei helfen könnte und wieviel das kostet. Wenn Sie diese Information einmal haben, werden Sie sich leichter dazu aufraffen. Schieben Sie diese Sache nicht zu lange vor sich her.

65. Die Kaffeemaschine läßt sich wunderbar mit zwei oder drei Eßlöffeln Weinstein (in warmem Wasser aufgelöst) entkalken.

66. Kleben Sie einen Gummiring (für Einweckgläser) unter den Futternapf des Hundes. So rutscht der Napf beim Fressen nicht hin und her. Rammen Sie im Garten einen Pflock in die Erde und stecken Sie eine Napfkuchenform darüber, als Wasserschüssel für den Hund. Auf diese Weise kann die Schüssel nicht umkippen. Wenn der Hundenapf beim Fressen nicht hin- und herrutscht, und der Hund seine Wasserschale nicht umwirft, oder wenn Sie gar keinen Hund haben, vergessen Sie diese Tips, weil sie nicht der Mühe wert sind. (Das gilt natürlich für alle Tips. Wenn Sie nichts damit anfangen können, vergessen Sie sie. Doch vielleicht schaffen Sie sich eines Tages einen zappeligen Hund an, oder ihr Nachbar hat einen. Dann können Sie auf diese Anregungen zurückgreifen. Also verbannen Sie sie nicht ganz und gar aus Ihrem Gedächtnis.)

67. Befestigen Sie neben dem Telefon einen Kugelschreiber an einer Schnur. Auch wenn Sie sich noch so fest vornehmen, den Kuli neben dem Telefon zu lassen – an einer Schnur ist er doch sicherer aufgehoben.

68. Kaufen Sie einen genügend großen Vorrat an Reinigungsmaterial. Da Messies von Natur aus sparsam sind, versuchen sie, das Haus zu reinigen, ohne die entsprechenden Utensilien vorrätig zu haben. Kaufen Sie genügend Schwämme, Bürsten, Wischtücher und ähnliches. Legen Sie sie überall dort hin, wo Sie sie brauchen. Und sparen Sie nicht an Papiertüchern.

69. Wechseln Sie von Zeit zu Zeit die Reinigungsprodukte – das macht die ganze Putzerei interessanter.

70. Wenn Sie Wäscheleinen haben, wischen Sie die gelegentlich mit einem Schwamm ab.

71. Überlegen Sie, ob Sie nicht ein Tier weggeben sollen, das dauernd „Schokoladen- oder Limonadenspuren" im Haus hinterläßt. Jeder Hund, jede Katze oder jedes andere Tier, das sich hartnäckig weigert, stubenrein zu werden, kommt in eine andere Familie oder in ein Tierheim. Überlegen Sie vor der Anschaffung eines neuen Tieres, wie sich das auf die Reinigung des Hauses auswirken wird. Diesen Tip habe ich nicht immer befolgt, aber er ist trotzdem gut.

72. Ich weiß, viele Messies sind hoffnungslos kreativ. Mein Vorschlag: Nehmen Sie sich vor, das Chaos zu begrenzen, das Ihre kreativen Tätigkeiten hinterlassen, indem Sie nicht übertreiben und genügend Lagerraum einplanen, um Ihre Materialien aus dem Weg zu räumen. Ihre Kreativität sollte den Anblick ihres Hauses verschönern und Ihr Leben bereichern und nicht das Gegenteil bewirken.

73. Heben Sie keine leeren Plastikflaschen für Reinigungsmittel auf, um im nächsten Sommerurlaub Sandeimerchen daraus herzustellen, auch keine Schnürsenkel als Henkel für diese Eimer.

74. **Werfen Sie den Pl . . . . r raus.** (Sie wissen schon, welche Buchstaben hier fehlen.)

75. Sehr schön finde ich die Idee eines Erntedankbaums. Ein oder zwei Wochen vor Erntedank zeichnen Sie einen großen Baum ohne Blätter, den Sie in die Küche oder ins Wohnzimmer hängen. Heben Sie in einer Tasche in der Nähe des Baumes ausgeschnittene rote, gelbe und braune Blätter auf. Wann immer jemandem etwas einfällt, für das er dankbar ist, schreibt er es auf ein Blatt, seinen Namen dazu und heftet das Blatt an den Baum. Je näher das Erntedankfest rückt, desto mehr Blätter hängen am Baum – Segnungen, für die wir danken können. An Erntedank werden die Blätter abgenommen und vorgelesen. Vielleicht schreiben Sie GOTT in goldenen Buchstaben über den Baum, damit jeder sich daran erinnert, wem an diesem Tag unser Dank gebührt. Diese Idee eignet sich auch gut für Schulklassen.

76. Vielleicht stecken Sie lieber einen echten Ast in einen mit Sand gefüllten Tontopf. Befestigen Sie die Erntedankblätter mit Klebeband oder Schnur an den Ästen. Dieser „Baum" kann auch für Weihnachtsdekorationen, ausgeblasene Ostereier, für Babygeschenke oder ähnliches genutzt werden.

77. Ein Ordner für Rezepte oder Kochbücher ist ein absolutes Muß. Niemand kann sich genügend Rezepte merken, um immer wieder interessante Mahlzeiten auf den Tisch zu bringen.

78. Wenn Ihr Kleinkind Eis am Stiel ißt, stecken Sie das Holzstäbchen durch ein Stück Pappe, damit sich das Kind nicht bekleckert.

79. Kleben Sie Filzstückchen auf die Stoßstangen von Spielzeugautos, die immer wieder an Möbel anstoßen.

80. Um zu verhindern, daß Kleinkinder Türen öffnen, die geschlossen bleiben sollen, stülpen Sie einen Socken über den Türgriff. Die Kinderhand rutscht daran ab.

81. Geben Sie gelegentlich eine Tasse weißen Essig in Ihre Geschirrspülmaschine, um sie von Seifenrückständen zu reinigen. Lassen Sie sie einmal durchlaufen.

Waschmaschinen behandeln Sie ebenso, hier nehmen Sie ungefähr vier Liter Essig.

82. Um vergilbte Wäschestücke wieder weiß zu machen, weichen Sie sie eine halbe Stunde lang in folgender Mischung ein:
4,5 Liter heißes Wasser
eine halbe Tasse Spülmittel für die Spülmaschine
eine Viertel Tasse flüssiges Bleichmittel
Rühren Sie die Mischung um.

Anschließend waschen Sie die Wäsche wie gewöhnlich und spülen Sie sie in Wasser aus, dem eine halbe Tasse Essig zugesetzt wurde.

83. Wenn der Waschgang in Ihrer Waschmaschine abgeschlossen ist, stellen Sie noch einmal den Schleudergang ein, um noch überschüssiges Wasser aus der Wäsche zu entfernen. Dann wird Ihre Wäsche schneller trocknen.

84. Wenn Ihre Kinder eine Unmenge Wäsche verursachen, wenn Sie vielleicht sogar saubere Wäsche in den Wäschekorb stecken, statt sie in den Schrank zu hängen, kaufen Sie für jedes von ihnen einen eigenen Wäschekorb, und lassen Sie sie ihre Wäsche selbst waschen, einschließlich der Handtücher. Das wird einen durchschlagenden Erfolg haben.

85. Heben Sie Filzstifte mit der Spitze nach unten auf, sonst trocknen Sie zu schnell aus.

86. Seien Sie barmherzig mit sich selbst. Da Messies so überschwenglich, lebhaft, sentimental und perfektionistisch sind, wollen sie alles Gute tun, was nur möglich ist, alles Nützliche aufheben, zu allen Gelegenheiten das Haus wunderbar schmücken, für sich selbst und für kranke und bedürftige Freunde köstliche Mahlzeiten bereiten und ihre Weihnachtskarten mit einem ausführlichen, persönlichen Schreiben frühzeitig verschicken. Wir können nicht unseren Haushalt im Griff haben und gleichzeitig all diese wunderbaren Dinge tun. Manche Menschen können das. Messies nicht. Schließen Sie also Kompromisse. Schmücken Sie das Haus ein wenig – es muß nicht aussehen wie in einer Wohnzeitschrift. Verschicken Sie die Weihnachtskarten auch einmal ohne persönliches Schreiben. Besuchen Sie eine kranke Freundin, auch wenn Sie keine Zeit haben, für sie zu kochen. Wenn wir meinen, zu vieles tun zu müssen, überlasten wir uns oft selbst, bis wir an einen Punkt kommen, wo wir völlig gelähmt sind. Seien Sie barmherzig mit sich selbst. Verlangen Sie sich selbst nicht so viel ab, und es wird Ihnen besser gehen.

Seien Sie barmherzig mit sich selbst. Verlangen Sie sich selbst nicht so viel ab, und es wird Ihnen besser gehen.

87. Wenn ein Kind seine Spielsachen, Bücher usw. herumliegen läßt, behalten Sie die betreffenden Gegenstände als Lösegeld ein.

Das Kind muß eine gewisse Summe zahlen oder eine Extra-Arbeit erledigen, wenn es sein Spielzeug wieder haben will.

88. Für mich hat es sich als sehr sinnvoll erwiesen, die Sicherungen im Sicherungskasten zu kennzeichnen. Jetzt weiß ich sofort, welche Sicherung ich auswechseln muß, wenn irgendwo der Strom ausfällt.

89. Wenn Sie zu einer Open-Air-Veranstaltung Regen erwarten, nehmen Sie einen großen Müllsack aus Plastik mit. Schneiden Sie für Kopf und Arme Schlitze hinein. Das klappt vorzüglich. Meine Familie hat solche Säcke bei einer verregneten Parade getragen, und wir hätten Unmengen solcher selbstgemachter Regenmäntel an durchnäßte Zuschauer verkaufen können. Wenn es trocken bleibt, kann man die Säcke leicht in der Handtasche tragen. Legen Sie auch für alle Fälle einen unter den Autositz.

90. Abonnieren Sie keine Zeitschriften, die Sie auch im Laden kaufen können. Kaufen Sie nur solche, die Sie auch wirklich interessieren. So türmen sich keine Stapel von ungelesenen Zeitschriften auf.

91. Fotokopieren Sie bei Gelegenheit Ihren Ausweis, Kreditkarten, Euroscheckkarte und ähnliches, und ordnen Sie die zu Hause ein. Wenn Sie Ihre Geldbörse verlieren oder sie gestohlen wird, wissen Sie sofort, welche Karten ersetzt werden müssen.

92. **W . . . . n Sie den . . . . raus.** (Füllen Sie die Lücken aus.)

93. Überlegen Sie sich die Anschaffung eines Lagerungssystems für Schränke, das Ihnen eine Menge Platz spart. Schauen Sie sich einmal in Baumärkten um.

94. Erwägen Sie auch die Anschaffung von zusätzlichen Lagerungsmöglichkeiten für die Küche, wie z. B. Extra-Schubladen,

die man unter dem Schrank oder sonstwo anbringen kann, Regale für Zwischenräume etc.

95. Wenn Sie neue Geräte kaufen, achten Sie darauf, diese möglichst unterhalb des Küchenschrankes oder anderswo an Haken o. ä. anzubringen, damit die Theke möglichst frei bleibt.

96. Bringen Sie möglichst viele Haken an der Innenseite von Schranktüren an.

97. Haben Sie große Träume. Versenken Sie sich in Zeitschriften für schöneres Wohnen. Besichtigen Sie im Urlaub historische Wohnungen oder Häuser. Schauen Sie sich die schönen Häuser Ihrer Nachbarn bewußt an, und achten Sie auch bei Fernsehsendungen auf die Wohnungseinrichtung im Hintergrund. Solche Träume können Sie in Ihrem Haus Wirklichkeit werden lassen. Machen Sie sich auf die Suche nach Ihrem eigenen ZAUBERZIMMER.

98. Kaufen Sie hin und wieder neu erschienene Bücher über Organisation und Reinigungstechniken, um sich auf dem laufenden zu halten und neue Anregungen zu bekommen.

99. Schaffen Sie sich mindestens einen großen Topf an, um größere Mengen kochen zu können.

100. Der letzte Tip lautet:
W . . F . . S . . DEN P . . . . . . R . . . . (Füllen Sie die Lücken aus.)

Supertips

An was jeder gleich denkt, wenn es an der Tür klingelt

(oder was man in jenen „kleinen Minuten" tun kann, um sich eine peinliche Situation zu ersparen)

1. Das Telefontischchen freiräumen.

2. Den Spiegel im Bad putzen.

3. Das Reinigungsspray schnappen und die Fingerabdrücke um Türgriffe und Lichtschalter abwischen.

4. In den Ecken an der Decke nach Spinnweben Ausschau halten.

5. Nachschauen, ob Schmutz oder tote Fliegen an den Lampen sind.

6. Prüfen, ob alle Schranktüren geschlossen sind (es sei denn, Sie wollen Ihre neuerworbenen organisatorischen Fähigkeiten zur Schau stellen).

7. Schauen, ob genügend Eiswürfel vorrätig sind.

15. Ein Zimmer nach dem anderen

Zwei Räume sind besonders wichtig – das Wohnzimmer und das Schlafzimmer. Das Wohnzimmer ist am wichtigsten, weil es sozusagen der öffentlichste Bereich Ihres Hauses ist und Außenstehenden einen Eindruck von Ihrer Persönlichkeit vermittelt. Das Schlafzimmer ist wichtig, weil es Ihr besonderer Privatbereich ist und Ihnen einen Eindruck von sich selbst vermittelt.

Bad und Küche sind auf ihre Weise öffentliche Räume und erfordern daher auch eine besondere Aufmerksamkeit.

Wohnzimmer

Das Wohnzimmer einer Messie ist oft sehr unordentlich, weil sie in diesem Raum Außenstehenden ihre vielschichtige Persönlichkeit und ihre mannigfaltigen Interessen präsentiert. Wir erfahren vieles über sie, wenn wir nur unsere Blicke durch diesen Raum schweifen lassen.

Sie ist eine gute Mutter. Viele „Gegenstände" ihrer Kinder zieren dieses Zimmer – ein gräßlicher selbstgebastelter Aschenbecher, Fotos von den Kindern, ihre selbstgemalten Bilder und vielleicht Spielsachen.

Sie ist ein Mensch, der geistig beweglich ist. Stapel von Büchern, Zeitschriften und Zeitungen legen ein beredtes Zeugnis davon ab.

Sie ist kreativ. Ihre kunsthandwerklichen Utensilien und die fertigen Ergebnisse sind überall im Raum verteilt.

Sie ist kultiviert. Herumliegende Kassetten, Kopfhörer und CDs zeugen von erst kürzlich verfolgten kulturellen Interessen. Doch wer weiß, ob diese Sachen nicht schon ziemlich lange herumliegen? Auf dem Klavier liegen Stapel von Notenblättern.

175

Sie ist praktisch. Das Haus einer Messie ist bis obenhin mit so viel Zeug vollgestopft, daß manches auch im Wohnzimmer untergebracht werden muß – natürlich so, daß es nicht gleich ins Auge springt. Vielleicht liegen die Sachen unterm Sofa, lagern in häßlichen, aber praktischen Möbelstücken oder in einem anderen geheimen Versteck, das der findige Geist der Messie sich ausgedacht hat.

Messies fühlen sich bis zu einem gewissen Grad in diesem Chaos wohl, weil sie keinen rechten Blick für den Gesamteindruck des Raumes haben.

Messies haben eine Art „Tunnelsicht", und selbst die ist nicht sonderlich gut ausgebildet. Die typische Messie ahnt nicht, wie ihr Haus auf einen Menschen wirkt, der es das erste Mal betritt. Sie sieht das Zimmer selten, wenn überhaupt, als Ganzes. Sie sieht die Bedeutung eines einzelnen Gegenstandes, den sie dann in das Zimmer stellt. Selten merkt sie, wie sich das auf den Gesamteindruck des Raumes auswirkt.

Diesen Mangel an Wahrnehmung findet man selbst bei solchen Messies, die Künstler, Bildhauer oder Floristen sind oder in anderer Weise beruflich mit Gestaltung zu tun haben. Die Künstlerin, die ihre eigenen, wunderschönen Gemälde in ihrem Wohnzimmer aufgehängt hat, ist sich vielleicht gar nicht bewußt, daß die schmuddelige Atmosphäre des Zimmers ihre Kunstwerke gar nicht zur Geltung kommen läßt.

Um das Wohnzimmer ansprechend zu gestalten, muß die Messie erst einmal einen Blick dafür bekommen, was sich überhaupt in dem Zimmer befindet. Zu diesem Zweck gehen Sie, ohne vorher aufzuräumen, einmal aus dem Haus und stellen sich vor, Sie seien ein potentieller Käufer des Hauses oder ein unerwarteter Besucher aus der Kirchengemeinde, der Sie sich neuerdings angeschlossen haben. Werfen Sie einen Blick in Ihr Wohnzimmerfenster. Was für einen Eindruck bekommen Sie? Kommen Sie zur Haustür hinein, und schauen Sie Ihr Wohnzimmer an, als würden Sie es zum ersten Mal sehen.

Notieren Sie sofort Ihre Eindrücke, und verlieren Sie die Aufzeichnungen nicht, weil Sie nicht mehr dieselben Eindrücke gewinnen können, wenn Sie noch einmal versuchen „zum ersten Mal" Ihr Haus zu betreten.

Werfen Sie einen Blick auf die Fensterbänke, achten Sie darauf, was auf den Möbeln liegt. Weckt dieser Anblick bei Ihnen ein Hochgefühl, oder sinkt Ihre Stimmung in den Keller? Schauen Sie die Möbel an – ist das Zimmer zu vollgestellt, sind die Möbel schäbig oder zu groß, oder sind es einfach nicht die richtigen Möbelstücke fürs Wohnzimmer? Messies haben in der Regel zu viele Möbel. Ist das bei Ihnen auch so? Achten Sie auf die Anordnung der Möbel. Sollten Sie manche Stücke umstellen, damit sie ihren Zweck besser erfüllen? Schauen Sie sich die Wände an. Wenn dort aller möglicher Ramsch hängt, wirkt sich das auf den Gesamteindruck des ganzen Zimmers aus.

Zum Schluß fragen Sie sich, ob sich im Wohnzimmer nicht zu viele Aktivitäten abspielen. Spielen die Kinder dort? Ruhen Sie sich dort am Nachmittag aus und sehen am Abend fern? Essen Sie in dem Zimmer? Gehen Sie dort Ihren Hobbys nach? Wenn so viele Aktivitäten in Ihrem Wohnzimmer stattfinden, daß das Zimmer nun überladen wirkt, versuchen Sie, einige dieser Tätigkeiten in andere Zimmer zu verlagern – Sie entspannen sich im Schlafzimmer, die Kinder spielen im Kinderzimmer, die Mahlzeiten nehmen Sie in der Küche oder anderswo ein. Wenn Sie das Fernsehgerät aus dem Wohnzimmer entfernen, werden manch andere Aktivitäten sich wohl automatisch in einem anderen Raum abspielen. Versuchen Sie, die verbliebenen Aktivitäten unter Kontrolle zu halten: Räumen Sie unmittelbar nach dem Essen den Tisch ab, lassen Sie die Kinder gleich nach dem Spielen ihre Spielsachen wegräumen, ordnen Sie die Bücher nach dem Lesen wieder ins Regal ein, und stellen Sie nie, niemals, irgendwelche Dinge im Wohnzimmer ab, wenn Sie zur Haustür hereinkommen.

Wenn es für Sie bequemer ist, daß sich bestimmte Aktivitäten im Wohnzimmer abspielen, wie beispielsweise das Einnehmen der Mahlzeiten, behalten Sie die Sache im Griff. Stellen Sie zum Beispiel einen Flaschenkorb neben den Tisch, und schaffen

Sie nach Möglichkeit Möbel und Teppiche an, die leicht zu reinigen sind.

Wenn die Kinder im Wohnzimmer spielen sollen, weisen Sie ihnen einen bestimmten Bereich zu, einen Platz, an dem sie ihre Spielsachen leicht unterbringen können (vielleicht in einer Kiste auf Rädern, die man bis zum Dielenschrank rollen kann), und räumen Sie zerbrechliche Gegenstände aus dem Weg.

Das Wohnzimmer ist wohl am anfälligsten für ein Zuviel: zu viele Möbel, zu viele Erinnerungsstücke, zu viele Dekorationsobjekte, zu viele Aktivitäten und zu wenig Kontrolle über das alles.

Das Schlafzimmer

Wenn Messies beginnen, die Kontrolle über ihr Haus zu übernehmen, fangen manche gerne in ihrem eigenen Schlafzimmer damit an, weil es für sie der persönlichste Ort ist. Da sie Kraft brauchen, um ihr Leben in Ordnung zu bringen, scheint es auch nur natürlich, mit dem Ordnen und Verschönern im Schlafzimmer anzufangen. Zuerst verschwinden die Papierstapel um das Bett und auf den Nachtkästchen. Die Bücher auf der Kommode werden weggegeben oder kommen auf Regale. Vielleicht wird auch ein unansehnliches Möbelstück entfernt, das irgendwo hineingezwängt wurde, um noch mehr Stauraum zu schaffen. Und wenn erst einmal eine gewisse Ordnung erkennbar ist, beginnt die Messie, das Zimmer schön zu gestalten. Der Bettüberwurf und die Vorhänge werden zuerst ausgewechselt. Und so geht das immer weiter – das Häßliche wandert hinaus, und das Schöne kommt hinein, bis die Messie sich den Ort geschaffen hat, an dem sie immer Kraft schöpfen und ein Bewußtsein für ihre Würde gewinnen kann, so daß sie die schweren Zeiten übersteht, die vor ihr liegen, wenn sie das ganze Haus umorganisieren will. Wir wollen uns nun nacheinander einige strategische Bereiche im Schlafzimmer vornehmen und beginnen mit den Kleiderschränken.

Den Schrank nehmen wir als erstes in Angriff, und viele Dinge werden für immer aus Ihrer Obhut verschwinden. Das

Schlafzimmer ist häufig der Ort, an dem vielerlei Dinge untergebracht werden. Erinnerungsstücke werden hier aufgehoben, die uns auch ein Gefühl der Geborgenheit vermitteln sollen. Im Kleiderschrank sind viele alte Kleider, die uns nicht mehr passen, die aber noch „gut" sind und die wir eine Ewigkeit nicht mehr getragen haben. Für diese Dinge gibt es folgende vier Möglichkeiten: Sie kommen in eine Kiste mit der Aufschrift *Zum Wegwerfen,* in eine Kiste mit der Aufschrift *Anderswo unterbringen,* wieder in den Kleiderschrank oder, wenn Sie sich bei manchen Kleidungsstücken gar nicht entscheiden können oder die Stücke jemand anderem gehören, in eine Kiste mit der Aufschrift *Entscheiden,* auf die Sie ein Datum schreiben, das in der nächsten Zukunft liegen sollte.

Wenn Ihre Kleider sich erst einmal in dieser Kiste befinden, werden Sie sich langsam an den Gedanken gewöhnen, sie ganz loszuwerden, und Sie werden die herrliche Freiheit genießen, endlich einmal Platz in Ihrem Schrank zu haben.

Wenn der Tag der Entscheidung kommt, werden Sie diese Kiste höchstwahrscheinlich mit Freuden dem Roten Kreuz oder einer anderen Organisation vermachen, die in erreichbarer Nähe ist. (Je leichter Sie sich die Sache machen, desto größer ist die Wahrscheinlichkeit, daß Sie sie auch wirklich in Angriff nehmen.) Wenn Sie unbedingt noch etwas aus der Kiste holen müssen, bevor sie für immer verschwindet, dann tun Sie sich keinen Zwang an. Aber ich vermute, Sie werden noch nicht einmal einen Blick hineinwerfen.

Wenn die Kiste voll ist mit Sachen, die jemand anderem gehören, teilen Sie dieser Person mit, wo sich die Kleider befinden, und das Datum, an dem Sie sie weggeben wollen, dann kann sich der Besitzer der Sachen entsprechend darauf einstellen. Manche Ehefrau bringt die Kleidung, die ihr Mann nicht mehr anzieht, ganz einfach in den Keller oder in einen anderen Schrank, ohne ihm etwas davon zu sagen. Wenn er die Sachen dann gar nicht vermißt, wird die Kleidung einem sinnvollen Zweck zugeführt. Es ist nur fair, wenn wir unseren Kleidern wieder einen Sinn zuweisen und sie von jemand anderem getragen werden. Eine ungetragene Jacke ist eine unglückliche Jacke.

Haben Sie keine Angst vor leeren Regalen oder ungenutztem Raum.

Sie werden beim Ausräumen noch Schuhe, Taschen und Hüte finden. Sie finden alte Versicherungspolicen, Kindheitserinnerungen und Teile von Sammlungen. Legen Sie so wenig wie möglich wieder in den Schrank zurück. Haben Sie keine Angst vor leeren Regalen oder ungenutztem Raum. Es ist doch gut, wenn Ihre Augen einmal umherwandern können, ohne daß sie jeden Zwischenraum mit Zeug vollgestopft sehen. Sie werden sich an diesen Anblick gewöhnen und bald die Freiheit eines geordneten Lebens zu schätzen wissen.

Räumen Sie Ihren Schrank möglichst einfach und übersichtlich ein. Hängen Sie dieselben Kleidungsstücke zusammen (Blusen, Röcke usw.), und ordnen Sie diese wiederum nach Farben, von hell nach dunkel. Halten Sie den Schrankboden möglichst frei, indem Sie die Schuhe leicht zugänglich in ein Fach stellen oder sie überhaupt in einem Schuhschrank unterbringen. Für Dinge, die Sie häufig benutzen, bringen Sie nur dann Haken an, wenn diese leicht zugänglich sind. Überlegen Sie, wie Sie Gürtel und Krawatten unterbringen. Es gibt zu diesem Zweck in Kaufhäusern oder Baumärkten viel praktisches Zubehör zu kaufen. Kaufen Sie zunächst in einem nahegelegenen Laden ein paar Standarddinge. Später können Sie sich immer noch nach Bedarf, und wenn Sie das Geld dazu haben, ein komplettes Organisationssystem für Ihren Schrank anschaffen oder es von einem Schreiner nach Maß anfertigen lassen. Doch je billiger und weniger zeitaufwenig Ihr ursprüngliches Organisationssystem ist, desto eher werden Sie es durchführen. Planen Sie nichts, was allzu kompliziert ist. Sie müssen ja auch noch das ganze übrige Haus umorganisieren.

Wenn Sie die Frisierkommode aufräumen, gehen Sie nach der gleichen Methode vor wie oben beschrieben. Befreien Sie so die Schubladen und die Oberfläche der Kommode von überflüssigem Plunder.

Überlegen Sie, was Sie auf die Frisierkommode stellen. Deodorants und Haarspray gehören mitsamt dem Nagellack in einen Schrank oder eine Schublade. Nur ein paar dekorative Stücke, vielleicht Ihr Schmuckkästchen, kommen auf die Kommode.

180

Über und neben der Frisierkommode hängen häufig Bilder. Achten Sie darauf, daß die Bilder zu den Farben Ihres Schlafzimmers passen und sie Ihnen wirklich gefallen. Oft hängen sie aus reiner Gewohnheit dort. Achten Sie auf die richtige Anordnung der Bilder. Viele Leute hängen ihre Bilder zu hoch. Wenn das bei Ihnen der Fall ist, hängen Sie sie tiefer. Suchen Sie in Zeitschriften für schöneres Wohnen nach Ideen zum Arrangement von Bildern. Sie werden sehen, daß Ihr Schlafzimmer danach einen ganz anderen Gesamteindruck macht.

Legen Sie Trennelemente in die Schubladen der Frisierkommode, wenn die Schubladen niedrig sind. Sind die Schubladen zu groß dafür, bewahren Sie BHs, Unterwäsche, Strümpfe und andere kleine Wäscheteile in Schuhschachteln auf. Nichts ist erniedrigender, als jeden Tag die Schublade nach sauberer Unterwäsche durchwühlen zu müssen. Machen Sie sich das Leben leicht. Hören Sie mit der lästigen Sucherei auf. Dieser tägliche Ärger beginnt einem bereits am Morgen die Energie für den Tag zu rauben. Ordnen Sie Ihre Frisierkommode um Ihrer eigenen Selbstachtung willen.

Dasselbe gilt für Ihren Schmuck. Den Schmuck sollten Sie so aufheben, daß Sie ihn jeden Tag leicht weglegen und leicht finden und herausholen können. Das heißt zum Beispiel, daß wir keine Haarbürsten auf dem Schmuckkästchen ablegen, und wir stellen auch keine Haarspraydosen und Musikkassetten davor, so daß wir nur mit Mühe an unseren Schmuck herankommen. Wenn Ihr Organisationssystem transparent und leicht zu benutzen ist, werden Sie es auch benutzen. Wenn es umständlich ist und Mühe macht, werden Sie sich bald nicht mehr daran halten.

Ob Sie etwas unter dem Bett lagern wollen, liegt bei Ihnen. Kaufen Sie in diesem Fall spezielle Kästen, die man unter das Bett schieben kann. Die gibt es auch aus durchsichtigem Plastik. Wenn sie nicht durchsichtig sind, beschriften Sie sie auf der Ihnen sichtbaren Seite in großen Buchstaben, damit Sie auf einen Blick erkennen, was in den Kästen ist, und Sie sie nicht jedesmal herausziehen müssen, um etwas zu suchen. Wenn Sie die Kleidung für verschiedene Jahreszeiten unter dem Bett

Sie werden bald die Freiheit eines geordneten Lebens zu schätzen wissen.

unterbringen wollen, schreiben Sie beispielsweise *kaltes Wetter* auf die rechte Seite des Kastens und *warmes Wetter* auf die linke.

Derselbe Kasten kann auch wechselweise für die Lagerung von Winter- und Sommerkleidung dienen. Sie können sie jeweils umdrehen, so daß die betreffende Aufschrift sichtbar ist.

Werfen Sie noch einmal einen letzten Blick auf das Schlafzimmer. Haben Sie überflüssige Möbelstücke herausgestellt? Sind die Oberflächen der Möbel und der Boden frei? Sind die Bilder gut angeordnet, und passen sie zu Bettüberwurf und Vorhängen? Und schließlich – ist alles leicht zugänglich und gut untergebracht? Sind die Schränke ein angenehmer Anblick und die Schubladen geordnet? Kurz, fassen Sie wieder neuen Mut, wenn Sie das Zimmer betreten? Wirkt sein Anblick belebend auf Ihren Geist?

Das Badezimmer

Das Bad ist in der Regel ein kleiner Raum, der jedoch viel benutzt wird. Er bedarf besonderer Kontrolle. Das bedeutet vor allem, ihn von allen überflüssigen Dingen zu befreien. Es gibt ja ganz unterschiedliche Bäder. Da gibt es welche mit geräumigen Schubladen und Schränken, und andere haben wiederum überhaupt keinen Stauraum, außer einem kleinen Medizinschränkchen über dem Waschbecken. Wenn jemand ein Messie ist, spielt es jedoch gar keine Rolle, wieviel Platz im Bad ist, da alle Oberflächen und Stauräume ohnehin vollgestellt sind. Der Trick ist, alle überflüssigen Dinge aus dem Bad zu entfernen – Make-up, Lockenwickler, Fön, Bürsten und so weiter.

Viele dieser Dinge sollten anderswo untergebracht werden. Ich hebe die Medikamente in der Küche auf; mein Lockenstab und Fön hängen an Haken im Dielenschrank. In diesem Schrank befindet sich auch mein Make-up in Schuhschachteln aus Plastik. Manche dieser Dinge können auch auf Regale im Kleiderschrank oder in einer Schublade der Frisierkommode verstaut werden.

182

Eine Frau aus meiner Selbsthilfegruppe berichtete uns von ihrer Erfahrung: „Kürzlich habe ich drei Wochen in den Rocky Mountains gezeltet", berichtete sie. „Ich hatte nur eine kleine Kosmetiktasche dabei, und ich sah jeden Tag schön aus. Als ich nach Hause kam, fragte ich mich, wozu ich ein ganzes Zimmer voller Lippenstifte, Cremetöpfe und Lotionen brauchte. Also warf ich das alles hinaus, und jetzt fühle ich mich richtig wohl in meinem Badezimmer."

Sie fügte dann noch etwas verlegen hinzu: „Ich habe die Sachen nicht eigentlich fortgeworfen. Ich legte sie in eine Schachtel und räumte sie weg." Nun, wenigstens war das ein guter Anfang. Sie gewöhnt sich langsam an den Gedanken, diese Dinge nicht mehr zu benutzen, aber es ist schwer, Kosmetika loszuwerden, weil man sie wirklich fortwerfen muß. (Keiner will gebrauchte Kosmetika haben.)

Versuchen Sie, alles, was nur irgend möglich ist, aus dem Bad zu entfernen, einschließlich des Wäschekorbes und der Waage. In unserem Bad steht nur ein kleines Medizinschränkchen für Zahnpasta und Rasierzeug, und das genügt.

Wenn Sie das Bad von überflüssigen Dingen befreit haben, überlegen Sie, wie Sie es schön gestalten können. Ein Bild, ein zusätzlicher Spiegel vielleicht. Die Oberflächen des Spülkastens, das Fensterbrett und die Ecken der Badewanne sollten leer sein. Shampoos und dergleichen sollten auf der Duschablage stehen, und das Badespielzeug der Kinder können Sie in einen Beutel stecken und auch an diese Ablage hängen.

Wenn bei Ihnen Badewanne und Dusche kombiniert sind, schauen Sie in Warenhäusern oder Geschäften für Badzubehör nach einem praktischen und dekorativen Duschvorhang.

Das Schönste am Bad sind die glänzenden Armaturen. Wenn der ganze Ramsch einmal fort ist, lassen sie sich leicht reinigen und somit hygienisch halten.

Die Küche

Wie das Bad neigt auch die Küche dazu, häßliche und unnütze Dinge anzuziehen. Die Schubladen sind gefüllt mit merkwürdigen und nie benutzten Küchenutensilien, Flaschenverschlüssen und Verschlüssen für Plastiktüten. In Schränken lagern Geräte, die selten, wenn überhaupt einmal, benutzt werden: Entsafter, Siebe, Römertopf, Eierkocher und was nicht alles. Es fällt schwer, sich von Kochutensilien zu trennen, weil Kochen so etwas Nährendes und Aufbauendes ist. Es hat auch viel mit unseren Gefühlen zu tun. Doch trotzdem müssen wir unsere Schränke gründlich ausräumen, sonst werden wir jedesmal frustriert sein, wenn wir etwas aus dem Schrank holen wollen und es nicht finden, und wir entwickeln geradezu einen Widerwillen, die Sachen überhaupt wegzuräumen, so daß wir sie schließlich einfach auf die Theke stellen.

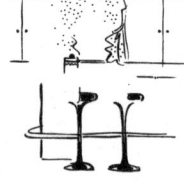

Die Küche ist in verschiedene Zentren aufgeteilt: Das Geschirrzentrum und das Kochzentrum sind die wichtigsten. Im Geschirrzentrum sollten sich das Waschbecken und die Spülmaschine befinden, die Regale für Geschirr und die Schubladen für das Besteck. Im Kochzentrum sind der Herd und die Mikrowelle, Töpfe und Pfannen, Nahrungsmittel und Gewürze. Das ist der Idealzustand. Sie werden vermutlich kaum morgen Ihre ganze Küche auseinandernehmen, um diesen Zustand zu erreichen. Doch Sie können dafür sorgen, daß Ihre Küche optimal eingerichtet ist, so wie sie momentan konstruiert ist.

Nur sehr wenige Kücheneinrichtungen sind perfekt, doch die meisten können verbessert werden, wenn man sich ernsthaft Gedanken darüber macht. Schreiben Sie zwei Schilder: *Geschirrzentrum* und *Kochzentrum,* und heften Sie diese in der Mitte jedes Zentrums an die Wand. Dann treten Sie zurück und betrachten das Ganze. Wenn Sie merken, daß Ihre Zentren in der ganzen Küche verteilt sind, überlegen Sie, wie Sie das ändern können. UND DANN TUN SIE ES.

Jetzt kommt der wichtige Teil – das Aufräumen der Theke und die schöne Gestaltung der Küche. Auf der Theke sollte so wenig wie möglich stehen – am besten überhaupt nichts.

Diese Sachen sollten auf keinen Fall auf der Theke stehen:
Kaffeemaschine
Mixgerät
Mikrowelle
Toaster
Elektrischer Büchsenöffner
Blechdosen
Messerhalter
usw., usw., usw.

„Doch", so werden Sie einwenden, „wie soll das funktionie-
ren?" Ganz einfach: Kaffeemaschine, Mixer und Toaster bringen
Sie unterhalb des Küchenschrankes unter. Und es gibt viele Vorrichtungen, die man unter der Theke anbringen kann, sogar
Schubladen. Schaffen Sie solche Stauräume so schnell wie möglich. Bringen Sie zwischenzeitlich so viel wie möglich unter den
Küchenschränken unter, selbst wenn Ihnen das unbequem
erscheint.

Noch ein Wort zu dem elektrischen Dosenöffner. Das ist ein
so unangenehmes, lautes Gerät, daß ich meinen weggeworfen
und an seiner Stelle einen guten Dosenöffner gekauft habe, den
man von Hand bedienen kann und der in jede Schublade paßt.

Auch die Wände der Küche sind wichtig. Sie sollten nicht
mit Töpfen und Wandkalendern verunstaltet werden. Stellen
Sie die Töpfe in einen Schrank, wenn dort überhaupt noch Platz
ist, und bringen Sie den Kalender, Notizblock und Bleistift auf
der Innenseite des Schrankes an. Ich weiß, daß in Küchen von
Restaurants Töpfe an der Wand und an der Decke hängen, aber
hier geht es nicht um einen schönen Anblick.

An diesem Punkt werden Sie denken, ich sei zu extrem, wenn
ich dafür plädiere, die Theke frei zu halten und die Töpfe von
der Wand zu entfernen. Ich weiß, daß man in Zeitschriften
wunderschöne Abbildungen von stilvollen Küchen sieht, mit
Früchteschalen, Blumenkörben, Körben mit Eierattrappen,
Gläsern mit bunten Makkaronis und Krügen mit Kochutensilien auf der Küchentheke.

Zunächst einmal dürfen wir nicht vergessen, daß diese Arrangements speziell für den Fotografen gemacht worden sind. Es gibt jedoch auch Leute, die tatsächlich in diesen Küchen wohnen.

Wenn man eine solche Küche betritt, hat man immer das Gefühl, jeden Augenblick könnte das Aufnahmeteam einer Wohnzeitschrift erscheinen. Diese Leute haben ihre Küche sehr originell dekoriert – warum können wir das nicht auch?

Was können wir tun, um eine schönere Küche zu bekommen?

Solche Dekorationen sind für einen Messie das, was Zucker für einen Diabetiker ist. Den meisten Menschen macht der Verzehr von Zucker gar nichts aus. Diabetiker müssen ihren Zuckerverbrauch einschränken, weil ihr Körper ihn nicht entsprechend verarbeiten kann. Messies müssen zu vielen Dekorationen und Geräten auf der Theke und an den Wänden widerstehen, weil wir visuell nicht damit umgehen können. Wenn irgend etwas auf der Theke steht, müssen wir unweigerlich etwas dazustellen. Cleanies haben auch die Geduld, die Gegenstände aufzuheben und darunter sauberzumachen, Messies nicht. Glauben Sie mir, eine leere Theke hilft unserem Ordnungssinn enorm auf die Sprünge.

Was können wir tun, damit wir eine schöne Küche bekommen? Wenn Sie die Schränke und auch die Theke und die Wände, so gut es möglich war, von allem möglichen Zeug befreit haben, überlegen Sie nun, wie Sie die Küche geschmackvoll gestalten können.

Fenster: Hier können Sie die Farben von Geschirr, Küchenmöbeln usw. aufgreifen, indem Sie attraktive Vorhänge, Rollos oder Gardinen kaufen.

Wände: Hängen Sie einen Wandbehang oder ein Bild auf, das farblich zu den anderen Dingen paßt.

Theke und Fensterbänke: Entscheiden Sie sich als Anziehungspunkt für das Auge für einen Gegenstand – vielleicht einen Korb mit Seidenblumen.

Sie brauchen nichts zu überstürzen. Überlegen Sie lieber gründlich, wie Sie die Küche verändern wollen, damit praktische Ordnung und Schönheit einkehren. Sie werden hinterher befriedigt sein.

186

Wir könnten nun immer so weitermachen und uns die Kinderzimmer, das Spiel- oder Hobbyzimmer, den Keller, die Garage und alle Arten von Schränken vornehmen.

Doch wenn Sie diese vier wichtigen Räume in den Griff kriegen, indem Sie sich nach den hier erwähnten Prinzipien von Ordnung und Schönheit richten, und wenn Sie Ihre Erfolge in diesen Zimmern als Sprungbrett der Begeisterung nutzen können, werden Sie die anderen Bereiche des Hauses auch noch in Angriff nehmen, langsam aber sicher.

Und vergessen Sie nicht: Jedes Zimmer ist eine einzigartige Leinwand, auf der Sie Ihre Persönlichkeit darstellen können. Was für eine Herausforderung! Was für eine Möglichkeit!

Supertips

Aufhängetips

Ich bin immer mehr davon überzeugt, daß Cleanies eine Menge Dinge aufhängen, ohne daß es ihnen überhaupt bewußt ist. Das tun Sie, um die Oberflächen von Möbeln sauberzuhalten – aber es ist auch eine Hilfe bei Lagerungsproblemen. Hier ein paar schnelle Aufhängetips für die Küche:

- Hängen Sie Tassen und Becher an Haken o. ä.
- Früchte und Gemüse können Sie in Hängekörben unterbringen. Limonen, Avocados und Orangen nahmen bei uns wertvollen Platz auf der Theke weg, bis ich einen solchen Hängekorb kaufte.
- Hängen Sie Messer in ein Messergestell. So gewinnen Sie Platz in der Schublade, und die Messer schleifen sich beim Aneinanderstoßen nicht gegenseitig ab.
- Hängen Sie Besen und Mops auf. Auf diese Weise können sie nicht mehr umfallen und ein Durcheinander verursachen. Auch verhindern wir so, daß die Borsten des Besens geknickt werden. Für diesem Zweck gibt es im Handel Halterungen zu kaufen.

Auch die Rückseiten von Türen eignen sich sehr gut, um Dinge in der Küche zu verstauen. Hier kann man kleine Drahtregale oder Gewürzborde anbringen. Gestelle für Alu- und Plastikfolie, Tüten, Seife, Stahlwolle und ähnliches schaffen eine Menge Platz auf Regalen.

Kochutensilien können ebenfalls aufgehängt werden und verringern so die Unordnung in Schubladen. Meßlöffel u. ä. kann man an Haken auf die Rückseite der Küchentür hängen. Töpfe können Sie an die Wand hängen, doch achten Sie darauf, daß nicht so viele Dinge in der Küche herumhängen, daß sie chaotisch wirkt. Da der Platz in Regalen und Schubladen gut genutzt werden muß, hängen Sie alles auf, was nur möglich ist.

Teil 5

Innenarchitektur für Messies

Der Sieg über Chaos und Unordnung hat viele positive Folgen – ein friedliches Familienleben, Zeit, den eigenen Interessen nachzugehen, Befreiung von Schuldgefühlen und nagenden Ängsten, um nur einige zu nennen. Doch der wahrscheinlich größte Lohn ist die Wiederentdeckung der Schönheit in Ihrem Leben. In dem Maße, wie die Ordnung einkehrt, werden Sie mit neuen Ideen für Ihr Heim förmlich bombardiert – nicht nur organisatorische Ideen, sondern Ideen für das Renovieren und Gestalten der Räume. Das ist wunderbar aufregend!

Aber es liegen auch Gefahren darin. Sie werden versucht sein, neue Arrangements auszuprobieren, neue Möbel zu kaufen, neue Vorhänge aufzuhängen ... Und wenn Sie nicht achtgeben – wirklich achtgeben –, werden Sie eine Menge Geld investieren und möglicherweise so entmutigt sein, daß Sie wieder den alten Schlendrian einkehren lassen und das Haus bald aussieht wie zuvor.

Wir Messies müssen bei der Gestaltung unseres Hauses mit derselben Behutsamkeit zu Werke gehen, wie wir es beim Ordnen und Organisieren getan haben. Und wir brauchen jemanden, der unser Dilemma versteht und uns zeigt, wie wir dabei zu Werke gehen sollen. Deshalb ist es mir ein Vergnügen, Ihnen jetzt Rebecca Emerick vorzustellen. Sie ist Mitglied bei der amerikanischen Gesellschaft für Innenarchitektur und führt seit vielen Jahren ihr eigenes Studio für Innenarchitektur. Sie kennt sich also wirklich in der Materie aus.

Aber das Beste kommt noch. Rebecca ist eine ehemalige Messie! Sie nahm mit mir Verbindung auf, nachdem sie *Ohne Chaos geht es auch* gelesen hatte, um mir zu sagen, wie sehr das Buch ihr geholfen hat. Während unseres Gesprächs stellte sich heraus, daß sie uns Messies eine echte Hilfe sein könnte. Ihre Ideen und Anregungen, wie Sie bei der Gestaltung Ihres Heimes Ihre eigene Persönlichkeit entdecken können, sind herzerfrischend und aufregend – und sehr gut durchführbar. Sie stellt ihr Konzept des MAGISCHEN RAUMS in Vorträgen und Seminaren vor, und so habe ich sie gebeten, uns einmal für den Anfang mit ein paar grundlegenden Dingen vertraut zu machen.

Ein Hinweis noch, bevor Sie sich ins Zeug legen: Alles braucht seine Zeit, und Gutes braucht noch mehr Zeit. Haben Sie Geduld mit sich selbst und Ihrem Haus und versuchen Sie nicht, alles auf einmal zu machen. Wenn Sie meinen, alles über Nacht erledigen zu können oder selbst innerhalb einer Woche, werden Sie am Ende sehr frustriert sein und möglicherweise die ganze Sache überhaupt an den Nagel hängen. Schaffen Sie sich in Ihrem Tagesplan Zeit, um auf Ihre Ziele hinzuarbeiten. Zeit zum Planen, Einkaufen, Anstreichen, Nähen und die Zeit, dafür Geld in Ihrem Budget aufzutreiben. Sie haben Ihr Haus auch nicht nach der Mount-Vernon-Methode über Nacht in Ordnung gebracht – und so werden Sie es auch nicht über Nacht neu gestalten. Gehen Sie Tag für Tag und Schritt für Schritt vor, freuen Sie sich an der Arbeit, und bleiben Sie bei der Stange.

Und jetzt freuen Sie sich auf Ihre neue Aufgabe!

Ja. Vor einem Jahr bestellte ich *Ohne Chaos geht es auch,* und ich brachte tatsächlich mein Haus in Ordnung. Das war nicht einfach, aber die Ergebnisse waren ermutigend. Leute, die heute mein Haus betreten, ahnen nicht einmal die schreckliche Wahrheit. Ich bin von Beruf Innenarchitektin, Mitglied bei der amerikanischen Gesellschaft für Innenarchitektur und eine erfolgreiche Unternehmerin, die jahrelang ihr eigenes Geschäft geführt hat*, eine Fachfrau, die Vorträge und Reden hielt und Kurse über Innenarchitektur gab – wie habe ich nur so lange Zeit meine wahren Neigungen verbergen können? Ganz leicht – ich war eine „Schrank-Messie", eine von der Art, deren Wohnzimmer fantastisch aussieht, deren Dielenschrank jedoch eine unangenehme Überraschung für jeden Unglücksraben ist, der versucht, dort seinen Mantel aufzuhängen.

Als berufsmäßige Innenarchitektin und Messie bin ich in der einzigartigen Lage, die besonderen Probleme zu verstehen, die wir haben, wenn wir unser Haus in Ordnung bringen wollen. Sandra Felton meinte, als sie mich bat, dieses Kapitel zu schreiben: „Ich glaube nicht, daß eine Frau motiviert werden kann, ihr Haus sauberzumachen, wenn es hinterher nicht ein schöner Anblick ist", und da stimme ich ihr voll und ganz zu. Messies fühlen sich manchmal wegen ihrer Unordnung so unwohl, daß sie sich gar nicht die schönen Zimmer vorstellen können, in denen sie zu wohnen verdienen. Diesen Zustand nennen wir „mangelnde Vorstellungskraft", und unsere erste Aufgabe ist es, dagegen zu Felde zu ziehen.

---

* Mit meiner besten Freundin, die ebenfalls Innenarchitektin und eine Cleanie ist. Wir waren ein gutes Team – ich machte die Werbung, und sie sortierte die Rechnungen und sorgte dafür, daß die Tür zu meinem Büro geschlossen blieb.

Was ist mangelnde Vorstellungskraft?

Mangelnde Vorstellungskraft ist ein schreckliches Unbehagen, das uns überfällt, wenn das Wohnzimmer mit einer Staubschicht, alten Zeitschriften, Teilen der Spielzeugeisenbahn und Katzenhaaren bedeckt ist. Es ist eine Krankheit, die die unbedachte Messie überfällt, welche sich der Illusion hingibt, alles wäre in bester Ordnung, wenn sie es nur schaffen würde, alles auf einmal aufzuräumen. Doch welcher Anblick würde sich ihr danach bieten? Vielleicht ein aufgeräumtes, kahles Wohnzimmer. Zwar nicht mehr unordentlich, aber in keiner Weise anregend. Die Schönheit unseres Umfelds sollte uns inneren Auftrieb geben, uns inspirieren, statt uns zu langweilen und zu deprimieren. Doch bevor wir auch nur die Kraft aufbringen, Raum zu schaffen, brauchen wir ein Bild vor unserem geistigen Auge, das uns inspiriert und überhaupt erst in Bewegung setzt. Das ist unsere Vision vom MAGISCHEN RAUM.

Was ist der MAGISCHE RAUM?

Der MAGISCHE RAUM ist das Zimmer, das wir alle verdienen. Schauen Sie sich die Zimmer in den Zeitschriften für schöneres Wohnen an – das sind MAGISCHE RÄUME. Wir können uns vorstellen, in jedem von ihnen ein ganz besonderes Leben zu führen. Ein Zimmer sagt: „Ich bin der Glanz, der Spaß, weißer Satin, meine Teppiche sind cremefarben, meine Tische sind leer, nur eine einzelne Orchidee steht darauf." Ein anderes Zimmer: „Ich stehe für das Freizeitvergnügen des Mannes – ein Kamin aus grobem Stein, ein Bärenfell davor, alte Ledersofas und eichengetäfelte Wände." Ein anderer Raum flüstert: „Ich bin das Kinderzimmer, ich stehe für Unschuld, Spitzen und Schlaflieder, eine leise Melodie von Brahms aus einer alten Spieldose. Ich stehe für Liebe und kuschelige rosa Decken und kleine bestickte Kopfkissen. *Guten Abend, gut Nacht, mit Rosen bedacht ...*" Wir alle haben Zimmer wie diese bewundert, warum sollten wir also nicht auch in einem solchen wohnen?

Glauben Sie mir, das ist für jeden möglich. Lesen Sie nur weiter, und gehen Sie Schritt für Schritt vor.

Die mangelnde Vorstellungskraft bekämpfen

Der MAGI-SCHE RAUM ist das Zimmer, das wir alle verdienen.

Den persönlichen Stil finden. Das ist wichtig – ein Leopard kann seine Flecken nicht verändern, zumindest, soweit es die Innenarchitektur betrifft. Die Möbel, die wir aussuchen, der Teppich, der uns gefällt, die Farben, die uns ansprechen, sie alle haben ihre Wurzeln in bestimmten Merkmalen unserer Persönlichkeit. Wenn wir gegen unseren persönlichen Geschmack handeln, geraten wir in seelischen Streß. Wir haben alle schon einmal gesagt: „Damit könnte ich nicht leben." Und das meinen wir auch so. Mit manchen Dingen könnten wir wirklich nicht leben, und das sollten wir auch gar nicht erst versuchen.

Als Test, ob ein bestimmtes Stück gut aussieht oder ob es mir überhaupt gefällt, stelle ich es an einen ungewöhnlichen Platz – eine antike chinesische Vase auf die Küchentheke beispielsweise, und dann versuche ich, nicht mehr daran zu denken, daß ich sie dorthin gestellt habe. Und dann komme ich mitten in der Nacht in die Küche, um etwas zu trinken, knipse das Licht an, und in diesem Überraschungsmoment sehe ich den betreffenden Gegenstand wirklich. In diesem Bruchteil einer Sekunde reagiere ich gefühlsmäßig auf ihn, der Verstand ist ausgeschaltet, und ich empfinde plötzlich Liebe oder Gleichgültigkeit oder Abneigung. Auf dieser Ebene der unmittelbaren Reaktion des Unterbewußten muß Ihnen etwas gefallen. Diese Reaktion läuft so schnell ab, daß das bewußte Denken gleichsam ausgeschaltet ist – ich nenne diesen Vorgang das „glückliche Auge". Wenn ein Gegenstand nicht dieses „glückliche Auge" in Ihnen auslöst, versuchen Sie sich nicht weiszumachen, daß er Ihnen gefällt. Ich bringe dieses glückliche Auge zur Sprache, weil ich vermute, daß viele Messies ihr Haus deshalb nicht in Ordnung bringen wollen, weil sie nichts besitzen, das ihnen so wertvoll ist, daß sie es sauber und geordnet sehen wollen.

194

Diese Diskusssion hat nichts mit Geld zu tun – wir könnten alle unser Haus verschönern, würde Geld keine Rolle spielen. Mein Anliegen ist es, die Faktoren zu analysieren, über die wir Kontrolle ausüben können. Ich wende mich an die Frau, die ihren persönlichen Stil falsch eingeschätzt hat und mit dem Ergebnis unglücklich ist, an die Frau, die inmitten von geschmacklosen Erbstücken gefangen ist und keinen Mut hat, sie loszuwerden, oder an die, die den Versuch aufgegeben hat, ein angenehmes persönliches Umfeld zu schaffen, weil sie ihre Unordnung nicht in den Griff kriegt. Kein Geld zu haben kann sicher ein gewisses Hindernis darstellen, doch vor diesem Problem stehen wir ja praktisch alle. Mein Interesse gilt den seelischen Sperren, die überhaupt jede Veränderung verhindern. Geld, oder das Fehlen von Geld, ist dabei eher ein zweitrangiges Problem. *Zuerst müssen Sie wissen, was Sie überhaupt tun wollen!*

Vielen Messies ist ihr Haus gar nicht so wichtig. Was auch immer der Grund ist, sie können sich mit ihrem Haus nicht mehr persönlich identifizieren und haben von daher wenig echtes Interesse, es zu verschönern. Ich habe einige Gründe für dieses Verhalten gefunden und werde sie Ihnen auf den folgenden Seiten vorstellen. Dann zeige ich Ihnen, wie Sie Ihren persönlichen Stil effektiv analysieren und sich ein häusliches Umfeld schaffen können, das Ihnen am Herzen liegt. Machen Sie zunächst einmal diesen kleinen Test.

Strebe nach Einfachheit.
Lebe mit der Natur.
Finde einen Lebensrhythmus.
Strebe nach Schönheit.
Strebe nach Qualität.

Testen Sie Ihre innenarchitektonischen Fähigkeiten als Messie

JA   NEIN   Haben Ihr Ehemann und Ihr fünfjähriger Sohn die
Eßzimmereinrichtung ausgesucht, weil Sie sich
nicht entscheiden konnten und sich zwölf Gäste
zum Weihnachtsessen angesagt hatten? Siehe *Das
Kind, das seinen Geschmack nicht entwickeln konnte.*

JA   NEIN   Liegt der Sesselschoner aus Spitze, den die dahin-
geschiedene Tante Agathe Ihnen vermacht hat,
über dem alten schwarzen Kunststoffsofa, das Ihr
Mann lange vor Ihrer Hochzeit gekauft hat? Hat
Ihre Schwiegermutter darauf bestanden, ihr altmodisches Fernsehschränkchen dazuzustellen sowie
Großonkel Harrys alten Lehnstuhl mit der abge-
wetzten Wolldecke – und das alles in Ihrem Wohnzimmer? Siehe *Das Erbopfer.*

JA   NEIN   Sind Sie unfähig, irgendwelche Entscheidungen zu
treffen in bezug auf die Gestaltung Ihres Hauses,
weil Sie Angst haben, das Ergebnis würde gewöhnlich und langweilig aussehen? Müssen Ihre Zimmer so extravagant sein, daß Sie sie bis jetzt noch
nicht möbliert haben? Siehe *Das Außergewöhnlich-
keitssyndrom.*

JA   NEIN   Glauben Sie, daß Intaglio eine Hautkrankheit ist,
die Ihre Kinder in der Schule aufschnappen? Oder
Chippendale kleine Eichhörnchen, die Weih-
nachtslieder singen? Siehe *Das Karrierefrausyndrom.*

JA   NEIN   Hassen Sie all Ihre Möbel, verabscheuen Sie all Ihre
Accessoires, mögen Sie keinen Ihrer Teppiche, und
hoffen Sie insgeheim auf eine neue Sintflut, damit
Sie, wenn das Wasser abgeflossen ist, noch mal ganz

von neuem beginnen können? Sind Sie der Ansicht, daß Leute, die in einem schönen Haus wohnen, zuviel Wert auf Äußerlichkeiten legen und vermutlich insgeheim ihre Kinder mißhandeln? Siehe *Das Spartanersyndrom.*

JA NEIN Haben Sie Schwierigkeiten, Ihr Auto auf dem Parkplatz zu finden, wenn Sie mit Einkäufen beladen aus dem Supermarkt kommen? Können Sie sich leicht ins Gedächtnis rufen, wie Ihr letzter Hund ausgesehen hat? Siehe *Das Syndrom der mangelnden visuellen Vorstellungskraft.*

Das Kind, das seinen Geschmack nicht entwickeln konnte

Sein Name ist Legion – ich habe schon etliche Kunden von dieser Sorte gehabt. Ihr Hauptproblem ist ihre völlige Unfähigkeit, Entscheidungen zu treffen. Und warum können sie keine Entscheidungen treffen? Weil bei jedem Gedanken, den sie haben, bevor überhaupt ein Gefühl aus ihrem trüben Unterbewußtsein an die Oberfläche dringt – *die Mutter spricht!* Magst du das *wirklich?* Ob dir dieses nicht doch besser gefällt?

Mutter mag schon längst das Zeitliche gesegnet haben, doch sie steht noch immer jeder Entscheidung im Weg. Ihre Stimme klingt uns immer noch in den Ohren und kommentiert jedwede Anschaffung. „Das ist nicht schicklich, Liebes." „Diese Farbe läßt dich ganz kränklich aussehen." „Wer hat dir denn das weisgemacht?"

Kinder, deren Geschmack nie gefördert wurde, deren Käufe von der Mutter (dem Vater, Onkel Fred oder wem auch immer) korrigiert wurden, haben auch später oft Angst, Entscheidungen zu treffen. Doch wenn sie sich überhaupt nicht entscheiden, können sie auch keinen Fehler machen. Oft delegieren sie Entscheidungen in bezug auf die Einrichtung des Hauses auf andere Familienmitglieder in der Hoffnung, damit dem Streß einer Fehlentscheidung zu entgehen. Aber das ist oft unbefriedigend, weil der Ehemann oder das Kind oder die Mutter, wenn sie im Haushalt lebt, einen anderen Geschmack haben, und die unglückliche Frau, die ihren Geschmack nicht entwickeln konnte, nun inmitten von Möbeln und anderen Dingen gefangen ist, die sie nicht ausgewählt hat und die ihr nicht gefallen.

Da die unglückliche Frau, die ihren Geschmack nicht entwickeln konnte, befürchtet, daß jede ihrer Entscheidungen, die in der konkreten Anschaffung eines Dekorationsobjekts gipfelt, nur beweist, daß sie keinen Geschmack hat, muß sie sich immer eines vor Augen halten: Wir müssen ein bißchen wagemutig sein, um großartige Resultate bei der Gestaltung unseres Hauses zu erzielen.

Eine meiner Kundinnen hatte solche Angst vor der Einrichtung des Hauses, daß ihr Wohnzimmer seit ihrem Einzug vor fünf Jahren vollkommen leer war. Ihr Mann wollte Gäste einladen, und sie fühlte sich völlig verunsichert, weil sie sich nicht entscheiden konnte, was sie wollte.

Wir müssen ein bißchen wagemutig sein, um großartige Resultate bei der Gestaltung unseres Hauses zu erzielen.

„Was würden Sie kaufen, wenn Sie ganz allein lebten, und das Haus niemandem außer ihnen selbst gefallen müßte?" fragte ich sie.

Sie dachte einen Augenblick nach und meinte dann: „Es klingt vielleicht töricht, aber mir haben schon immer Bilder von jungen Hunden gefallen." Sie wurde tatsächlich rot.

„Was für junge Hunde?"

„Cockerspaniels", erwiderte sie. „Aber ich habe nicht den Mut, überall im Wohnzimmer Bilder von Cockerspaniels aufzuhängen. Und dann mag ich noch diese alten englischen Schaukelstühle, die mit blumigem Chintz bezogen sind." Damit hatte sie natürlich die Grundelemente eines englischen Landhausstils beschrieben. Eine bezaubernde Vorstellung. Im weiteren Verlauf des Gesprächs wurde eine unterdrückte Vorliebe für Rot und ein sehnlicher Wunsch nach einem Orientteppich zutage gefördert. Sie konnte sich nicht vorstellen, wie all das zusammenpassen würde, aber ich konnte es. Wir wählten einen Orientteppich in Dunkelblau und Rot aus und zwei große Schaukelstühle, die mit rotem Chintz – gemustert mit cremefarbenen und blauen Blumen – bezogen waren. Zu beiden Seiten einer Blumenschale auf dem Kamin saßen zwei Porzellanfiguren – Cockerspaniels, was sonst! Jeder, der sie sah, rief begeistert aus: „Wo hast du diese süßen Porzellanhunde aufgetrieben? Sie geben dem Zimmer *den letzen Pfiff.*"

Also haben Sie keine Angst, ihren persönlichen Geschmack einzubringen. Die beste Einrichtung kommt aus dem Herzen. Es spielt keine Rolle, was in diesem Jahr in ist oder was die Nachbarn mögen. Wir müssen es wagen, originell zu sein, dann machen wir mit unserer Einrichtung eine wesentliche Aussage. Zimmer mit Persönlichkeit müssen diese Persönlichkeit von Ihnen, liebe Leserin, gewinnen. Also nur Mut! Die wahre Herausforderung liegt darin, daß Sie Ihren persönlichen Geschmack überhaupt erst einmal herausfinden, wenn Sie noch nie gewagt haben, sich darüber Gedanken zu machen.

Das Außergewöhnlichkeitssyndrom

Eine andere Form des Kindes, das seinen Geschmack nicht entwickeln konnte, ist die Henne, die ein Entenei legen will. Diese arme Frau hat fast so etwas wie eine „Gestaltungshemmung", weil sie nicht damit zufrieden ist, etwas gut zu machen – es muß *außergewöhnlich* gut sein. Wie die perfektionistische Messie würde sie lieber gar nichts tun als etwas, was nicht ihren perfektionistischen Maßstäben entspricht. Paradoxerweise leistet die Henne, die ein Entenei legen will, die beste Arbeit, wenn sie nicht so verbissen zu Werke geht. Wenn man versucht, alles so unglaublich gut zu machen, kann das „ins Auge gehen". Wie in vielen anderen Fällen kann ein entspannteres Herangehen an die Sache zu besseren Ergebnissen führen.

Das Erbopfer

Das Erbopfer ist manchmal arm oder doch ärmer als seine reichen Verwandten. Da diese Frau empfindsam und sentimental ist, verletzt sie nicht gern die Gefühle anderer Leute. Also bekommt sie eine Menge merkwürdiger Dinge vermacht, in der Regel von der Familie ihres Mannes, obwohl ich eine Frau kenne, die einen besonders scheußlichen Nachlaß erbte – dazu noch von ihrem Lieblingsonkel. Sie mochte den Onkel zu sehr, als daß sie das Möbelstück weggegeben hätte. Eine so mit Schuldgefühlen befrachtete Erbschaft ist jedoch eher ungewöhnlich. Häufiger braucht der glückliche Empfänger „doch gerade ein neues Sofa. Ich weiß, das hier wird dir gut gefallen, es ist zu gut, um auf den Sperrmüll gestellt zu werden." Es erübrigt sich wohl zu erwähnen, daß es auch nicht gut genug ist, als daß man es behalten möchte, doch das Erbopfer braucht tatsächlich gerade dringend ein Sofa und kann auch nicht nein sagen.

Das Erbopfer muß sich wehren, oder es wird bald in Bergen von Ramsch und merkwürdigen Antiquitäten ersticken. Die beiden besten Waffen sind Ablehnung und List. Wenn die Gabe wirklich unmöglich ist, verweigern Sie einfach die Annahme. Solche Angebote sind ja überhaupt an der Grenze der Beleidigung, doch sie kommen in der Regel von wohlmeinenden Verwandten, die sich nicht dazu durchringen können, etwas wegzuwerfen.

Das habe ich geliebt:
weiße Teller und Tassen,
sauber und strahlend.

Rupert Brooke

Ist das gute Stück wertvoll oder ein Erbstück, an dem Erinnerungen hängen, entspricht aber nicht Ihrem Geschmack, versuchen Sie folgenden Trick – der klappt normalerweise, wenn Sie das Stück wirklich nicht haben wollen, aber die Person mögen, die es Ihnen vermacht hat, und ihre Gefühle nicht verletzen wollen. Eine Freundin von mir, Celia, erhielt einmal von einer lieben Tante, die regelmäßig zu Besuch kam, einen wuchtigen Schrank im viktorianischen Stil. In den meisten Fällen ist das Interesse an dem Stück am Anfang am größten. Celia stellte den Schrank ins Wohnzimmer und schwärmte in höchsten Tönen von dem Schrank und der Großzügigkeit ihrer Tante. Jeder bewunderte das Stück, und die Tante war beglückt, daß Celia den Schrank so zu schätzen wußte, daß sie ihm einen solchen Ehrenplatz zuwies. Drei Monate später stellte Celia den Schrank in den Flur und sagte der Tante, daß er dort genau am richtigen Platz sei; warum hatte sie nur nicht gleich daran gedacht? Der Korridor war lang und dunkel, und im Verlauf der nächsten drei Monate bewegte Celia den Schrank immer ein Stück weiter den Flur entlang. Als nächstes hatte sie die Idee, ihn ins Gästezimmer zu stellen. „So ein *praktisches* Stück, warum habe ich nicht gleich daran gedacht?" Nachdem der Schrank ein Jahr lang im Gästezimmer gestanden hatte, vermachte sie ihn einer jungen Verwandten, die tatsächlich Gefallen an dem Möbelstück gefunden hatte – echt viktorianisch! Celia sagte zu der Tante: „So sehr mir das Stück auch gefiel, ich habe es einfach nicht übers Herz gebracht, Mary Ellen zu enttäuschen – sie war so wild darauf, sie hat Tränen vergossen, als ich Ihr den Schrank vermachte."

Das alles waren natürlich Ausweichmanöver, außer daß Mary Ellen tatsächlich wild auf den Schrank war. Diese Technik funktioniert ganz gut, wenn man die Gefühle bestimmter Menschen nicht verletzen will. Also, zeigen Sie sich am Anfang dankbar, und dann schieben Sie den Schrank nach und nach den Flur hinunter!

Das Karrierefrausyndrom

Viele Frauen haben tatsächlich nie die Zeit gehabt, sich Möbelhäuser und entsprechende Kataloge anzusehen, um zu schauen, was ihnen gefallen würde, wenn sie ihr Haus noch einmal neu einrichten könnten. Zu dieser Kategorie gehören gestreßte junge Mütter und ehrgeizige Karrierefrauen. Sie arbeiten so hart und konzentrieren sich so verbissen auf einen Bereich ihres Lebens, daß sie vergessen, daß sie es verdienen, in einem schön gestalteten Haus zu wohnen. Ich erinnere mich an Leslie, eine intelligente und vor Energie übersprudelnde junge Frau mit einem anspruchsvollen Beruf und zwei kleinen Jungen, die eines Tages in unser Studio kam. „Ich möchte mein Wohnzimmer umgestalten", verkündigte sie fröhlich. „Ich habe drei Jahre lang darauf gespart."

„Welcher Stil sagt Ihnen denn zu?" fragte ich, und sie brach in schallendes Gelächter aus. „Ich war so damit beschäftigt, das Geld zu verdienen, um das Wohnzimmer neu einzurichten, daß ich noch keinen Gedanken daran verschwendet habe, was ich überhaupt will." Wir mußten uns mehrere Wochen lang Zeitschriften für Einrichtung und Gestaltung und Möbelkataloge ansehen und viele Nachmittage lang selbst diverse Möbelhäuser durchstreifen, bis sie endlich wußte, was ihr überhaupt gefiel. Eines Tages klingelte das Telefon.

„Ich möchte ein dramatisch aussehendes, modernes Wohnzimmer in Elfenbein und Schwarz mit Stücken aus rotem Lack dazwischen. An der Wand über dem Kamin möchte ich ein schlichtes schwarzes Lackgehänge, und die Kamineinfassung soll aus elfenbeinfarbenem Travertin sein, das mit Messing eingefaßt ist. Ich möchte ein elfenbeinfarbenes Sofa und einen großen französischen Sessel, vielleicht in Rot. Akzente aus Messing und Glas. Vielleicht ein Tisch aus Messing und Glas und japanische Trennwände hinter dem Sofa. Einfach große, schlichte Papierrollen mit kalligraphischen Zeichen darauf." Nach zwei Monaten Schauen, Reden, Nachdenken und Experimentieren kam es aus ihr herausgesprudelt: Leslies MAGISCHER RAUM. Nach diesem Durchbruch hatten wir das Zimmer schnell eingerichtet. Es sah phantastisch aus – mit edlen Fliesen aus schwarzem Marmor im Eingangsbereich und einer umwerfenden Farbzusammenstellung. Der starke Kontrast zwischen Schwarz und Elfenbein bildete einen wunderbaren Hintergrund für Kunstgegenstände und Blumen.

Also nur Mut, vielbeschäftigte Messies – auch euch ist es möglich, schnell einen eigenen Geschmack zu entwickeln, wenn ihr euch erst einmal mit Einrichtung und Gestaltung beschäftigt.

Das Spartanersyndrom

Vor nicht allzulanger Zeit kam eine aufschlußreiche Studie heraus über das Verhältnis zwischen der Anzahl von Dekorationsobjekten, die ein Mensch in seinem Wohnbereich hatte, und der Anzahl und Qualität seiner persönlichen Verbindungen zu anderen Menschen. Mit anderen Worten: Wer hatte wohl die meisten Freunde – der spartanische Typ, der nur wenige dekorative Dinge und Spielsachen in seiner Wohnung hatte und noch weniger, die ihm wirklich gefielen, oder der Freigeist, der sich mit Unmengen von Zeug umgab? Die Menschen mit den *wenigsten* Dekoobjekten, den *wenigsten* Nippsachen, Spielzeugen, Kunstwerken und Sammlungen behaupteten, daß ihnen Menschen wichtiger seien als *Dinge*. Sie seien nicht materialistisch eingestellt, meinten sie, und deshalb würden sie sich nicht mit einem Haufen Plunder umgeben wollen. Doch die Untersuchung zeigte, daß die Chaoten, die bis zum Hals in Schnickschnack steckten, viel mehr Freunde, familiäre Bindungen und insgesamt mehr soziale Kontakte hatten als die andere Gruppe.

Das sind natürlich gute Nachrichten für Messies und bestätigt einen unserer geheimen Lieblingsgedanken – daß Messies nettere Menschen sind als andere. Aber aus meiner beruflichen Erfahrung kann ich bestätigen, daß ich mit Kunden, die in der größten Unordnung lebten, am leichtesten arbeiten konnte, vorausgesetzt, sie liebten ihren Plunder. Einer der Tests, den meine Partnerin und ich bei unserem ersten Besuch im Haus des Kunden machen, um zu entscheiden, ob wir den Auftrag annehmen oder nicht, ist die Frage: „Welchen Gegenstand in diesem Zimmer mögen Sie am liebsten?" Wenn die betreffende Person sich schwertut, einen solchen Gegenstand zu benennen, oder überhaupt keine Anzeichen von Liebe zu ihren Habseligkeiten erkennen läßt, lehnen wir den Auftrag immer ab. In jemandem, der uns sagt: „Ach, mir gefällt hier eigentlich gar nichts", vermuten wir immer einen schwierigen Kunden.

Es ist nicht gut, inmitten vieler Dinge zu leben, die einem gar nicht gefallen. Wenn Sie sich also in dieser Beschreibung wiedererkennen, denken Sie an eine Zeit Ihres Lebens zurück,

Unser geheimer Lieblingsgedanke: Messies sind nettere Menschen als andere.

als Sie tatsächlich Dinge sahen, die Sie gerne haben wollten. Was ist geschehen? Wann haben Sie den Beschluß gefaßt, Sie seien es nicht wert, dekorative Gegenstände und Möbel zu besitzen, die Ihr Herz höher schlagen lassen? Wenn Sie sich in Ihrem Zimmer umsehen und überall das „unglückliche Auge" haben, ist es höchste Zeit, sich einmal *ernsthaft* mit Ihrem Haus zu beschäftigen!

Das Syndrom der mangelnden visuellen Vorstellungskraft

Wenn das Erscheinungsbild des Hauses sich unter einem bestimmten Niveau befindet, tut die Messie ganz einfach so, als sähe sie das nicht, und verliert das Interesse an ihrem Haushalt. Dieser Vorgang rührt von einer mangelnden Wahrnehmungsfähigkeit. Diese Frau hat ganz einfach Mühe, zu sehen, was sich vor ihren Augen befindet. Eine Messie, deren Haus ein wüstes Chaos ist, kann tatsächlich ihren *guten Geschmack* verlieren. Indem sie ihr unansehnliches Umfeld ständig ausblendet, kommt ihr auch der Blick für Schönheit abhanden.

Wer mit solchen Scheuklappen herumläuft, um sein tägliches Chaos nicht sehen zu müssen, wird kaum auf einen inspirierenden Einfall kommen. Bevor eine Messie entscheiden kann, was in ihr Haus *paßt*, muß sie erst einmal alles entfernen, was dort absolut NICHT hineinpaßt. Vertrocknete Topfpflanzen, abgewetzte Stühle, die zu beziehen Sie immer wieder hinausgeschoben haben, befleckte Teppiche und überquellende Papierkörbe – diese Dinge stellen sich zwischen uns und unseren MAGISCHEN RAUM.

Es besteht natürlich ein Unterschied zwischen mangelnder Wahrnehmungsfähigkeit als Strategie, um im häuslichen Chaos zu überleben, und der tatsächlichen Unfähigkeit mancher Menschen, Bilder vor ihrem geistigen Auge zu sehen. Ich hatte viele Kunden, die ihre Sozialversicherungsnummer von hinten hersagen konnten oder ein absolutes Gehör für Musik hatten, sich aber nicht vorzustellen vermochten, daß man einen Sessel neu beziehen konnte oder wie ein bedruckter Stoff in einer anderen

Farbe aussah. Ihr Geist funktioniert einfach anders, das hat nichts mit Intelligenz zu tun (jedoch sehr wohl mit der Fähigkeit zu gestalten). Was soll eine Frau tun, der es an visueller Vorstellungskraft mangelt? Wie kann sie sich ihren MAGISCHEN RAUM überhaupt vorstellen, wenn sie gar nicht in der Lage ist, solche Bilder vor ihrem geistigen Auge zu sehen? Ganz leicht – sie kann Bilder in einer *Gestaltungskiste* sammeln. Diese Bilder werden ihre eigenen Vorstellungen in ihrem Geist manifestieren und ihr helfen, sie anderen mitzuteilen. Oft haben diese Menschen die allergrößte Mühe, einem anderen zu erklären, wie etwas, das sie gerne hätten, *aussieht*. Das ist, als würde ein Tauber einem Freund eine Melodie vorsummen, der ihn immer wieder um eine Wiederholung bittet!

Wer sich hier wiedererkennt, wird mit Interesse das nächste Kapitel lesen. Wir sprechen davon, wie Sie Ihre Persönlichkeit und Ihren Lebensstil analysieren können, damit Sie endlich Ihrem Geschmack auf die Spur kommen. Zu diesem Zweck können Sie Beispiele zusammentragen von Bildern und Dingen, die Ihnen gefallen, und mit ihrer Hilfe Ihre eigene Vision verwirklichen. In meinem dritten Kapitel befassen wir uns mit den besonderen Problemen, vor denen Messies stehen, wenn Sie Ihre Vision verwirklichen wollen, zum Beispiel, sich praktisches Wissen anzueignen und ihren wahren Neigungen auf die Spur zu kommen.

*Es reicht nicht,
um das Außergewöhnliche zu wissen,
wir müssen versuchen, danach zu streben
und es anzuwenden.*

Aristoteles

17. Den MAGISCHEN RAUM gestalten

Wir alle haben schon Zimmer betreten mit dem Gedanken: *Dieses Zimmer ist gemütlich* oder *Dieser Raum ist durch und durch kultiviert* oder *Dieses Zimmer wirkt kalt und ungastlich.* Ich bitte Sie nun, dies in umgekehrter Reihenfolge zu tun. Statt zu überlegen, was Ihr Raum aussagen soll, und dann Gegenstände und Farben und Formen zu finden, die diese Aussage untermauern, finden Sie zuerst heraus, was Ihnen überhaupt gefällt, und lassen dann Ihre Auswahl eine Aussage über Ihre Persönlichkeit machen. Auf diese Weise werden Sie nicht von der Persönlichkeit irregeführt, die Sie zu sein *glauben,* sondern lassen Ihren wahren Geschmack ans Licht kommen. (Und haben Sie keine Angst. Wir Messies sind meistens viel besser, als wir glauben!)

Um Ihren wahren Geschmack herauszufinden, versuchen Sie einmal diese Übung, die großen Spaß macht. Sie heißt:

Die Gestaltungskiste

Dazu brauchen Sie einen großen Karton. Dann laufen Sie einmal gemächlich durch Haus und Garten, halten nach Farben Ausschau, die Ihnen gefallen, und sammeln Muster. Sehr ergiebig ist das Durchblättern von Zeitschriften und Katalogen. Achten Sie aber nicht auf die abgebildeten Gegenstände, sondern nur auf die Farbe. Schneiden Sie die Seiten heraus, auf denen Farben abgebildet sind, die Sie ansprechen, und beschriften Sie sie – *mein Lieblingsrosa, wunderschönes Graublau* und so weiter. Dann schauen Sie sich in Ihrem Haus nach Stoffresten, kleinen Gegenständen, Blumen oder Früchten um, deren Farbe Ihnen gefällt. Der Garten eignet sich zu diesem Zweck besonders gut, weil wir dort die klaren frischen Farben der Natur finden sowie unerwartete Farbkombinationen, die uns Ideen für interessante Farbanordnungen liefern. Machen Sie sich zu diesem Zeitpunkt keine Gedanken darüber, welche Farben zusammenpassen; sammeln Sie ganz einfach Muster von allen Farben, die Sie ansprechen. Denken Sie daran, daß eine gute Farbanordnung mit allen möglichen seltsamen Farbkombinationen gestaltet werden kann – glücklicherweise mögen die Menschen von Natur aus Farbtöne, die auch zusammenpassen. Das heißt, daß Sie Ihre Lieblingsfarben vermutlich auch untereinander kombinieren können.

Wenn Sie fertig sind, gleicht Ihre Kiste wahrscheinlich ein wenig der von Allison. Ihr jüngster Sohn war aus dem Haus gegangen, um das College zu besuchen, und sie wollte sein Zimmer in ein Büro für ihr Geschäft umgestalten. Allison ist eine Witwe und arbeitet zu Hause, und sie freute sich schon darauf, endlich mehr Platz für Ihren Papierkram zu haben. Sie hatte keine Ahnung, wie sie das Büro einrichten sollte, das Holzdielen hatte und einen kleinen, schmiedeeisernen Balkon hinter französischen Türen.

„Ich denke, es sollte wie ein Büro aussehen", sagte sie ohne große Begeisterung. „Sehr praktisch eben." Da sie keine Ahnung hatte, in welchen Farben dieses Zimmer gehalten werden sollte, ließ ich sie eine Gestaltungskiste herstellen. Sie wanderte durch das ganze Haus, konnte sich aber nicht entscheiden. „Wir haben das Haus wahrscheinlich in den Lieblingsfarben meines Mannes eingerichtet – er liebte Kastanienbraun." Sie versuchte es im Hinterhof und kam mit einer gelben Narzisse und einigen blauen Hortensien zurück. „Die gefallen mir", sagte sie und legte sie in die Kiste. Später, als sie ein paar Zeitschriften durchblätterte, stieß Allison auf die Abbildung eines blauweißen Porzellantellers mit einem wunderschönen Muster und legte es ebenfalls in die Kiste. Ein Blick in das Gemüsefach des Kühlschranks, und sie zog einen Kopfsalat heraus – „Ich mag dieses Grün." Allison und ich blickten in die Kiste. „Sie müssen sich mit dem Zimmer ganz schön beeilen, sonst welkt der Inhalt der Kiste dahin", meinte ich. Wir fanden in einer Zeitschrift eine Abbildung von Narzissen und eine botanische Darstellung als Ersatz für die echten Blumen, und ich legte ein Stück grünen Baumwollstoff in die Kiste, der die Farbe des Salates hatte.

„Ich weiß nicht, worauf Sie hinauswollen", meinte Allison, aber ich drängte sie, den nächsten Schritt zu tun.

Wenn Sie alle *Farben* beisammen haben, die Ihnen zusagen, kommen die anderen Elemente an die Reihe. Blättern Sie wieder Zeitschriften und Kataloge durch und schneiden Sie Gegenstände und Anordnungen aus, die Ihnen ins Auge springen – Bilder von Teppichen, die Ihnen gefallen, von Blumenarrangements oder Reproduktionen von Gemälden. Suchen Sie nach Beispielen von Gestaltungsmöglichkeiten von Fenstern, Jalousien, Volants, Beleuchtung und Dekorationsobjekten.

Dann gehen Sie wieder durch Ihr Haus und suchen nach Mustern von verschiedenen *Materialien,* die Ihnen zusagen – Fell oder Seide; die rauhe Oberfläche einer Türmatte aus Sisal; die glatte, reflektierende Oberfläche von Kristall; die eisige Eleganz des Marmors auf Ihrem Schneidebrett. Legen Sie auch diese Dinge in die Kiste, wenn das möglich ist. Es reicht auch eine Fotografie von Marmor, und ein kleines, poliertes Stück Holz symbolisiert das Holz, aus dem Ihr Wohnzimmertisch gemacht ist. Schauen Sie in den Kleiderschrank – die Tweedjacke Ihres Mannes gehört vielleicht zu Ihren Lieblingsstoffen, oder der Spitzenbesatz auf Ihrem blauen Slip.

Jetzt haben Sie viele Muster von Farben, Ideen, Objekten und Materialien in Ihrer Gestaltungskiste.

In Allisons Kiste befanden sich der Quilt ihrer Großmutter – der Entwurf eines Traurings in den Blautönen Rittersporn, Kobalt und Blaubeer auf Weiß; das Bild einer romantischen, viktorianischen Bank, die reich verziert war, eine herzförmige Rückenlehne und runde Armlehnen hatte; und das Bild eines alten Gartenzaunes. Allison hatte auch ein Stück weichen Baumwollstoff gefunden, der ihr gefiel, und einen Topf mit jungem, flaumigem Farn. „Ich mag das Gefühl von lebendigen Pflanzen, die wachsen", meinte sie. Auch die Abbildung einer altmodischen Veranda kam in die Kiste mit überladenen Sofas und Palmentöpfen.

„Das macht Spaß", sagte Allison. „Aber ich hätte besser den riesigen Karton nehmen sollen, in den mein Kühlschrank verpackt war."

„Keine Sorge, wir sind jetzt mit dem Sammeln fertig. Als nächstes machen wir ein Assoziationsspiel."

Nehmen Sie zu diesem Zweck einen billigen spiralgebundenen Block DIN-A4 und machen Sie eine Aufstellung Ihrer Sammlung. Kleben Sie ein Bild oder einen Stoffrest o. ä. von jedem Gegenstand in Ihrer Kiste in den Block.

Zu jedem Gegenstand schreiben Sie nun, was Ihnen daran so gut gefällt. Was sagt Ihnen die Farbe? Welche *Bedeutung* haben diese Gegenstände für Sie? Schreiben Sie schnell nieder, was Ihnen die Farbe, der Gegenstand oder das Material „sagt" – eine Auflistung Ihrer Gefühle und Assoziationen. Achten Sie darauf, diese Gedankenverbindungen möglichst genau zu beschreiben.

Das tat Allison, und ihre Liste sah so aus:

Narzissen – Gelb, Sonnenschein, Frühling, neuer Anfang.
Blaue Hortensien – Großmutters Veranda, die Stille eines Sommernachmittags, Ruhe, Frieden.
Weißblauer Teller – Unverfälschtes Blau, selbstgebackener Kuchen, blaue Blumen, Zufriedenheit.
Kopfsalat – Zarte Gewächse, Frühlingsgarten.
Blauweißer Quilt – Unverfälschtes Blau, die Liebe meiner Großmutter, Treue.
Viktorianische Bank – Erinnerungsstück, alte Korbmöbel für die Veranda.
Alter Gartenzaun – Romantische alte Gärten.
Blauer Baumwollstoff – Weich, anspruchslos, vertraut, bequem.
Junger, flaumiger Farn – Weich, gekräuselt, Zimmerpflanzen, lebendig und im Wachstum, braucht Dünger.
Überladenes Sofa – Behaglich, weich, gemütlich.
Palmentöpfe – Altmodischer Wintergarten, viktorianische Sonnenveranda, romantisch.

Allison und ich sahen uns ihre Liste an. „Jetzt fassen Sie einmal zusammen, was Sie hier geschrieben haben. Einige Worte kehren immer wieder. Sie scheinen sich einen Raum zu wünschen, der altmodisch und romantisch ist, der den Frühling und einen Neubeginn symbolisiert, ein Zimmer, das schlicht und gemütlich ist, das Liebe und eine Art Sentimentalität ausstrahlt – Sie sind ein wahrhaft ‚blauer‘ Typ. Die Farben und Materialien, die Sie ausgesucht haben, zeigen, wer Sie wirklich sind.“ Allisons Aufstellung zeugt von ihrer Zuverlässigkeit und freigebigen Natur, ihrer Hilfsbereitschaft und ihrem unkomplizierten, freundlichen Wesen. Allison war vor ihrer Hochzeit Kinderkrankenschwester gewesen und macht nun medizinische Schreibarbeiten für eine Hilfsorganisation zum Wohle behinderter Kinder.

„Ich bin also sentimental, hab ich's doch geahnt! Was hat das mit meinem Büro zu tun? Wie kann ich eine Aufstellung von Eigenschaftswörtern auf Sofas und Stühle und Schreibtisch übertragen?“

„Ganz leicht“, meinte ich. „Zuerst einmal machen Sie eine Aufstellung der Möbel und Einrichtungsgegenstände, die Sie für dieses Zimmer brauchen.“

„Ich brauche ein Sofa und einen großen Sessel, um mich zu entspannen – dieser Raum wird nämlich auch mein Wohnzimmer sein. Ich würde eigentlich gerne den großen häßlichen braunen Sessel dort hineinstellen, den ich schon habe. Der tut es doch noch. Und ich brauche natürlich einen Schreibtisch. Ich habe einen Schreibtischstuhl, der ist zwar nicht gerade eine Augenweide, tut aber meinem Rücken gut. Ich brauche ein Regal für meine medizinischen Wörterbücher und einen großen Tisch, auf dem ich meine Papiere ausbreiten kann! Das ist alles! Wie kann ich das, was ich brauche, mit meinen Wünschen in Verbindung bringen?“

Wie kann ich das, was ich brauche, mit meinen Wünschen in Verbindung bringen?

„Fangen Sie mit der Farbzusammenstellung an“, sagte ich. „Blaubeer, Salatgrün und das Gelb von Narzissen. Nun bringen Sie die Farben in Ihrer Aufstellung mit dem Zimmer in Verbindung. Sie könnten die Wände in einer blassen Schattierung dieses Grüns streichen und, während die Farbe noch naß ist, sie mit einem grobzinkigen Kamm ‚kämmen‘, so daß ein interessantes, organisch aussehendes Streifenmuster entsteht – wie die zarten Adern in einem Blatt. Legen Sie den weißblauen Quilt als lockeren Überwurf über den alten braunen Sessel, und wenn Sie sich ein wenig umsehen, werden Sie sicher aus zweiter Hand ein altes viktorianisches Bänkchen auftreiben, das Sie als Sofa benutzen können. Streichen Sie es weiß an und drapieren Sie große, weiche Kissen darauf in demselben Blauton wie der Quilt."

Allison begriff nun, worauf ich hinauswollte, und entwickelte eigene Ideen: „Als Schreibtisch könnte ich ein viktorianisches Rollpult kaufen, in dessen Deckel Blumen hineingeschnitzt sind. Das sieht nicht so förmlich aus und wirkt wie ein Erbstück, auch wenn es keines ist. Die Farbe von Eichenholz paßt gut zu dem Dielenboden, und ich kann den Deckel herunterrollen und meine Unordnung verbergen, die immer entsteht, wenn ich an einem Projekt arbeite. Meine Kulis, Bleistifte und Radiergummis könnte ich in den blauen Porzellankrügen und Teekannen aufbewahren und oben auf den Schreibtisch stellen." (Diese Dinge hatte sie ebenfalls ganz billig auf dem Flohmarkt erstanden.)

Nun fiel mir wieder etwas ein. „Stellen Sie eine Fayenceschüssel in Form eines Kohlkopfes auf den Tisch, und füllen Sie sie mit Narzissen, Hortensien und Frühlingsblumen. In Ihrer Aufstellung gab es viele Anspielungen auf Gartenblumen, also öffnen Sie die französischen Türen, stellen Sie einen weißen Blumenkasten, vielleicht mit einem weißen ‚Holzzaun' als Verblendung, auf den Balkon, und pflanzen Sie dort Blumenzwiebeln ein – so haben Sie auch dort die Natur vor Augen."

Was immer wahrhaft,
edel, recht,
was lauter,
liebenswert, ansprechend ist,
was Tugend heißt
und lobenswert ist,
darauf seid bedacht!

Philipper 4, 8

Allison begann nun, nach diesen Dingen zu suchen und sie zusammenzutragen. Sie nahm auch ihre Farbliste mit den zugeordneten Eigenschaften mit in die Geschäfte und konnte nun Dinge finden, die in die Stimmung des Zimmers paßten und andere Dinge ausschließen. Sie fand eine alte weiße Häkeldecke und machte daraus einen Bezug für ihren Schreibtischstuhl. Statt einer grünen Fayenceschüssel trieb sie einen phantastischen, alten, weißen, schmiedeeisernen Tisch mit einer Glasplatte auf, der sehr viktorianisch aussah, schnörkelig und bezaubernd. Er war sogar mit einem Pflanzkasten ausgestattet für – na, raten Sie mal! – jungen, flaumigen Farn. Das Zimmer wurde auf geradezu MAGISCHE Art perfekt – originell und voller Persönlichkeit, nämlich Allisons Persönlichkeit. Wenn Sie diesen MAGISCHEN RAUM betreten, bekommen Sie nicht lauter einzelne, sich widersprechende visuelle Eindrücke von Quilts und alten Möbeln und Blumen. Sie erhalten einen Gesamteindruck – *weil jedes Stück in dem Zimmer zu seiner Atmosphäre beiträgt. Das Zimmer ruft eine klare und eindeutige Stimmung hervor und macht dadurch eine deutliche Aussage.* Das ist die Definition des MAGISCHEN RAUMS – das Zimmer muß einen einheitlichen visuellen Eindruck hinterlassen, es darf nicht der Eindruck eines Sammelsuriums von unzusammenhängenden Gegenständen entstehen.

Alle Dinge in Allisons Raum hatten mit ihrem Thema zu tun – der sentimentale Eindruck von Erbstücken, kombiniert mit Grünpflanzen und Frühlingsfarben. Hätte sie noch eine Zimmerkiefer in einem schwarzlackierten Topf dazugestellt, wäre die „Botschaft" dieses Zimmers nicht mehr eindeutig gewesen. Welchen Eindruck vermittelt uns eine Kiefer? Stärke, Adel, Schnee, kaltes Wetter, Männlichkeit. Alles interessante Eigenschaften, aber sie standen nicht auf Allisons Liste. Also stellte sie eine Palme in einem blauweißen Keramikübertopf in die Ecke. Man kann nun Allisons Büro betreten und bekommt sofort einen starken Eindruck von ihrer Persönlichkeit. Ob anderen das Zimmer gefällt, ist nicht wichtig – Geschmäcker sind unterschiedlich. Wichtig ist, daß sie sagen: „Was für ein interessantes Zimmer. Hier scheint schon der Frühling angebrochen zu sein, dabei ist es erst Februar!" Oder: „Dieses Zimmer erinnert mich an die Sonnenveranda meiner Großmutter. Die habe ich so geliebt!"

Ein Jahr später kam ein Arzt in Allisons Büro, um ihr ein Schriftstück zum Abtippen zu bringen, setzte sich auf den Sessel mit dem Quiltüberwurf und wollte gar nicht mehr weggehen. Die beiden heirateten im März, und die Kirche war über und über mit Narzissen geschmückt. Allison behauptet, daß das Zimmer ihn zuerst bezaubert habe, und da hat sie vielleicht sogar recht! Wenn jeder Gegenstand im Zimmer positiv zu dem Bild beiträgt, das Sie vor Ihrem geistigen Auge sehen, hat die Wirkung einen noch größeren Erfolg, als Sie zu hoffen gewagt hatten.

Wenn das Zimmer Ihre Persönlichkeit wirklich widerspiegelt, wirkt es wie eine Werbung für Sie – Allisons viktorianisches Gartenzimmer gab viel größeren Aufschluß über ihr Wesen als der praktische Büroraum. Ein gut gestalteter MAGISCHER RAUM kann aber noch mehr, als Meinungen und Ansichten beeinflussen. Er kann sich auch auf die Stimmung auswirken und zu Ihrem körperlichen Wohlbefinden beitragen.

Das ist der MAGISCHE RAUM in Aktion. Er drückt nicht nur symbolisch all die Gefühle aus, die Sie zum Ausdruck bringen wollen, er ruft auch in anderen diese Gefühle hervor. Ich war schon immer der Meinung, daß ein deprimierender, armseliger, feindseliger Raum in Menschen ungute Gefühle und Handlungen hervorrufen kann, aber ich war mir nie sicher, bis zu welchem Ausmaß eine positive Umgebung das Leben eines Menschen beeinflussen kann. Ich vermute, daß ein Zimmer, das die positiven Eigenschaften eines Menschen unterstreicht, ihn zumindest positiv unterstützen, ihm ein wenig seelische Stärkung und Antrieb vermitteln kann.

Man wird Sie auf jeden Fall mit Ihrem Umfeld identifizieren, und mit einem schönen, angenehmen Umfeld identifiziert zu werden ist sicher wünschenswerter als mit einem Sammelsurium von Plunder. Also finden Sie heraus, wer Sie sind oder sein wollen, und drücken Sie diese Persönlichkeit mit Ihrer Wohnung aus – dabei werden Sie vielleicht erleben, daß sich auch Ihre Stimmungslage und Leistung verbessert.

Sie sollten nun selbst eine solche Gestaltungskiste zusammengetragen haben und genau wissen, welche Stimmung und Atmosphäre Ihr MAGISCHER RAUM widerspiegeln soll.

Sie haben eine Auflistung von Möbeln und dekorativen Gegenständen, für dieses Zimmer und einige Ideen für den Hintergrund – die Farbe der Wände, der Stil der Teppiche und die Art der Gardinen.

Dieser Entscheidungsprozeß, das Herausfinden, was Sie wirklich wollen, ist Ihre grundlegendste Aufgabe, um Ihr Haus schön und ansprechend zu gestalten. Die Vision von unserem MAGISCHEN RAUM inspiriert uns zum Handeln, und damit ist schon die halbe Schlacht gewonnen.

Aber eine Messie steht bei der Gestaltung ihres Hauses vor ganz besonderen Problemen. Sie muß sich auf der einen Seite einen solchen MAGISCHEN RAUM vorstellen, dessen Vision sie wiederum zum Handeln inspiriert, und doch ist ihre Vision fast immer rein *ästhetisch.*

Im Gegensatz zu einer Cleanie träumt sie nie von einem großen Besenschrank oder einem praktischen Schreibtisch. Messies verschwenden auch nur selten einen Gedanken daran, wie die Möbel, die sie erwerben, gepflegt oder in einem guten Zustand erhalten werden, sie denken nicht daran, daß sie genügend Lagerraum brauchen, und sie planen ihren Haushalt nicht nach nützlichen und praktischen Gesichtspunkten. Auf manche scheinen die unpraktischsten Dinge eine geradezu verhängnisvolle Anziehungskraft auszuüben.

So müssen wir uns also auch die Frage stellen: „Kann eine Messie einen MAGISCHEN RAUM haben, der praktisch und leicht sauberzuhalten ist?"

Die Messie ist nicht etwa *unpraktisch.* Sie hat oft nur keinen Sinn für das Praktische. Ein Beispiel dafür ist Arabella. Arabella stellte ihre Gestaltungskiste zusammen und brachte sie zu uns ins Studio.

„Das wird ein phantastisches Zimmer", strahlte sie und förderte ihre Muster zutage. Sie zog z. B. folgende Gegenstände aus der Kiste:

- Ein Stück glänzenden, weißen Satin – „für mein Sofa und die Vorhänge".
- Ein Bild von einem Orchideengarten – „Ich möchte viele Orchideen um mich haben."
- Ein Teppichmuster in weicher weißer Wolle.
- Ein Katalogbild von einem weißlackierten Wohnzimmertisch.

Nun müssen Sie wissen, daß Arabella drei Kinder und einen Hund hat, die allesamt das Wohnzimmer benutzen.

Ich atmete erstmal tief durch. „Diese Dinge sind wunderschön, Arabella! Das Zimmer wird tatsächlich phantastisch aussehen. Aber wir werden beim Saubermachen wohl auf ein paar Probleme stoßen. Haben Sie schon daran gedacht, wie Sie ein weißes Satinsofa sauberhalten wollen? Einmal den Kaffee verschüttet, und die Pracht ist dahin. Auch der Teppich wird schwer zu reinigen sein. Ein Trinkglas auf dem Lacktisch wird einen unschönen Ring hinterlassen. Den kann man nicht so leicht entfernen wie auf Holztischen – der ganze Tisch muß neu lackiert werden, und das ist sehr teuer. Und Orchideen werden in diesem Zimmer gar nicht blühen, es ist nicht hell genug."

Während ich sprach, sah ich, wie sich Enttäuschung auf Arabellas Gesicht ausbreitete. Sie können sich vielleicht ihre Gefühle vorstellen. Alle ihre Ideen (und Hoffnungen) flogen praktisch zum Fenster hinaus.

Kann eine Messie einen MAGISCHEN RAUM haben, der praktisch und leicht sauberzuhalten ist?

Feltons Gesetz erweitert

Sie werden die Dinge immer da finden, wo Sie
zuletzt danach suchen.

Erst wenn der Müllwagen schon vor dem Haus der
Nachbarn steht,
werden Sie daran denken, Ihren Müll auf die Straße
zu stellen.

Rufen Sie nicht die Polizei, weil in Ihr Haus
eingebrochen worden ist, bis Sie sich dessen
wirklich sicher sind.

Der Unterschied zwischen „Ich kann" und
„Ich kann nicht" heißt oft „Ich will".

Ein Gramm „Jetzt" ist soviel wert wie
ein Pfund „Später".

Es ist nie Zeit, etwas wegzuräumen,
aber immer, um danach zu suchen.

„Sie haben gesagt, ich könne alles haben, was ich will. Wie
kann ich meinen MAGISCHEN RAUM mit praktischen Din-
gen gestalten, die mir gar nicht gefallen? Ich will nicht praktisch
sein, wenn das heißt, daß ich alle meine Vorstellungen aufgeben
muß. Ich möchte einen modernen, bezaubernden, exquisiten
Raum ganz in Weiß mit vielen glänzenden Oberflächen, fließen-
den weißen Vorhängen und voll von Orchideen. Das habe ich

unter *Thema meines Zimmers* in mein Gestaltungsheft geschrieben. Ich habe weißen Satin für das Sofa gewählt, weil dieses Material weiß und glänzend ist und zauberhaft aussieht. Was hat diese ganze Aktion für einen Sinn, wenn ich wegen der Kinder dann doch ein braunes Ledersofa anschaffen muß?"

Damit hatte sie natürlich recht. Sie wollte Freude und Glück beim Anblick dieses Zimmers empfinden, nicht nur darauf achten, daß alles haltbar und pflegeleicht ist.

Also forderte ich sie heraus: „Jetzt, da wir Ihre Ziele und die möglichen Risiken kennen, wollen wir versuchen, eine Lösung zu finden."

Ihr Lächeln kehrte wieder zurück.

In dem Gestaltungsblock hatte Arabella jeden Gegenstand auf eine separate Seite geklebt. Das Bild des weißen Satinsofas nahm eine ganze Seite ein, daneben hatte sie geschrieben: *weich, weiß, glänzend, zauberhaft und exquisit.*

Gehen wir einen Moment zu Ihrem Notizblock zurück. Erinnnern Sie sich, daß ich Sie bat, auf jeder Seite ein wenig Platz frei zu lassen? Sie brauchen nämlich Platz für zwei weitere Listen – eine Aufstellung über die *Reinigungseigenschaften,* und eine Aufstellung über den *Pflegeaufwand* jedes Möbelstücks oder anderer Dinge, die Sie für Ihren MAGISCHEN RAUM ausgewählt haben. In die erste Spalte *Reinigungseigenschaften* schreiben Sie, wie die Dinge saubergehalten werden können: Welche häufig vorkommenden Flecken können von den verschiedenen Stoffen entfernt werden? Braucht das Holz eine Spezialpolitur? Verfärbt sich Marmor leicht? In der zweiten Spalte beschreiben Sie, welchen Arbeitsaufwand jedes Stück täglich oder wöchentlich erfordert. Wie muß zum Beispiel Arabellas weißer Wollteppich gepflegt werden? Er braucht eine Menge Pflege! Er muß täglich gesaugt, wöchentlich von Flecken befreit und alle zwei Monate eingeschäumt werden. Also müssen Sie sich bei all den Dingen, die Ihnen so gefallen, auch die Frage stellen: *Bin ich bereit, dieses Stück auch zu pflegen?*

Arabella, eine Messie, gab bereitwillig zu: „Nein, bin ich nicht. Ich möchte zwar ein Zimmer ganz in Weiß. Aber ich habe sicher nicht die Absicht, jeden Tag zu saugen. Ich kann es mir nicht leisten, das Sofa hinauszuwerfen, wenn das Baby seinen Kakao darüberschüttet. Und wenn wir gerade dabei sind: Bobby hat ein streunendes Kätzchen mit nach Hause gebracht, und das hangelt sich die Vorhänge hinauf und hinunter. Was können wir tun?"

„Nehmen wir uns jede Sache einzeln vor. Die Wörter, mit denen Sie beispielsweise das weiße Satinsofa beschreiben, sind *weich, weiß, glänzend, zauberhaft und exquisit.* Der *Stil* des Sofas ist zauberhaft und exquisit, der *Stoff* ist weich, weiß und glänzend. Wenn Sie nun ein Sofa in diesem neuen, satinierten, weichen Leder kaufen? Es sieht sehr empfindlich aus, ist aber in Wirklichkeit ganz robust. Das ist sicher eine gute Alternative zu dem weißen Satin und vermittelt denselben visuellen Eindruck. Es sieht zwar exquisit aus, man muß es aber nur einmal wöchentlich mit einem feuchten Tuch abwischen. Auch wenn etwas verschüttet wird, schadet das nicht. Und der weiße Lacktisch? Hier tut es vielleicht ein weißer Kunststoff, der genauso aussieht, aber auf ihm sieht man keine Flecken und Kratzer, und man kann ihn mit Fensterreiniger abwischen. Der weiße Wollteppich braucht eine Unmenge Pflege. Da Sie im Wohnzimmer Parkettboden haben, bleichen Sie den doch einfach aus, weißen Sie ihn so, daß noch die Holzmaserung durchschimmert, und versehen Sie ihn mit einer Lackschicht. Dann brauchen Sie nur noch aufzuwischen. Der Boden sieht weiß und glänzend aus, wie Sie es beschrieben haben, und wirkt modern und stilvoll und elegant. Sie können dann noch immer einen Teppich auf den Boden legen, der weich und warm aussieht. Legen Sie einen griechischen Flokati unter den Cocktailtisch. Er wirkt weich und flauschig, genau das Richtige für Ihr Zimmer, und er kann in der Waschmaschine gewaschen werden."

Feltons Gesetz:

„Jede Unordnung,
die eintreten kann,
wird auch eintreten. "

„Und was ist mit den Vorhängen und der Katze?" wollte Arabella wissen.

„Sie können für die Fenster tatsächlich weißen Satin nehmen – aber wählen Sie Jalousien, die man hinaufzieht, statt langer Vorhänge, dann kann die Katze nicht daran hochklettern. Eine Jalousie, die aussieht wie eine flauschige Wolke, wäre eine wunderbare Lösung. Das sieht elegant aus und wirkt sehr weich und zauberhaft – genau wie Sie es beschrieben haben."

„Ich kann also tatsächlich alles haben, was ich mir wünsche", meinte Arabella, „und das ohne den ganzen Pflegeaufwand. Und was ist mit den Orchideen? Ich sehe ja ein, daß es womöglich viel Mühe macht, sie zum Blühen zu bringen."

„Orchideen gedeihen eigentlich gut in dunklen Räumen", sagte ich, „das Laubwerk wird wachsen, aber sie blühen nicht. Wenn Ihre Orchideen die Blüten verloren haben, können Sie doch Seidenblüten kaufen und die in die echten Orchideenpflanzen stecken. Wenn Sie die Blüte an einem Bambusstab in einer realistischen Position befestigen, werden alle glauben, sie seien ein gärtnerisches Naturtalent."

Wenn Sie also bei Ihrer Gestaltungskiste einen Schritt weitergehen und Ihre Einrichtungsideen nach dem Gesichtspunkt der leichten Reinigung und Pflege überprüfen, können Sie nach Alternativen suchen, die Ihnen das Leben erleichtern und doch in Ihren MAGISCHEN RAUM passen.

Glauben Sie nicht, Sie müßten schmerzliche Kompromisse schließen, wenn Sie sich zu unpraktischen Dingen hingezogen fühlen. Ein guter Innenarchitekt kann eine unschätzbare Hilfe sein, wenn es darum geht, Alternativlösungen zu finden, die dennoch mit Ihrer Vision übereinstimmen. Es gibt heutzutage viele neue Stoffe und Materialien, die uns das Leben erleichtern. Wenn Sie nicht die Hilfe eines Innenarchitekten in Anspruch nehmen, gehen Sie in ein großes Möbelgeschäft und erkundigen Sie sich, wie praktisch die Auswahl Ihrer Einrichtung wirklich ist. Die Verkäufer dort kennen alle Schauergeschichten von frühzeitigem Verschleiß und komplizierter Pflege, weil sie die ersten sind, an die sich die zornigen Kunden wenden. Solche Leute können eine große Hilfe sein, wenn Sie sich mit ihnen

Glauben Sie nicht, Sie müßten schmerzliche Kompromisse schließen, wenn Sie sich zu unpraktischen Dingen hingezogen fühlen.

beraten, bevor Sie Ihre Einkäufe tätigen. Es gibt auch viele gute Bücher zum Thema Einrichtung und Gestaltung.

Den MAGISCHEN RAUM nach praktischen Gesichtspunkten planen

Nach den Überlegungen in bezug auf Reinigung und Pflege kommt die nächste Falle für Messies – mangelnder Stauraum. Wenn Ihr Zimmer nicht nur phantastisch aussehen, sondern auch bequem eingerichtet sein soll, müssen Sie Ihren MAGI-SCHEN RAUM so planen, daß nicht nur ästhetische, sondern auch praktische Gesichtspunkte berücksichtigt werden. Das ist gar nicht so schwer. Hier die einzelnen Schritte:

- Machen Sie eine Aufstellung aller Funktionen, die Ihr Zimmer haben soll.

- Machen Sie eine Aufstellung der Möbelstücke, die jede Tätigkeit erfordert. (Zum Lesen braucht man zum Beispiel gutes Licht und einen Platz zum Sitzen.)

- Machen Sie eine Aufstellung darüber, wieviel Stauraum Sie für die betreffende Funktion brauchen. (Zum Lesen braucht man Bücherschränke- oder Regale und Zeitschriftenständer, sowie einen Sessel und Licht.)

- Jetzt zeichnen Sie einen Zimmeraufteilungsplan, bei dem Sie nicht nur die Aufteilung der Möbel, sondern auch Platz und Stauraum berücksichtigen.

Nun haben Sie Ihren Raum so geplant, daß er praktisch nutzbar und leicht sauberzuhalten ist.

Messies argumentieren häufig, daß nützliche Möbel, in denen Dinge gelagert werden, häßlich sind und die Gesamtwirkung des Zimmers beeinträchtigen. Aber mit ein wenig Findigkeit und Einfallsreichtum kann man ein Zimmer behaglich und bequem und praktisch einrichten und es gleichzeitig phantasievoll und originell gestalten. Selbst in MAGISCHEN RÄUMEN befinden sich Papierkörbe und Stifte und Telefonbücher. Es sind nur originelle Papierkörbe und Stifte und phantasievoll eingebundene Telefonbücher, die zum Stil des Zimmers passen.

In der Gestaltung unseres Hauses oder unserer Wohnung kommt unsere Persönlichkeit zum Ausdruck. Sie betreten ein Haus und erfahren etwas über die Persönlichkeit seiner Bewohner durch die Farben, die dort vorherrschen, durch die Auswahl der Möbel, selbst durch die Art, wie die Möbelstücke im Zimmer angeordnet sind. Verlieren Sie die Vision Ihres MAGISCHEN RAUMES nie aus den Augen, und Sie werden vielleicht überrascht sein, daß das Ergebnis Ihre höchsten Erwartungen bei weitem übertrifft!

Betreten Sie Ihren eigenen MAGISCHEN RAUM

1. Machen Sie sich Gedanken über das Zimmer, das Sie gestalten. Wie soll der Raum genutzt werden, wer wird ihn nutzen, wie soll er aussehen?

2. Schauen Sie sich in Haus und Garten um, blättern Sie in Zeitschriften und Katalogen, und streifen Sie durch Geschäfte. Sammeln Sie Muster für Ihre Gestaltungskiste.

Sammeln Sie Muster der *Farben,* die in Ihrem Raum vorkommen sollen.

Sammeln Sie Fotos von *Möbeln* und *Gegenständen,* die in Ihrem Zimmer stehen sollen.

Sammeln Sie Muster von *Stoffen* und *Materialien,* die Sie gerne in diesem Zimmer sehen würden.

3. Und nun gestalten Sie mit Hilfe dieser „Fundstücke" Ihr Gestaltungsbuch für den Raum, den Sie einrichten wollen.

Geben Sie dem Raum ein *Thema*. Das wird Ihnen helfen, die Funktion des Zimmers im Auge zu behalten und auf welche Weise Sie es gestalten wollen.

Kleben Sie jedes Muster aus Ihrer Kiste (oder ein Teil davon) auf eine Seite Ihres Blocks. Notieren Sie daneben, warum es Ihnen gefällt: Was für Gefühle ruft es in Ihnen hervor? Was sagt es Ihnen?

Dann beschreiben Sie, wie ein bestimmter Gegenstand oder eine Farbe in Ihren MAGISCHEN RAUM passen würde.

Machen Sie eine Aufstellung der *Reinigungseigenschaften*.

Machen Sie eine Aufstellung des *Pflegeaufwands*.

Machen Sie sich Notizen zur Finanzierung: *Haushaltsplan und Kosten*.

Machen Sie sich Notizen zur zeitlichen Planung: *Wieviel Zeit werde ich brauchen, um diese Sache zu beschaffen* (oder *fertigzustellen* oder zu *finden* oder sie mir zu *leisten*).

Stellen Sie sich den fertigen Raum vor.

4. Entdecken Sie nun mit Hilfe dieser von Ihnen gestalteten Seiten Ihren MAGISCHEN RAUM. Stellen Sie sich den fertigen Raum vor. Nehmen Sie Seiten heraus (vielleicht können Sie sie für ein anderes Zimmer nutzen), die nicht in diesen Raum passen. Und nun beginnen Sie, Ihren persönlichen MAGISCHEN RAUM zusammenzustellen.

Teil 6

Sich selbst helfen

19. Liebe Familie

Ein Brief an die Familie einer Messie

Die familiären Reaktionen auf eine änderungswillige Messie fallen ganz unterschiedlich aus. Entweder ihrem Anliegen wird viel Interesse entgegengebracht und sie bekommt viel Anerkennung, oder sie wird mit Skepsis bedacht, oder ihre einzelkämpferischen Bemühungen werden weitgehend ignoriert.

Wenn Deine Frau oder Eure Mutter eine neue Art zu leben beginnt, habt Ihr, ihre Familie, vielleicht die unrealistische Erwartung, daß nun alles automatisch besser wird. Ihr könnt Euch nicht vorstellen, wie schwer es sein wird, jahrelange destruktive Gewohnheiten der Haushaltsführung zu überwinden. Es dauerte eine ganze Weile, bis der Haushalt außer Kontrolle geriet, und so wird sich sein Zustand auch nicht über Nacht verbessern. Es ist ein langer, sorgsam gestalteter Aufbauprozeß, bis Ordnung und Schönheit in Euer Haus einziehen, meist zum ersten Mal. Hier ist es eine Hilfe, wenn man in einer Selbsthilfegruppe von anderen Messies unterstützt wird.

Jede Messie findet, obgleich sie sich am Anfang allein wähnt, bei den Anonymen Messies andere, die ähnliche und oft erstaunlicherweise dieselben Probleme haben. In der Selbsthilfegruppe der Anonymen Messies kann Eure Mutter und Deine Frau offen über ihre Probleme und Gefühle reden. Es wird in diesen Gruppen darauf geachtet, alle Probleme mit Diskretion und Sensibilität zu behandeln. Verhaltet euch ebenfalls rücksichtsvoll, wenn Ihr mit Eurer Messie über Haushaltsprobleme redet. Sarkastische und schneidende Bemerkungen werden alles nur noch schlimmer machen. Die Messie ist in ihrem Veränderungsprozeß besonders verletzlich.

Messies neigen zum Extrem, und wenn sie erst einmal in Fahrt sind, ist die Messie in der Gefahr, sich völlig zu verausgaben. Sie verbraucht mehr Zeit und Energie (oder Geld), als notwendig wäre. Vielleicht fängt sie an, Euch dauernd zu ermahnen, die Dinge dorthin zurückzulegen, wo sie hingehören, während sie früher viel vernünftiger war und man leichter mit ihr auskommen konnte. Ihr wünscht euch vielleicht, sie hätte diesen Veränderungsprozeß niemals angefangen, und das wollt Ihr ihr klarmachen. Ihr hättet vielleicht lieber die lockere, lässige Messie, statt dieser verbissenen Person, die an ihre Stelle getreten ist. Die Familie muß daher wissen, daß es sich hier um eine vorübergehende Phase handelt. Natürlich wäre es besser, die Messie könnte ihr Problem gemäßigter in Angriff nehmen, doch ihr überzogenes Verhalten entsteht aus dem tiefen Wunsch, den Haushalt sozusagen aus dem Sumpf zu ziehen, in die er durch Jahre der chronischen Vernachlässigung geraten ist. Ihr habt vielleicht das Gefühl, daß Ihr all diese Jahre sehr geduldig ihre Unordnung ertragen habt, ja sogar gelernt habt, damit zu leben, und jetzt hat sie keinerlei Geduld mit euch. Den Kindern erscheint es womöglich so, als hätte ihre Mutter sich über Nacht von einer Messie in eine Cleanie verwandelt. Sie, die sich früher kaum um den Haushalt gekümmert hat, scheint nun Sauberkeit und Ordnung mit geradezu missionarischem Eifer zu vertreten. Doch so ist es eben nicht. Sie bleibt auch in diesem Veränderungsprozeß eine Messie und schwebt vielleicht in tausend Ängsten, daß sie es nie schaffen wird, den Normalzustand des Hauses herzustellen. Das ist der Grund, warum kleine Versäumnisse oder fehlende Mitarbeit von Eurer Seite sie so sehr aus dem Häuschen bringen. Sie fürchtet, daß ihre Energie und Entschlossenheit und Vision nicht lange genug anhalten werden, wenn sie auf solche Hindernisse stößt – und der Veränderungsprozeß dauert eben lange.

Diese Zeit der Anpassung an die neue Situation ist wichtig, und die Nerven aller Beteiligten werden leicht überstrapaziert, wenn Ihr und Eure änderungswillige Messie nicht achtgebt. Ihr müßt als Familie begreifen, daß Eure Mutter einen schwierigen Schritt getan hat. Wenn Ihr ihr helfen könnt, die Anfangsschwierigkeiten zu überwinden, wird sich auch Eure Lebensqualität verbessern. Ja, sie wird sich ohne ersichtlichen Grund zuweilen unzumutbar und launisch verhalten. Aber wenn Ihr ihr Verständnis für ihre Situation entgegenbringt, wird ihr das sehr helfen, den Haushalt endlich in den Griff zu bekommen.

Die änderungswillige Messie vergißt leicht, daß ihr Mann und ihre Kinder praktisch gezwungen waren, einen desorganisierten Lebensstil zu übernehmen, um überhaupt mit ihr zusammenleben zu können. Nur, weil sie jetzt die Nase voll hat, heißt das noch lange nicht, daß auch die Familie eine Veränderung wünscht. Manche, vielleicht alle Mitglieder Eurer Familie sind vielleicht ebenfalls Messies, genau wie sie. Es ist richtig, daß es nicht genügt, ihren Veränderungsprozeß zu akzeptieren; Ihr müßt Euch ebenfalls verändern, wenn Schönheit und Ordnung in Euer Haus einziehen sollen, nach der sich Eure änderungswillige Messie jetzt so sehr sehnt. Sie hat eine Vision, wie Euer Haus aussehen könnte – Ihr habt vielleicht nicht die gleiche Vision. Sie muß ihrer Familie ihrerseits Liebe und Verständnis entgegenbringen, während Ihr unter ihrer Anleitung alle Euer Verhalten ändert.

Die Mutter fühlt sich vielleicht von ihrer Familie verraten, wenn sie nicht mit ihr zusammenarbeitet. Jahrelang ist sie von der eigenen Familie, den Schwiegereltern und am meisten von sich selbst kritisiert worden. Sie ist bestürzt und frustriert, wenn ihr jetzt vorgehalten wird, daß sie ordentlicher ist. Sie bekommt dann langsam den Eindruck, daß sie ganz einfach eine überkritische Familie hat, die nur auf ihr herumhackt, ganz gleich, was sie tut.

Sowohl die Familie als auch die änderungswillige Messie selbst müssen in dieser Übergangsphase ihre Gemüter ein wenig abkühlen. Die Familie muß der Messie zu verstehen geben, daß sie ihre Bemühungen schätzt, auch wenn diese Veränderung allen Beteiligten einiges abverlangt, und es ist ja schließlich auch in Ihrem Interesse, diese Bemühungen zu unterstützen. Die änderungswillige Messie muß begreifen, daß ihre Familie Zeit braucht, sich diesem neuen Lebensstil anzupassen. Vielleicht zögert Ihr auch, Euch diesem Veränderungsprozeß anzuschließen, weil Ihr befürchtet, daß dies nur eine Phase ist, die ohnehin wieder vorübergeht.

Geduld, Liebe und Rücksichtsnahme aller Beteiligten werden dazu beitragen, eine neue Ära des Familienlebens und der Schönheit einzuleiten. Eure Mutter wird nie perfekt sein, aber sie wird einen Zustand der Normalität erreichen, der Euch und sie selbst ermutigt.

Grundsatzerklärung für Messies

Eine Messie ist ein Mensch mit Würde

Ein würdevoller Mensch

- hat keine Schublade voller Strumpfhosen mit Laufmaschen. Es ist entwürdigend, diese jeden Tag zu durchwühlen, und ich verdiene auch Besseres;
- trägt keine Schlüpfer mit ausgeleierten Gummis. Das merkt zwar niemand außer ihr, aber gerade deshalb ist es wichtig;
- schläft nicht in ausgeblichener Bettwäsche, selbst wenn sie noch heil ist;
- hat keine strähnigen Haare;
- benutzt saubere Kämme und Bürsten;
- trägt keine ausgeleierten BHs oder unattraktive Kittelschürzen;
- hat Pfefferminzpastillen für frischen Atem in der Tasche und benutzt zum Naseputzen kein Toilettenpapier, sondern Papiertaschentücher – besonders in der Öffentlichkeit;
- findet keine Entschuldigungen für Mißgeschicke, sondern akzeptiert ihre Fehler mit Würde;
- behandelt andere mit der Achtung, die ihnen als wertvolle Menschen zukommt;
- läßt sich nicht von anderen wegen tatsächlicher oder eingebildeter Mißgeschicke beschämen.

20. Lieber Mann

Brief an den Ehemann einer Messie

Ein chaotischer Lebensstil ist kein speziell weibliches Problem. Männer sind häufig stärker von diesem Problem betroffen als Frauen. Das Programm der Anonymen Messies funktioniert auch bei Männern, die es in ihrem Leben umsetzen. Auch Männer sollen ermutigt werden, solche Selbsthilfegruppen der A.M. ins Leben zu rufen und sie zu besuchen. Da jedoch der „Schwarze Peter" für den Zustand des Hauses in der Regel den Frauen in die Schuhe geschoben wird, handelt dieses Kapitel davon, was es bedeutet, mit einer weiblichen Messie zu leben. Es richtet sich an die Männer von Messie-Frauen, betrifft aber ebenso die Frauen von Messie-Männern.

Wenn Sie der Ehemann einer Messiefrau sind, ob sie nun begonnen hat, ihren Lebensstil zu ändern oder nicht, haben Sie zweifellos ein schweres und unberechenbares Leben geführt. Vielleicht haben Sie über die Jahre immer wieder versucht, etwas gegen die Frustration eines Lebens in Unordnung und Chaos zu unternehmen. Sie haben kritisiert, gebettelt oder versucht, ein gutes Vorbild zu sein, nur, um wieder enttäuscht zu werden, wenn das Leben unweigerlich so weiterging wie eh und je. Gelegentliche Kraftanstrengungen Ihrer Frau, endlich die Kontrolle über das Haus zu gewinnen, sind immer wieder verpufft. Vielleicht haben Sie gegen den Willen Ihrer Frau eine Putzfrau angestellt.

Jeden Abend nach Hause zu kommen und ein solches Chaos vorzufinden, war schon eine Zumutung für Sie. Nach einem harten Arbeitstag wollen Sie eine friedliche Atmosphäre und Schönheit vorfinden, aber Sie wissen, daß Sie dergleichen in Ihrem Haus nicht finden werden. In den meisten Fällen hat auch Ihre Frau den ganzen Tag hart gearbeitet, entweder im Haus oder in ihrem Beruf. Sie müssen wissen, daß der Zustand des Hauses für Ihre Frau noch belastender ist als für Sie. Das setzt sie unter Druck, ob ihr das bewußt ist oder nicht. Und das wiederum ist eine weitere Zerreißprobe für die Beziehungen innerhalb der Familie. Sie lehnen den Zustand des Hauses ab, in dem zu leben Sie gezwungen sind, und stellen sich vor, daß die Wohnungen anderer Männer, die von der Arbeit nach Hause kommen, ein Hafen der Ruhe und Ordnung sind. Sie scheuen sich, Freunde einzuladen, und ziehen sich immer mehr zurück. Einladungen planen Sie lange Zeit im voraus, und selbst dann haben Sie die Befürchtung, daß es zuviel Mühe machen wird, das Haus „auf Vordermann" zu bringen. Sie lehnen Einladungen ab, da es für Sie schwierig ist, sie zu erwidern.

Sie haben beobachtet, wie die Kinder sich anpassen, so gut es geht. Sie machen sich Sorgen darüber, daß sie nicht dazu angehalten werden, in Ordnung und Schönheit zu wohnen. *Werden sie als Erwachsene auch so leben?* fragen Sie sich. Sie übernehmen vielleicht diesen chaotischen Lebensstil und verschlimmern so das Problem. Manche sind ganz unkompliziert und akzeptieren das häusliche Chaos als die natürliche Art zu leben. Anderen ist es peinlich, Freunde einzuladen, und sie versuchen ohne Erfolg, das Haus bis zu einem gewissen Grad in Ordnung zu bringen. Es tut Ihnen weh, wenn Sie mit ansehen müssen, welche Probleme die Kinder in einem solchen Haushalt haben.

Und bei Licht besehen sind vielleicht auch Sie nicht gerade ein Ausbund an Ordnung. Vielleicht tragen auch Ihre halbfertigen Arbeiten, Ihre liegengebliebenen Werkzeuge, hingeworfenen Handtücher und verlorenen Schlüssel zu einem großen Teil der häuslichen Unordnung bei. Vielleicht haben Sie in Ihrer Verzweiflung damit gedroht, der größte Messie von allen zu sein, und dieser Schuß ging gleichsam nach hinten los, denn Ihre Frau war nur erleichtert, endlich nicht mehr unter dem Druck zu stehen, den Zustand des Haushalts verbessern zu müssen.

Sie haben natürlich Fehler gemacht, als Sie versuchten, der häuslichen Misere ein Ende zu setzen. Sie waren verwirrt, frustriert und verärgert. Ihre Frau schien nicht in der Lage zu sein, eine Veränderung herbeizuführen, obwohl sie sich ehrlich bemühte und viele gute Vorsätze faßte. Sie hatten geglaubt, daß ihr Stolz als Ehefrau und Mutter – und als Frau – ihr doch sicher helfen würde, dieses chronische Chaos zu überwinden. Würde ihr gesunder Menschenverstand und ihre Einsicht, die sie in anderen Bereichen bewies, sie nicht auch in diesem Bereich zu einer Verhaltensänderung bewegen? Wenn ihr nur mehr an Ihnen und den Kindern liegen oder wenn sie begreifen würde, wie wichtig es für Sie ist, diesem chaotischen Zustand ein Ende zu setzen, würde sie sich doch mehr Mühe geben. Sie ist sonst so aufmerksam und zuvorkommend, so fürsorglich und warmherzig. Sie war spontan und fröhlich, als Sie geheiratet haben – und auch heute noch zeigt sie viele dieser Eigenschaften, selbst inmitten dieses Haushaltsstresses. Wenn Sie sich ihre von Anfang an lässige Art vor Augen halten, fragen Sie sich heute, weshalb Sie nicht manche dieser Probleme vorhergesehen haben.

Ihre Frage, weshalb manche Menschen Messies sind und andere nicht, ist vielleicht in diesem Buch beantwortet worden. Es liegt nicht am mangelnden Interesse oder fehlenden guten Vorsätzen, daß das Haus sich in einem solchen Zustand befindet. Ich möchte Ihnen an dieser Stelle versichern, daß auch der chronische Messie sich ändern und ein angenehmes häusliches Umfeld schaffen kann, in dem sich die Familie wohl fühlt.

Sie müssen wissen, daß Ihr Part wichtig ist. Sie können Ihre Frau nicht dazu *zwingen,* sich zu ändern, so sehr Sie es auch versuchen. Weder Ärger noch Genörgel wird sie zu einer Änderung ihres Verhaltens bewegen. Drängen Sie sie auch nicht, ein Buch über A.M. zu lesen oder in eine Selbsthilfegruppe zu gehen. Streuen Sie den Samen. Das ist alles, was Sie tun können. Der Wunsch nach Veränderung muß aus ihrem Inneren kommen, oder er wird überhaupt nicht kommen.

Sie wissen vermutlich, daß nicht alle Menschen, die einen chaotischen Haushalt haben, gleichermaßen unordentlich sind. Manche Häuser sehen von außen gut aus, sind aber desorganisiert, was Lagerung und Stauraum betrifft, manche Häuser sind unordentlich, aber man kann mit dieser Unordnung leben, manche Häuser sind in bestimmten Bereichen geordnet, aber einige Zimmer sind völlig chaotisch. Manche Haushalte sind in jeder Hinsicht außer Kontrolle geraten. Manche Messies leiden nicht nur unter einem chaotischen Haushalt, sondern haben auch Mühe mit ihrer Zeiteinteilung. Aber fast alle Messies haben auch einen Bereich, wenn vielleicht auch einen ganz begrenzten, in dem alles geordnet ist und auf den sie stolz sind.

Unabhängig vom Zustand des Hauses ist es für Sie und Ihre Familie wichtig, ein glückliches und gesellschaftlich befriedigendes Leben zu führen, das so unbehindert ist wie möglich. Denken Sie an die guten Eigenschaften Ihrer Frau und schätzen Sie sie. Konzentrieren Sie sich auf die wichtigen Bereiche Ihrer Familie und Ihres Lebens. Der regelmäßige Gottesdienstbesuch wird Ihrem Leben eine Richtung weisen und Ihnen helfen, die richtigen Prioritäten zu setzen. Glauben Sie nicht, daß Sie mit der Verwirklichung anderer Aspekte des Lebens warten müssen, bis Ihr Haus organisiert ist. Wenn Sie sich auf diese Weise selbst um eine Ausgewogenheit Ihres Lebens bemühen, werden Sie auch in Ihrem eigenen Leben Bereiche entdecken, die ebenfalls neu geordnet werden müssen. Gehen Sie gemeinsam mit Ihrer Frau in Selbsthilfegruppen. Sie werden merken, daß bei Ihnen selbst einige Probleme ans Licht kommen, während sich die Probleme Ihrer Frau zu klären beginnen. Es werden auch nicht alle Probleme auf einmal gelöst. Es gibt Stillstand und neue Anfänge.

Und wenn Sie erst einmal sehen, wie sich die Dinge bessern, werden Sie und Ihre Frau beglückt sein. In dieser Erwartung sollten Sie leben. Vielleicht sehen Sie Ihre Hoffnung dahinschwinden, wenn Ihre Frau rückfällig wird oder nicht so schnelle Fortschritte macht, wie Sie sich gewünscht hatten. Aber anfangs waren Sie doch auch gewillt, einiges in Kauf zu nehmen, und jetzt verlieren Sie schon bei Kleinigkeiten die Geduld. Vergessen Sie nicht, daß Ihre Frau die Gewohnheiten vieler Jahre brechen muß und eine natürliche Neigung zur Unordnung hat.

Neue Gefühle steigen in Ihnen auf. Lange unterdrückter Ärger und Ungeduld kommen hoch. Sie übernimmt nun vielleicht die Führungsrolle, die zuvor Sie in Haushaltsdingen hatten, und Ihre Vorstellungen von Haushaltsführung prallen mit den ihren zusammen.

Es werden nicht alle Probleme auf einmal gelöst. Es gibt Stillstand und neue Anfänge.

Es ist grundsätzlich nicht leicht, Veränderungen herbeizuführen, selbst wenn es zum Besseren ist. Vielleicht haben Sie sich daran gewöhnt, keine Gäste zu haben, und müssen sich erst an die neue Situation gewöhnen. Die Kinder wollen vielleicht ihre Freunde einladen, aber Sie wollen nicht gestört werden. Sie haben nun die Freiheit, viele Dinge zu tun, die sich im Haus abspielen und die zuvor nicht möglich waren. Diese Freiheit bedeutet für alle Beteiligten auch ein gewisses Maß an Streß, aber das neue Leben wird viel besser sein als das alte. Und das ist die Mühe der Veränderung wert.

Zeigen Sie sich von den Erfolgen Ihrer Frau begeistert, und ermutigen Sie sie auf diesem Weg der Veränderung. Mit negativen Reaktionen und Ungeduld werden Sie nur das Gegenteil von dem erreichen, was Sie wollen. Wenn Sie erst einmal sehen, daß sie ihr Verhalten ändern kann, sind Sie vielleicht versucht, sie durch lehrreiche Vorträge zu drängen, alles noch schneller in den Griff zu kriegen. Das sollten Sie jedoch auf keinen Fall tun. Halten Sie sich immer vor Augen, daß nur Ihre Frau allein den Entschluß fassen konnte, ihr Verhalten zu ändern, und es ist auch allein ihre Entscheidung, diesen einmal begonnenen neuen Lebensstil aufrechtzuerhalten. Und Sie werden gemeinsam mit Ihrer Frau und den Kindern mit den Ergebnissen dieser Entscheidung belohnt werden.

21. Die Kohlen warmhalten

Gründen Sie Ihre eigene Selbsthilfegruppe

Es war einmal eine Messie, die voller Schwung und Begeisterung daranging, ihr Haus in Ordnung zu bringen. Sie fand, daß es schwierig war, ganz allein den Wunsch und die Energie aufrechtzuerhalten, ihren Lebensstil zu ändern. Da hatte sie eine Idee ... Aber Sie kennen den Rest der Geschichte. Aus diesem Grund und auf diese Weise werden Selbsthilfegruppen ins Leben gerufen.

Im Mai 1935 kämpfte ein gerade trocken gewordener Alkoholiker aus New York auf einer Geschäftsreise nach Akron, Ohio, gegen seinen Wunsch an, wieder Alkohol zu trinken, der sich ja bereits verheerend auf sein Leben ausgewirkt hatte. Statt in eine Bar zu gehen, machte er sich auf die Suche nach einem anderen Alkoholiker, nicht, um in seiner Gesellschaft zu trinken, sondern um mit ihm gemeinsam nüchtern zu bleiben. Er brauchte jemanden, mit dem er reden und arbeiten konnte, und der Verständnis für sein Problem hatte.

Bill W., der Alkoholiker aus New York, begann aus einer Telefonzelle Kirchen und Kliniken anzurufen, um nach einem solchen Menschen zu suchen. Zum Glück für alle Alkoholiker und alle Selbsthilfegruppen, die noch ins Leben gerufen werden sollten, fand er Dr. Bob, einen einstmals berühmten Chirurgen, dessen Leben durch den Alkohol zerstört worden war, und der nicht fähig war, den Alkohol zu besiegen.

Sie trafen sich jeden Tag und kämpften gemeinsam darum, nüchtern zu bleiben, und erarbeiteten die Grundsätze, die später zur Grundlage der Anonymen Alkoholiker wurden.

Diese beiden Männer, die in ihrer eigenen Selbsthilfegruppe zusammenarbeiteten, fanden die Hilfe, die sie brauchte. Zur

Zeit sind eine Million Alkoholiker den A.A. angeschlossen, und weiteren Millionen ist über die Jahre geholfen worden.

Heute gibt es eine Fülle solcher Selbsthilfegruppen. Es gibt Gruppen für Spieler, Drogenabhängige, Glatzköpfe, Witwen, Menschen mit einer tödlichen Krankheit, Herzinfarktpatienten, Frauen, denen die Gebärmutter entfernt wurde, und viele, viele andere.

Manche halten sich streng an die „Zwölf Schritte" der A.A., andere nicht. Aber allen ist gemeinsam, daß sie Menschen sind, die Hilfe brauchen, und die sich zusammengeschlossen haben, um sich gegenseitig beizustehen.

Glen Evans schreibt in *The Family Circle Guide to Self-Help* (Der Familienführer zur Selbsthilfe):

Natürlich gibt es die, die ihre Haushaltsführung und ihren Lebensstil grundlegend verändern, ohne zu einer Selbsthilfegruppe zu gehen. Doch die Erfahrung zeigt, daß manche das nicht im Alleingang schaffen, und daß die, die in der Lage sind, sich allein durchzukämpfen, das stetiger und dauerhafter tun können, wenn sie darin von einer Gruppe unterstützt werden.

Jetzt gibt es die *Anonymen Messies* für Männer und Frauen, die sich darum bemühen, die Desorganisation in ihrem Haushalt zu überwinden.

Die *Selbsthilfegruppen der Anonymen Messies* helfen dem Messie, vom Feuer der Veränderung angesteckt zu werden, und es am Brennen zu halten.

Wenn es in Ihrem Umfeld keine Selbsthilfegruppe gibt (und in unserer großen Welt gibt es zweifellos viele solcher Orte), können Sie leicht selbst eine ins Leben rufen. Dazu braucht man eigentlich nur zwei Leute, die miteinander am Tisch sitzen und sich austauschen. Doch eine größere Gruppe bietet auch vielfältigere Möglichkeiten der Unterstützung. Wenn eine neue Gruppe ins Leben gerufen wird, sollten wir das bekanntmachen – damit vielleicht auch andere dazustoßen. Vielleicht setzen Sie eine Kleinanzeige in Ihre Lokalzeitung.

Selbsthilfegruppen aller Art lösen sich oft auf, wenn die Mitglieder die Hilfe gefunden haben, nach der sie gesucht hatten, und die Gruppe nicht mehr zur Unterstützung brauchen. Manche Gruppen bestehen jedoch weiterhin fort, wenn nämlich neue Teilnehmer die alten ersetzen. Es ist hilfreich, wenn ehemalige Mitglieder Kontakt zu der Gruppe halten, um besserungswilligen Messies mit Rat und Tat zur Seite zu stehen und ihnen Mut zu machen, daß eine Veränderung des Lebensstils möglich ist.

Eine **A.M.**-Gruppe sollte möglichst einfach strukturiert sein und zielorientiert bleiben. Die Mitglieder bestimmen, was in der Gruppe geschieht. Dabei sind bestimmte Richtlinien zu beachten.

1. Verlassen Sie sich nicht zu sehr darauf, daß einer die Führungsrolle übernimmt, ganz gleich, wie fähig oder charismatisch er oder sie ist.

2. Machen Sie sich nicht zu abhängig von Fachleuten, Beratern und Experten, die keine Mitglieder der Gruppe sind.

3. Tragen Sie sich finanziell selbst, und verlassen Sie sich nicht auf Unterstützung von außen. Ihre finanziellen Bedürfnisse werden sich vermutlich in Grenzen halten. Was Sie brauchen, sollte durch Beiträge, Schenkungen, eigene Aktionen zur Geldbeschaffung u. ä. hereinkommen.

An dieser Stelle möchte ich auch etwas zu den therapeutischen Grundsätzen der Selbsthilfe sagen. Durch unsere Teilnahme in der Gruppe wird uns nicht nur direkt geholfen, sondern auch indirekt, indem wir anderen Gruppenmitgliedern beistehen. Wir tun uns selbst etwas Gutes, wenn wir durch die Teilnahme an den Gruppensitzungen anderen Gruppenmitgliedern helfen, ihnen auch telefonisch zur Seite stehen oder uns gegenseitig auch einmal ganz konkret bei der Organisation des Haushaltes helfen.

„Hilf dem Boot deines Bruders über den Fluß
und siehe!
Dein eigenes hat das Ufer erreicht."

Ein altes Hindusprichwort

Die Vorsitzende einer Selbsthilfegruppe in Kalifornien schreibt:
Meine Freundinnen (fünf an der Zahl) und ich versuchen, uns mit Hilfe des Buches *Im Chaos bin ich Königin* gegenseitig zu unterstützen. So weit, so gut. Wir lesen einige Kapitel laut vor und besprechen sie dann. Ich sehe, daß sich in mir selbst und bei meinem Haushalt vieles geändert hat, und ich bekomme von der Familie viel Anerkennung (sie arbeiten auch willig mit).

Während wir anderen helfen, wird unser eigenes Selbstwertgefühl gestärkt, und wir spüren, daß wir die Dinge immer besser in den Griff kriegen und fähig sind, Veränderungen herbeizuführen.

Sie brauchen auch ein paar Leute, die die Gruppe begleiten. Sie haben keine Autorität über die Gruppe und sollten alle drei bis sechs Monate ausgewechselt werden, um anderen ebenfalls eine Gelegenheit für diese Aufgabe zu geben. So wird die Gruppe für alle Beteiligten, einschließlich ihrer Begleiter, zu einem Gewinn.

Die Gruppe braucht einen *Vorsitzenden,* der den Ablauf der Treffen bestimmt oder dafür sorgt, daß ein anderer diese Aufgabe übernimmt.

Jemand sollte für die *Programmgestaltung* verantwortlich sein. Diese Person schlägt Themen vor und wie diese angegangen werden sollen: durch Bücher, Redner, Kassetten und/oder Diskussionen.

Der *Schriftführer* ist für die Korrespondenz mit dem Hauptquartier der A.M. verantwortlich und für die Verteilung und Aufbewahrung von Rundbriefen oder anderer Literatur der Gruppe.

Der *Schatzmeister* verwaltet die Mitgliedsbeiträge und ist dafür verantwortlich, daß die Rechnungen bezahlt werden. Die Ausgaben der Gruppe werden in der Regel gering sein. Überschüsse sollten für Öffentlichkeitsarbeit und Anschaffung von Büchern benutzt werden, oder man bezahlt damit Fahrten von Gruppenmitgliedern, die in anderen Gruppen Vorträge halten. Es sollte ein Gleichgewicht zwischen Einnahmen und Ausgaben bestehen. Geld, das hereinkommt, sollte auch gleich genutzt werden, und es soll hereinkommen, wenn es benötigt wird. Der

Schatzmeister muß die Gruppe auf dem laufenden halten über Einnahmen und Ausgaben und (monatlich oder vierteljährlich) in einer Geschäftssitzung über den finanziellen Stand der Gruppe berichten. Allen Mitgliedern soll freigestellt sein, ob sie einen finanziellen Beitrag leisten wollen, niemand sollte gedrängt oder auch nur ermutigt werden, sich finanziell zu beteiligen.

A.M.-Gruppen können sich in der Wohnung oder dem Haus eines Mitglieds treffen (wenn das kein Ansporn ist, in die Gänge zu kommen ...) Wenn die Gruppe sich vergrößert, wird es vielleicht notwendig, einen anderen Raum zu finden, in einer Kirche, einer Klinik oder einer Schule, möglichst mietfrei oder auf Spendenbasis.

Die Treffen laufen im allgemeinen nach demselben Muster ab:

1. Begrüßung.

2. Vorlesen der Zielvorstellungen.

3. Das Programm: Der oder die *Vorsitzende* stellt das Programm für das Treffen vor oder hat dafür gesorgt, daß jemand anders diese Aufgabe übernimmt. Das kann zum Beispiel so aussehen, daß ein Redner vorgestellt, eine Kassette abgespielt, eine Diskussion geleitet oder aus einem hilfreichen Buch von Sandra Felton oder jemand anderem vorgelesen wird.

4. Schluß: Das Ende des Treffens kann ganz unkompliziert gestaltet werden. Irgendwann zwischendurch sollte der *Vorsitzende* die Ankündigungen machen und der Schatzmeister den Sammelkorb herumgehen lassen. Achten Sie darauf, daß das Treffen nicht länger als zwei Stunden dauert. Wir müssen uns in allen Bereichen unseres Lebens um Selbstdisziplin bemühen. Wer nach dem offiziellen Ende des Treffens noch mit anderen reden möchte, kann das Gespräch in privatem Rahmen fortsetzen. Die Organisation und das Programm der A.M. sind einfach. Wie in den Büchern zu diesem Thema sollte die Atmosphäre hilfreich, nicht verurteilend und unterhaltsam sein.

Was Bill W. und Dr. Bob konnten, können wir auch. Das wird schon nicht so schwer sein!

> *Du allein kannst es tun,*
> *aber du kannst es nicht allein tun.*

Kreuzen Sie die Aussage an, die Ihre Gefühle zum Ausdruck bringt:

☐ Das ist super! Ich möchte Mitglied einer **Selbsthilfe**gruppe sein. Ich werde mich bei **A.M.** erkundigen, ob es eine solche Gruppe in meiner Nähe gibt, und wenn nicht, werde ich selbst eine gründen.

☐ Was? Sind Sie verrückt? Ich kann doch keine **Selbsthilfe**gruppe gründen! Ich habe auch so schon genug um die Ohren! Und überhaupt bin ich so desorganisiert, daß mich das wahrscheinlich überfordern würde!

Doch wenn ich tatsächlich einmal den Wunsch verspüren sollte, eine solche Gruppe zu gründen:

1. Könnten wir uns wahrscheinlich bei_____ treffen.

2. Der für mich günstigste Tag wäre der _____

3. Ich könnte Mitstreiter gewinnen indem ich

a. meine Freundin _____ frage.

b. meinen Freunden in der Kirche oder im Verein davon berichte.

c. eine Kleinanzeige in die Zeitung setze.

d. mich an das Hauptquartier von **A.M.** wende, damit sie mich mit anderen Betroffenen in meiner Nähe in Kontakt bringen.

Natürlich würde ich so etwas ohnehin nie schaffen. Aber immerhin, eine Gruppe, die meine Kohlen wärmt, wäre doch hilfreich...

Wenn Sie Informationen über die **Anonymen Messies Deutschland** erhalten, ihren Rundbrief beziehen, eine Liste mit Kontaktadressen oder Infos über die Gründung einer Selbsthilfegruppe haben wollen, wenden Sie sich bitte an:

Anonyme Messies Deutschland, Frau Susanne Herms c/o Brendow Verlag, Gutenbergstr. 1, 47443 Moers

Man findet seinen Weg nur, indem man ihn geht.

A. D. Sertillanges

 „Anonyme Messies, Deutschland" unterstützt Selbsthilfegruppen für Menschen, die an ihrem desorganisierten Lebensstil leiden, und die daran etwas ändern wollen. Eingefahrene Verhaltensmuster zu verändern ist schwierig. Es hilft, dabei von anderen, denen es ähnlich geht, unterstützt und ermutigt zu werden.

Anonyme Messies, Deutschland · Frau Susanne Herms
c/o Brendow Verlag · Gutenbergstr. 1 · 47443 Moers

Weitere Bücher von Sandra Felton:

Im Chaos bin ich Königin
Überlebenstraining im Alltag
Paperback. 180 Seiten. ISBN 3-87067-556-X

Dieses Buch vermittelt die tieferen Ursachen für Unordentlichkeit und zeigt Wege für durchgreifende Veränderungen auf.

Im Chaos werden Rosen blühen
Tips und Tricks für „Messies"
Paperback. 180 Seiten. ISBN 3-87067-608-6

Das Chaos ist besiegbar, wenn Sie dieses Buch als Hilfe zur Selbsthilfe lesen und anwenden.

Ohne Chaos geht es auch!
Das ultimative Praxisbuch für „Messies"
Paperback. 160 Seiten. ISBN 3-87067-639-6

Praktische Tips helfen, den Alltag besser zu organisieren, und sorgen so für eine bisher nie gekannte Lebensqualität.

Laß uns das Chaos überleben!
Hilfen für Menschen, die mit „Messies" leben
Paperback. 176 Seiten. ISBN 3-87067-676-0

Dieses Buch gibt wertvolle Hilfestellungen, damit Beziehungen am Chaos nicht zerbrechen müssen.